物語として読む

全訳論語 決定版

山田史生

トランスビュー

はじめに

ある学生に「ボクはなんのために生きているのでしょうか?」と藪から棒にたずねられた。「わかりっこない」とはぐらかすことをゆるさないような顔つきだった。

しばし思案にくれてから、ぼくはいった。「その問いに答えはないんじゃないかな。問いそのものがすでに答えだから。そんなふうに問うことができるっていうことが生きているっていうことなんだよ」。

その学生はいまひとつ腑に落ちないというおももちで去っていった。

嗚呼! ぼくにせめて孔子の爪の垢くらいの見識があったら、もっとちゃんと答えてやれたのに。

ぼくはなんのために生きているのだろうとつぶやきながら研究室にもどり、さっそく『論語』をひもとき、孔子の言葉をくりかえし味わっているうちに「ひょっとすると」という雲をつかむような、はなはだ要領をえない、なんともはや曰くいいがたいモヤモヤがわいてきた。で、そのモヤモヤの正体をたしかめるために、ぼくは『論語』の全文をふたたび訳しなおしてみることにした。

「ふたたび」といったのは、かつて『全訳論語』(東京堂出版)という本を書いたことがあるからである。ぼくなりに一書懸命に書いたものであったが、版元より「売れゆきはわるくないけれども、ひとまず版を重ねることはひかえたい」というお達しがあった。そう告知されてみると、妙なもんで、書くべきほどのことは書いてしまったつもりだったのに、いまさらながら書かずもがなのモヤモヤについて書きたくてしょうがなくなってきた。

> 二十篇の内容は、ほとんどが断片的といってもよいような短いことばの集まりである。そして、その配列の順序にも格別の意味のないのが一般である（中略）要するにばらばらの内容である。（金谷治訳註『論語』岩波文庫・四頁）

『論語』というテクストは、金谷先生のおっしゃるとおり、確乎（かっこ）たる脈絡もなく編まれたものとみなされている。そうおもって読んでおいてさしたる不都合はない。けれども、そうおもわないで読んでみると、つまりそれぞれの章はそれなりに流れにそってならべられており、ゆるやかな趣旨のつながりをもって編まれているんじゃなかろうかとおもって読んでみると、ひとつづきの読みものとして息ながく読むことができそうにおもえてくる。

各篇の各章はたしかに「断片的といってもよい」ものなんだけど、さりとて「その配列の順序にも格別の意味のない」「ばらばらの内容」ともいいきれない。そこはかとなく編集の意図がはたらいているような気がしてならない。

そういう気配を感じながらひもとくとき、完膚（かんぷ）なきまでに読みつくされてしまったかのような『論語』という大古典が、すこしだけ新しいすがたを見せてくれるような気がする。その新しいすがたのむこうに、ぼくをモヤモヤさせるものの正体があらわれてきてくれそうな予感がある。

この本は、まえに書いた『全訳論語』の中身をふまえたうえで、そのうえに「曰くいいがたいモヤモヤ」を書きくわえ、より親しみやすく書きなおしたものである。今度こそ、もはや書きのこしたことはないというところまで書きつくしている。したがってこの本は、「だからどうした」といわれそうだが、ぼく個人における『論語』にかんする書きものの決定版である。

まえに『全訳論語』を書いたぼくに背中を押してもらいながら、ぼくはこの本を書いた。うしろから風に押されているような感じがあると、とても歩きやすい。そのような感じをおぼえながら書いたせいか、書いていてすごく楽ちんだった。そのウキウキするような感じが読むひとに伝わってくれればうれしい。

ぼくは夢見る。通勤電車のなかで、この本がひらかれることを。寝床のなかで、この本がひもとかれることを。それにしてはすごく分厚くて、ちょっと重いかもしれない。でもそれは仕方がない。だって『論語』の全文を読んだのだから。つまみ食いはしたくなかった。

この本は『論語』を「全」訳している。「まったき」訳ということではない。「すべての」訳ということである。質的には完全でないけれども、量的には全部をあつかっている。読みのこしたところはない。

拙訳はいわゆる超訳ではない。せいぜい逐語訳をこころがけたつもりである。どこの馬の骨かわからんやつの訳など信用できないとおっしゃる？　ごもっとも。では、偉い学者の筆になる注釈書をご紹介しておこう。手軽に買えるものとして、とりあえず左記の書をおすすめしておく。

貝塚茂樹訳注『論語』中公文庫　一九七三年
吉川幸次郎訳『論語』朝日選書　一九九六年
金谷治訳注『論語』岩波文庫　一九九九年
宮崎市定訳『現代語訳　論語』岩波現代文庫　二〇〇〇年
加地伸行訳注『論語　増補版』講談社学術文庫　二〇〇九年
井波律子訳注『完訳論語』岩波書店　二〇一六年

この本を読んで『論語』に興味をもち、みぎの諸書を手にとっていただけたなら、もって瞑すべし。

ぼくにとって『論語』は儒教の経典といった辛気くさいものではなく、ひどく身につまされる教えにあふれた人生の指南書である。そこで語られる孔子の言葉は、どれもみな「ひとりごと」ではない。いましも師から弟子にむけて発せられつつあるライブの肉声をすくいあげたものである。その言葉はピチピチと息づいている。それは論理的であるよりもむしろ感情的である。

ぼくは『論語』全二〇篇五〇九章をとことん楽しもうとした。ぼくが楽しんでいるからといって読者も楽しいとはかぎらないが、まずはぼくが楽しまなきゃはじまらない。じっさい書いていてとっても楽しかったから、この本を読んでいただけば『論語』を読むことの楽しさは例外をのぞけば全員におわかりいただけるとおもう（なにごとにも例外のあるのが遺憾である）。

目次

・各篇の名称は（「子曰く」をのぞいた）頭の二字ないし三字をとって便宜的につけられたものである。だから篇名そのものに意味はない。

・各篇の内容はけっして統一的に編まれているわけではない。にもかかわらず、そこはかとなく「まとまり」があるものとみなし、「こじつけ」のそしりを覚悟であえて各篇ごとの小見出しをつけてみた。お読みいただくさいの一助になればとおもったまでである。くれぐれもとらわれないでいただきたい。

・『論語』の文章はたいてい「子曰く」ではじまる。「先生がいわれた」と訳しておいて不都合はないとはおもうものの、「いわれた」は「おっしゃった」の意味をあらわすが、「れる・られる」は尊敬よりも受身のほうが優先されるので、ヘタをすると孔子がだれかに注意されたみたいな感じになりかねない。で、訳すにあたって「子曰く」は省略にしたがった。

装丁：鈴木千佳子

孔子の弟子たち

「孔門の十哲」（先進3）と称される高弟を紹介しておこう。それぞれのキャラは本文から読みとっていただくとして、とりあえずの印象をのべてみる。さらに参考までに『論語』への登場回数をかぞえてみた。

◆**顔淵**　姓は顔、名は回、字は子淵。21回。二十九歳で白髪だったらしい。三十歳（一説には四十歳）で死んだ。孔門随一の秀才。

◆**子路**　姓は仲、名は由、字は子路・季路。42回。孔子より九歳若く、孔門の最年長者。若いころはヤンチャだった。侠気のひと。

◆**宰我**　姓は宰、名は予、字は子我。5回。弁舌にすぐれるが、とかく素行に問題があったらしい。孔門における叱られ役。

◆**子夏**　姓は卜、名は商、字は子夏。20回。謹厳実直な人柄ながら、いくらか消極的であった。孔子亡きあとの孔門の教育係。

◆**子貢**　姓は端木、名は賜、字は子貢。38回。聡明な雄弁家であり、また自信家でもあった。経済的な手腕にもすぐれていた。

◆**子游**　姓は言、名は偃、字は子游。8回。熟慮のうえで行動する慎重な性格。とにもかくにも冗談が通じないマジメ人間。

◆**冉伯牛**　姓は冉、名は耕、字は伯牛。2回。晩年になって病（ハンセン病かともいわれる）にかかり、孔子に愛惜される。

◆**冉有**　姓は冉、名は求・有、字は子有。15回。ちょっと引っ込み思案なところもある。実務的な能力にたけ、季氏に使われる。

◆**仲弓** 姓は冉、名は雍、字は仲弓。 7回。

孔子から為政者になってもよいと評されるほどの器量のもちぬしであったらしい。

◆**閔子騫** 姓は閔、名は損、字は子騫。 5回。

謙虚な人柄であり、とりわけ親孝行であった。無口だが、発言すれば的を射る。

「孔門の十哲」以外のめぼしい弟子も紹介しておこう。よけいなお世話ではあろうが印象をちょっとだけ書いておく。『論語』への登場回数もかぞえておこう。

◆**原思** 姓は原、名は憲、字は子思。 2回。

清貧のひと。孔子の没後は草沢のなかに隠棲した。

◆**高柴** 姓は高、名は柴、字は子羔。 1回。

ルックスは冴えないが、そのかわり愚直さが取柄。

◆**公西華** 姓は公西、名は赤、字は子華。 5回。

礼法に造詣が深く、孔子の葬儀をとりしきった。

◆**公冶長** 姓は公冶、名は長、字は子長。 1回。

鳥の言葉を理解したという。孔子の女婿となった。

◆**子張** 姓は顓孫、名は賜・師、字は子張。 20回。

堂々たる風采ではあるが、軽薄なところがめだつ。

◆**司馬牛** 姓は司馬、名は耕、字は子牛。 3回。

孔子を害そうとした司馬桓魋の実弟。口数が多い。

◆**曾子** 姓は曾、名は参、字は子輿。 15回。

内省的な人柄で、非常に生真面目。『孝経』の作者。

◆**南容** 姓は南宮、名は括、字は子容。 2回。

誠実な人柄であり、孔子は兄の娘を嫁がせた。

◆**樊遅** 姓は樊、名は須、字は子遅。 6回。

些事について質問をして小人と評されることもある。

◆**微生高** 姓は微生、名は高。 1回。

正直者だが、いささか融通のきかないところもある。

◆**有若** 姓は有、名は若、字は子有。 4回。

容貌および言辞が孔子にたいへん似ていたという。

学而第一

学問をこころざすものの心得

1

なにかを学び、おりにふれておさらいして身につけるというのは、よろこばしいことだねえ。なつかしい友だちが遠くからたずねてきてくれるというのは、うれしいことだねえ。ひとが自分のことをわかってくれなくても腹をたてないというのは、おくゆかしいねえ。

子曰く、学びて時に之を習う、亦た説ばしからずや。朋有り遠方より来たる、亦た楽しからずや。人知らずして慍みず、亦た君子ならずや。

「なにかを学び、おりにふれておさらいして身につける」とは、自分のありかたを豊かにすることである。

学ぶとは、先輩のやりかたを「見る」ことである。じっくり見て、その技を盗むのである。おさらいして身につけるとは、見たとおりにマネをすることである。マネをすることを甘く見ちゃいけない。身をもってマネをしていると、不思議なもんで、おのずから主体性がでてくる。

おさらいするのに、これといって決まりきったときがあるわけじゃない。気のむいたときがそのときである。いつとは決めずやってみる。やったからといって身についているのかどうかピンとこないけれども、やりつづけていると「ああ」とわかる瞬間がある。ガンバったわけでもないが、あとになって「学んでいたんだなあ」と気がつく。なんだか知らない自分にであったような感じがして、「オレもまんざら捨てたもんじゃない」とおもったりする。

「なつかしい友だちが遠くからたずねてきてくれる」とは、他人がこころを寄せてくれることである。

友だちなのかどうかなんてついぞ考えたこともなかったけれども、久しぶりにあってみればアッというまにむかしの感覚がよみがえってきて、「こいつは友だちだったんだ」と気づく。

だれもみな自分のこの足でここまで歩いてきた。エリートコースを颯爽（さっそう）と歩いてきたものもいれば、落ちこぼれルートを不器用に歩いてきたものもいる。だれであれ自分の足で歩いてきた道がかけがえのない唯一の道である。この道をこの足で歩いてきたということを、おたがい大事にしたい。

「ひとが自分のことをわかってくれなくても腹をたてない」とは、社会の仕打ちにとらわれないことである。

生きていれば、しばしば誤解され、ときには無視されることもある。そういうイヤなことは掃（は）いて捨てるほどあるんだから、そのたびに傷ついていたんじゃ身がもたない。自分は正当に評価されていないと不満をもらす人間は、自分は特別な存在だとおもっているのである。その自信はどこからくるのかなあ。自分はけっして特別な存在じゃなくて、大勢のなかのひとり（それも取るに足りないひとり）だっていうことをわきまえれば、いちいち文句をいう気にもなれまい。

孔子は三つのことをいっている。三つとも「あとになって気がつく」っていうところがミソである――身についたかどうかチェックしたわけじゃないが、いつのまにか身についていた。たずねてきてくれと頼んだわけじゃないのに、ひょいとたずねてきてくれた。わかってもらえないのはショックだったが、冷静になってみればわかってもらえなくてもしょうがないと腑に落ちた――みなあとから気づくことである。

いきなり余談だが、三つ目の「人知らずして慍みず」の「慍」は「うらみず」「いからず」「いきどおらず」などと読まれる。ぼくは「うらみず」と読みたい。

「慍」は、なまあたたかいこと。これと似た字の「蘊」も、なまあたたかい熱がうちにこもること。蘊（うん）蓄（ちく）とは頭のなかにムッとするほど知識をたくわえていることである。「人知らずして慍みず」というのも、ひとが自分のことをわかってくれなくても腹のなかに不本意なこころをムッとためこまないということである。外にむけていかりをドカンと爆発させないといったことではない。

さらに余談をかさねる。いったい「うらむ」と「いかる」とはどうちがうのだろう？

「うらむ」とは、直接に関係のあるものにたいして、ひどく私的にネガティブな感情をもつことだろう。抽象的な関係にあるものにたいして、たとえば腐敗した政治家にたいして「うらめしや」とおもったりはしない。「いかる」とは、自分のほうに正義があるとおもっていて、なかば公的にマイナスの気分をいだくことだろう。直接に関係のないものにたいしてまでも「けしからん」とおもうことである。
他者とは、語の定義からして、自己とはちがう存在のことである。他者とはそういうものなんだと割りきることは、じつは容易なことではない。自己は自己、他者は他者とわきまえて、うらむような「ひとづきあい」をしないでおれるもの、それが君子である。

2

有若（ゆうじゃく）はいう。家庭にあって目上のひとにうやうやしくしながら社会において目上のひとに逆らおうとするようなものは、めったにいない。目上のひとに逆らおうとしないのにいたずらに面倒をひきおこすようなものは、いたためしがない。ちゃんと生きようとするものは、なにはさておき基本のことをきちんとする。基本がしっかりしてはじめて生きる道はひらけてくる。身内にあって目上のひとにうやうやしくするというのが、相手の身になって考えながら生きてゆくための基本である。

有子（ゆうし）曰く、其（そ）の人と為（な）りや孝弟（こうてい）にして上（かみ）を犯すを好む者は鮮（すく）なし。上を犯すを好まずして乱を作（な）すを好む者は、未（いま）だ之（これ）有（あ）らざるなり。君子は本（もと）を務（つと）む。本（もと）立ちて道生ず。孝弟なる者は、其（そ）れ仁（じん）の本為（もとた）るか。

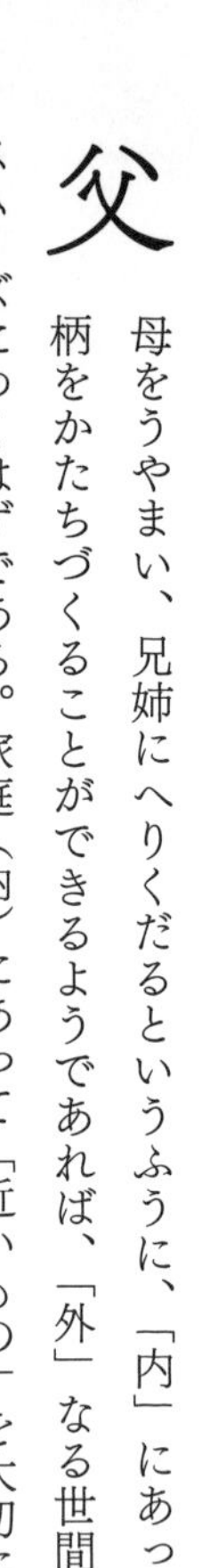

母をうやまい、兄姉にへりくだるというふうに、「内」にあって年長者とのあいだの良好な間柄をかたちづくることができるようであれば、「外」なる世間における人間関係はおのずからスムーズにゆくはずである。家庭（内）にあって「近いもの」を大切にすることは、社会（外）において「遠いもの」を重んずることにつながる。

親を大切にすることは祖先を崇拝するということに通ずる。親とはもっとも身近な祖先である。われわれは親において祖先とむすびついている。親を大切にすることは祖先を大切にすることであり、祖先を大切にすることは代々の血のつながりを大切にすることである。代々の血のつながりを大切にするものでありながら平気で秩序をみだすようなやつはいない。

「本を務む」の「本」をどの注釈書もみな「根本」と訳している。なんとなく違和感をおぼえる。「本」とは草木の根っこであり、ものごとの「根源」という意味とともに「始原」という意味をもっている。ここは後者の意味でとらえてみたい。

「孝弟（こうてい）」こそが「仁（じん）」のはじまりである。孝弟のほうが仁よりも根本的だというのではない。孝弟であるということが仁であるために手はじめになすべき基本的なことだというのである。孝弟は仁の結論ではなく仁への出発点なのである。

ものごとを成就（じょうじゅ）するには、やさしい基本のことからはじめ、むつかしい応用のことにゆくという順でやらねばならない。やさしいところからはじめることによって、はじめて歩むべき道はひらけてくる。しかしながら「身内にあって目上のひとにうやうやしくする」というのは、じつは「はじまり」であるとともに「おわり」でもあるところの、やさしくもあり、むつかしくもあるような「ひとづきあい」の要諦(ようてい)である。

3

口がうまく愛想がよい、そういうものに相手の身になって考えるひとはすくない。

子曰く、巧言令色(こうげんれいしょく)、鮮(すく)なし仁(じん)。

「自分がどうであるか」ということよりも「他人からどう見られるか」ということのほうを重んずると、どうしても体裁をとりつくろうようになる。人当たりがよいというのはわるいことじゃない。ただそれよりも大事なのは自分のありかたである。上手にお世辞をいえることよりも、正直に本音をいえることのほうが、ひとづきあいのありかたとしては大切である。

他人とのかかわりかたではなく、自分のありかたのこととしても読めそうである。自分の気持に正直であるよりも、その場の雰囲気がなごやかであるほうが、ぼくには大事である（という自分の気持に正直なだけだったりして）。不愉快なとき、「巧言令色はいかんからな」とムスッとした顔をしているほうが、なるほど正直だろう。が、そんなことをしていると事態はいよいよ不愉快になってくる。ときには自分をいつわるほうが世のなかは住みよくなる。なるべく機嫌よくすることによって自分も他人も心地よくなれるなら、そのほうがむしろ「仁」に近いっていうこともあるだろう。

4

曾子はいう。わたくしは毎日三つのことについて反省する。ひとの相談にのっておきながらいい加減なアドバイスをしなかっただろうか。友だちとのつきあいのなかで言葉と行動とがちがっていなかっただろうか。まだ十分に身についていないことについて知ったかぶりをして教えなかっただろうか。

曾子曰く、吾れ日に吾が身を三省す。人の為に謀りて忠ならざるか。朋友と交わりて信ならざるか。習わざるを伝えしか。

反省の内容を三つに限定したことに意味がある。無限は無にひとしい。無限に反省するというのは反省しないのといっしょである。だから反省することを三つまでに限定し、そのかわり真剣に反省する。

ひとづきあいの基本とは、相手の身になって考えるということである。そのことは身内における目上のひとにうやうやしくするという「ひとつ」のことによってやしなわれる。マジメな曾子は、せっかく「ひとつ」のことができているにもかかわらず、ひょっとしてまだ足りないところがありゃせんかと神経質にかえりみる。

かえりみる対象はそれぞれちがっているようだが、かれが気にしているのはどこまでも自分のありかたである。いったい他人との関係をはなれた自分のありかたなどというものはありえない。自分とは「他人の他人」である。そのことを忘れて反省ばかりしていると、ややもすれば「ひとりよがり」になりかねない。

曾子には「かくあるべし」という理想のありかたがあって、自分がそうじゃないことを気に病んでいる。でも、イジワルしちゃったり、ウソついちゃったり、カッコつけちゃったりしたら、それが自分なんだから、そのありかたを引き受けるしかない。絵に描いたモチみたいな君子像をこしらえて、自分がそうじゃないから落ちこむっていうのは、かけがえのない自分をないがしろにしている。もうちょっと自分を大事にすべきじゃないかなあ。

5

子曰く、千乗（せんじょう）の国を道（みち）びくに、事を敬（けい）して信、用を節して人を愛し、民を使うに時を以（もっ）てす。

戦車千台をもつくらいの諸侯レベルの国をおさめるさいの心得。できもしないことはやろうとしない。できることはちゃんとやる。やるからには中途半端にやらない。やるときにはムダな金をかけない。ひとを労役させるときには文句がでないようなタイミングをみはからう。

ひとの上にたつものもいれば、ひとの下で使われるものもいる。ひとの上にたつものは、おのれの幸せよりも下で使われるものの幸せを考えねばならない。

ひとつ気になることがある。それは「ひとを愛し」「民を使う」というときのひとと民との使い分けである。親愛の対象である「ひと」と使役の道具である「民」とのあいだには埋めがたい差異がありそうである。

いにしえの中国にあって道徳性が要求されたのは官につくべき「士」だけであった。民がわるいことをしても、それは民がわるいのではなく、上にたつ士がわるいのである。そのかわり民は使役される。

カントはいう——人間は人格のもちぬしである。自分で自分の格律をさだめ、これにしたがうことができる存在である。その格律が普遍的に妥当するものでなければならないとするのが道徳律であり、自主的に道徳律にしたがうのが倫理的ということである——人間は倫理的でありうる存在だっていうことだろう。そういう人間をたんなる手段として遇してはならない。利用されるだけのものであってはならないのは、人間が人格だからである。

6

諸君、若いうちは、内では父母に孝行、外では目上に従順、つねに言行一致をこころがけ、だれとも分けへだてなくつきあい、と

子曰く、弟子（ていし）、入りては則（すなわ）ち孝、出（い）でては則ち弟（てい）、謹しみて信あ

はいえなるべく誠実なひとに親しむようにし、そのうえで余力があったら本を読みたまえ。

り、汎く衆を愛して仁に親しみ、行ないて余力有らば、則ち以て文を学べ。

若者とは、親にたいしては子であり、年長者にたいしては若輩者であるというふうに、いってみれば修行中の身である。人間として未熟であることを自覚し、おのれが成長できるような「ひとづきあい」をこころがけるべし。本を読んで勉強するのはそのあとでよい。学問なんて二の次だといっているわけじゃない。他人との豊かな人間関係をつちかうことが生きてゆくうえでの基本だといっているのである。基本をやったうえでなお一段高くのぼりたいなら、学問をやるべし。

7

子夏はいう。賢者を見習って自分を変えようとつとめ、父母には孝行をつくし、君主には忠義をささげ、友人とも誠実につきあっているならば、たとえ学がないと卑下しようとも、わたくしは学があると評したい。

子夏曰く、賢を賢として色を易え、父母に事えて能く其の力を竭くし、君に事えて能く其の身を致し、朋友と交わるに言いて信有らば、未だ学ばずと曰うと雖(いえど)も、吾れ必ず之を学びたりと謂(い)わん。

「賢を賢として」とは、賢者を賢者として素直にみとめることである。「色を易(か)え」とは、賢者にならって自分を変えようとすることである。賢者を見習い、その色に染まるのである。

成長の途上にある若者にとってもっとも切実に心得るべきことは、すぐれたひとを見習って、自分をそのひとのように変えようとすることである。自分のありかたを変えることのほうが、知識をつめこむことよりも、よほど大事である。

8

オトナになってもチャラチャラしているようでは甘く見られるが、さりとて学問をしたからといって頭でっかちのコチコチになってもいけない。ひとかどの人物に親炙(しんしゃ)し、そのひとを見習うようにこころがけ、つまらない連中とツルんだりしないようにせよ。ただし自分のほうに見そこないがあれば、グズグズせずにあらためるべし。

子曰く、君子、重からざれば則(すなわ)ち威(い)あらず、学びても則ち固(こ)ならざれ。忠信を主とし、己(おのれ)に如(し)かざる者を友とする無かれ。過(あやま)ちては則ち改むるを憚(はばか)ること勿(な)かれ。

軽いと押しがきかない。とはいえ自分のことを重々しく見せかけるというのも恥ずかしい。ガリ勉して一流大学にはいり、高学歴でひとを威嚇(いかく)するなんていうのは、恥ずかしさの最たるものである。ホントに頭のよいものは、おのれの頭のよさをひけらかしたりしない。

人間と人間とのまじわりは、おたがい鏡のように映しあうことである。相手がこわばった顔をしているとしたら、それは自分のささくれだった気持が映っている。相手が屈託なくほほえんでいるなら、きっと自分のおだやかな安らぎが伝わっている。

「己に如かざる者を友とする無かれ」は二度あらわれる（あと子罕25）。なるべく得るところのある友人とつきあい、そのひとを見習うようにしたい。とはいえ、いくら得るところがあっても、ウマが合わないなら無理してつきあわなくてもよい。友人とは「たがいに人間として尊重しあえる」ような関係にあるひとのことである。平たくいえば「たがいに相手の考えていることを理解しようという気持になれる」ような関係にあるひとのことである。

「自分とは合わないな」とおもうひととは、うまく距離をとっておけばよい。ただし合わないなと感じる自分のありかたが「こころの狭さ」「いわれなき偏見」「つまらない仲間意識」などで汚れていないかどうか、ちゃんと反省すべきである。自分と「ちがう」というだけで自分と「合わない」と決めつけちゃいけない。

「つまらんヤツだな」とおもって疎遠になっていたけど、なにかの拍子にそうでもないとわかったら、「すまん、キミのことを見そこなっていた」とおのれの非を素直にみとめ、あらためて友人になってもらおう。見そこなうことがわるいのではない。見そこないに気づきながら「あらためる」ことができないのがわるいのである。

9

曾子はいう。父母の葬儀をまごころをこめてやり、祖先の供養をおこたらないようにすれば、ひとびとのこころは温厚になる。

曾子曰く、終わりを慎しみ、遠きを追えば、民の徳、厚きに帰す。

孔子は人間を超えたものに人倫の基礎をおくことはしない。祭祀を重んずるのは、真にすばらしいことが聖人によっておさめられていた堯や舜の時代にあったからであり、その伝統をたもつべく祖先をうやまうことが後生のつとめだからである。祭祀とは人間の営みの継承である。

祖先を祭ることとは、血縁のひとびとが血筋によってむすびつくことである。過去のひとととの縦のつながりをふまえて、現在のひとととの横のつながりをととのえるのである。身近なひとととの関係がととのうことは、ひいては社会の安定をもたらすであろう。

親がその親の葬儀をまごころをこめてやれば、数学的帰納法よろしく、すべての子はそれを見習って道徳的になる。ひとはすべてひとの子だから。

10

子禽が子貢にたずねる「先生はどの国にゆかれても、かならず政治の相談を受けます。いったい先生のほうからもとめるのでしょうか、それともあっちからもちかけてくるのでしょうか」。
「先生は、あたたかく、おだやかで、うやうやしく、つつましく、ひかえめだから、自然とそうなるのさ。どうも先生のやりかたはふつうのやりかたとはちがうんじゃないかな」。

子禽、子貢に問うて曰く、夫子の是の邦に至るや、必ず其の政を聞けり。之を求むるか、抑も之を与えらるるか。子貢曰く、夫子は温良恭倹譲にして以て之を得たり。夫子の之を求むるや、其れ諸れ人の之を求むるに異なるか。

あっちのほうから能動的にはたらきかけてはこないんだけど、こっちからつい相談をもちかけたくなってしまう。そういうフレンドリーな雰囲気をただよわせたひとがいる。はたらきかけないというはたらきかけかたをしているとすれば、それこそは「ひとづきあい」の極意かもしれない。

11

父が生きているうちは、その「こころざし」をくみとる。父が亡

子曰く、父在せば、其の志を観

くなってからは、その「ふるまい」を味わう。喪に服する三年のあいだ亡き父のやりかたを変えないようなら、ひとまず孝行といってよい。

る。父没すれば、其の行ないを観る。三年、父の道を改むること無きを孝と謂う可し。

12

父が生きているとき、自分は子である。父の生きかたをしっかり学ばねばならない。父が亡くなれば、今度は自分が父として子に生きかたを示さねばならない。自分が父としてふるまわねばならないとき、自分の父はもういないけれども、父だったらどうするだろうかと父をおもいやることはできる。すくなくとも没後三年のあいだ、父のふるまいをおもいだし、父のやったようにやってみる。すると父がなにをやろうとしていたのかということが、いまさらながら身にしみてくる。

父のやったようにやってみるのは、父のありかたを「知ろうとする」のではなく、父のありかたが「忘れられない」からである。忘れられないのは、父のありかたが自分のなかに息づいているからである。「親孝行しなさい」なんて空々しいことを、孔子はいわない。「こころのなかに親父さんが住んでいるかい」と孔子は語りかける。こころのなかに亡くなった親父さんが住んでいるなら、それでいいんだよ、と。

有若はいう。礼のはたらきとは「なかよし」であることを第一義とする。いにしえの聖人もなかよきことをよしとした。かといって、一から十まで「なかよし」ばっかりだと「なれあい」になって、礼もへったくれもなくなってしまう。なかよしが大事ではあっても、ほどほどに「けじめ」がないと、かえってなかよくできなくなってしまう。

有子曰く、礼の用は和もて貴しと為す。先王の道は之を美と為す。小大之に由らば、行なわれざる所有り。和を知りて和すれども、礼を以て之を節せざれば、亦た行なう可からず。

13

礼とは、コレをやれ、アレはやるな、と規則でしばりつけることではない。とはいえ、ただなかよくやっているだけだと、いつしかワガママになってくる。ひとをおもいやることも必要である。なかよきなかにも礼儀あり。

有若はいう。約束したことが道理にもとるものでなければ言葉どおりにやってよい。丁寧なふるまいが作法にそむくものでなければ恥をかくことはない。だれかに頼るさいにも頼る相手をまちがえさえしなければ、まあ大丈夫だろう。

有子曰く、信、義に近ければ、言、復む可し。恭、礼に近ければ、恥辱に遠ざかる。因ること其の親を失わざれば、亦た宗とす可し。

14

約束をまもるのはよいことである。だが、あらゆる約束がみな正義にかなっているわけじゃない。「いっしょに泥棒しようぜ」といった約束はまもらなくてもよい。丁寧なふるまいはよいことである。でも、度を超えてバカ丁寧だと慇懃無礼（いんぎんぶれい）だとおもわれてしまう。見え見えのお世辞をいうのはかえって逆効果である。

信＝義ではない。恭＝礼でもない。現実における「信・恭」は「義・礼」の影にすぎない。近かったり似ていたりしても、同じではない。

同輩にたいして「約束をまもる」こと、先輩にたいして「丁寧にふるまう」こと、一般に他人に「頼る」こと、これらはみな個人的な事情にもとづくものである。それは「道理にもとっていないか」「作法にそむいていないか」「相手をまちがえていないか」という客観的な条件によってその是非が決まってくる。ひとづきあいはすべからく条件つきで判断すべし。

蛇足をつけたい。

ひとになにかを頼ることってむつかしい。なんでもひとに頼ろうとするのは、自分の弱さのあらわれである。なんでも自分でやろうとするのも、一見強そうに見えるけど、ひとを信頼できない自分の弱さのあらわれである。ちょうどよいひとへの頼りかたがわかると、生きることがグッと楽になる。

自立したオトナは、ご馳走をたらふく食いたいとか、豪邸でのうのうと暮らしたいとか、そんなケチなことはおもわない。やるべき仕事をきちんと片づけ、おのれの発言に責任をもち、すぐれた人物を見習って向上しようとする。そのようであってこそ学ぶことが好きだといえる。

子曰く、君子は食に飽くるを求むること無く、居に安きを求むること無し。事に敏にして言に慎み、有道に就きて正す。学を好むと謂う可きのみ。

自分の考えるとおりに生きるべきである。さもないと自分の生きるとおりに考えてしまう。

美食や豪邸なんてしょせん金でなんとかなるものでしかない。「学ぶことを好む」という生きかたは金では買えない。ここでいう「学ぶ」とは、机にむかってのお勉強ではなく、身をもっておこなう実践である。学びにあふれた生きかたを楽しむというのは、ありふれた人生観のようにおもえるかもしれないが、じっさいのところ生きるよろこびとはそういうもんじゃないだろうか。

飽食の時代である。たいへんけっこうなことだとはおもうが、頭の片隅で「そんなにうまいものばかり食ってどうすんだ」とおもってもいる。うまいものはたまに食うからうまいのであって、のべつうまいものばかり食っていると、よほど強烈にうまいものじゃないとうまいとおもえなくなる。それは不幸なことだろう。

「うまいから食う」というのはかなり贅沢なのかもしれない。生きもののありかたとしては、うまいかどうかはさておき「生きるために食う」というほうがたぶん健全なのだろう。

15

子貢がたずねる「貧乏でも卑しくならず、裕福でも偉そうにしない、そういう生きかたはどうでしょうか」。

「まあまあだな。だが、貧乏でも（それを気にせず）その暮らしを楽しみ、裕福でも（それを鼻にかけず）正しく生きようとするというほうがもっとよいな」。

「詩にこうありますね。切って、研いで、掘って、磨く、と。ちょうどそんな感じ（に眠っている好さをあらわすことが大事なの）でしょうか」。

「子貢よ、それでこそ詩について語りあえるというものだよ。すこしのヒントでよく察したね」


子貢曰く、貧にして諂うこと無く、富みて驕ること無くんば何如。子曰く、可なり。未だ貧にして楽しみ、富みて礼を好む者には若かざるなり。子貢曰く、詩に云う、切するが如く、磋するが如く、琢するが如く、磨するが如し。其れ斯れの謂いなるか。子曰く、賜や、始めて与に詩を言う可きのみ。諸に往を告げて来を知る者なり。

子貢はもっぱら他人との好もしくない人間関係をしりぞけることを気にかけている。わるいことではないが、いまひとつネガティブである。それにひきかえ孔子は自分自身がこころ豊かに生きることをめざしている。子貢はすぐにピンときて「短所をなくすだけじゃなくて長所をあらわすべきなんですね」とネガティブな発想から脱してみせる。いったことをふまえて、いっていないことまでくみとったね、と孔子はホメる。

16

子曰く、人の己を知らざるを患えず。人を知らざるを患う。

ひとに認知されなくてもクヨクヨするな。それよりも自分がひとを理解できているかどうかということを気にかけよ。

劈頭の「ひとが自分のことをわかってくれなくても腹をたてない」と呼応している。気にかけるべきなのは、他人に知ってもらえないという受動的なことではなく、他人を知ることができないという能動的なことである。他人に知られるために生きるのではない。自分を豊かにするために生きるのである。ひとに知られることによってではなく、ひとを知ろうとすることにおいて、より豊かに生きることがかなう。

そのひとのことを知ることができているかどうかを気にかけるべき「ひと」とは、人間一般ではなく、知るべきひとのことである。「すぐれた人物を見習って向上しようとする」（14）といっていたように、だれが見習うべきひとであるかを知ることができないと、そのひとを見習うこともできない。そのひとが見習うべきひとであることを知り、そのひとに学ぶこと、それがひとに知られるに値する人間になるための第一歩である。

為政第二

政治にたずさわるものの心得

1

子曰く、政を為すに徳を以てすれば、譬えば北辰の其の所に居て、衆星の之に共しくするが如し。

政治にたずさわるのに徳によってするというのは、北極星がいつも同じ場所にいながら、たくさんの星がそれにむかって挨拶しているようなものである。

徳とは優しさや正しさが「まっすぐ」に伝わることである。徳のあるひととは、まわりのものが世話を焼いてあげたくなる。あっちからは来ないんだけど、こっちから行きたくなるのである。そのあたりの人心の機微をもたらすのが徳である。政治は権力であるが、権力の由来は徳であってほしい。

徳の有無は、生まれつきの人柄もさることながら、ふだんの「こころがけ」が大事である。為政者たるもの、ひとびとに親しんでもらいたければ、まずは親しんでもらえるような自分になろうとすべきである。

2

『詩経』の三百余篇、ズバリ一言でいえば、邪念がない。

子曰く、詩(し)三百、一言(いちごん)以(も)って之(これ)を蔽(おお)う、曰く思い邪(よこしま)無し。

『詩経』におさめられる詩はみなヒネクレていない。ヒネクレていないとは、ウソがないということである。ヒネクレないためにはどんな準備をすればよいのか？　どんな準備もしなくてよい。ウソをつかないためにはなにが必要か？　なにも必要でない。どんな準備もしなくてよく、なにも必要でないなら、なにをどうすればよいというのか。

徳のあるひとは、たいてい無邪気である。ワガママだとわかっていながら、なぜかほうっておけない。本人にはワガママだという自覚がなく（そういう邪念もない）ひたすら自然体でふるまいながら、いつのまにかまわりの人間にささえられている。屈託なくふるまうもんだから、まわりはふりまわされるんだけど、なぜか憎めない。

気くばりのひとは、ややもすれば邪念のかたまりになりがちである。「自分がこうすれば他人はこうおもうだろう」と自分の行為と他人の思惑とを天秤(てんびん)にかけて「こうでもない、ああでもない」と悩んでしまう。そのあげくに「こんなに気くばりしているのに、ひとは理解してくれない」と不平をいだく。気くばりとは、おたがい「他人が自分にすべきものである」とおもいがちである。「おもてなし」とは、相手が気くばりしないでもよいように気くばりすることである。

3

厳しさによってしばりつけようとすれば、ひとは網の目をかいくぐって恥じることがない。優しさによってつつみこもうとすれば、ひとは恥をわきまえるようになる。

子曰く、之を道(みちび)くに政(せい)を以(もっ)てし、之を斉(ととの)うるに刑を以てすれば、民免(まぬが)れて恥無し。之を道くに徳を以てし、之を斉うるに礼を以てすれば、恥有りて且(か)つ格(ただ)し。

まったく規則のない世界があるとする。そこではだれもみな利己的にふるまえる。そのかわり万人にたいして万人が敵でありうる。たしかに自由だけど、おちおち昼寝もしてらんない。それじゃあんまり物騒だってことで、やむなく規則をつくる。それぞれが自分の自由を制限し、そのかわり他人にも自由を制限してもらう。全員がひとしくガマンすることによってみんなで安心しようぜ、と。

自由になるために規則をつくったはずなのに、やがて規則にしばられるようになる。規則とは生活を飼い慣らそうとすることである。規則があってもそれがまもられるという保証はない。規則をまもるという規則が必要になる。その規則がまもられる保証もないから、規則をまもるという規則をまもるという規則……という無限後退におちいる（これを断ち切るために「指切りげんまん」が発明された）。

規則によって外から行動をおさえつけるのではなく、道徳によって内から良心をはぐくむほうがよい、と孔子はいう。規則づくめでビシビシやると、ひとは抜け道をさがしはじめる。人間らしい裸のつきあいをすれば、ひとは本音をしゃべってくれる。それでうまくゆくっていうほど世のなか甘くない。甘くはないと承知のうえで、人間の善意を信じるという姿勢を、孔子は手ばなさない。

弱者にとって道徳とは、ほとんど唯一の武器である。「貧乏でも卑しくならず」（学而15）とあったように、あくまでも道徳の立場から強者を批判するということを、弱者はあきらめてはならない。この世のなかのどこかに貧しいけれども清く正しく生きてゆける余地はありつづけてほしい。

4

子曰く、吾れ十有五にして学に志し、三十にして立つ。四十にして惑わず、五十にして天命を

十五歳。こんなオトナになりたいと夢見る。三十歳。なんとか食ってゆけそうだとメドがつく。四十歳。自分のやりたいこととやれそうなことがわかってくる。五十歳。けっきょくこれが自分な

んだとわきまえる。六十歳。もはやムキになる気力もなくなり、なにごとも「これでよし」とおだやかに受けとめ、ちょっとくらい気にさわっても「ま、いいさ」とゆるせるようになる。七十歳。すっかり枯れきって、個人的・主観的なこころのうごきを意識的に制御しなくても社会的・客観的な規範とギクシャクすることがなくなる。

知る。六十にして耳順い、七十にして心の欲する所に従いて矩を踰えず。

ひたむきに精進をかさねながらゆっくりと成熟してきたプロセスを聖人がなつかしく回顧しているという、まさに功成り名を遂げたものの述懐という風情の文章である。さすがに偉いひとの生きかたはちがう。でも、ひとの一生ってこんなふうに右肩上がりでよくなりつづけるものだろうか？

ガムシャラにやっているうちに「やれること」の見当がついてきて、いまさら「もっと別の生きかたもあったんじゃなかろうか」とは考えられなくなる。で、やれることをコツコツとやりつづけていたら、いつのまにかベテランになっていて、これをやってゆくしかないなと覚悟がつく。やがて耳ざわりなことをいわれても、いちいち反論するのが億劫になり、「そんなもんだろ」と流せるようになる。古稀ともなれば、欲も得もなくなり、すっかり枯れきった好々爺である。若い衆にまじっての宴会でも、せいぜい羽目をはずしてドンチャンやらかしたつもりなのに、ちょこなんと行儀よかったりする。

老いるとは、欲望のままにふるまっても社会人としての枠からはずれなくなることである。それは整備されたプールのなかを泳ぎまわるような自由ではあっても、危険をおかして大海にこぎでてゆくワクワク感はない。若さは、うしなってみてはじめて気がつく。若さと幸せとはどこかしら似ている。

人生に完成ってあるのだろうか？　ぼくは「ひたすら生きるのみであって、およそ完成など望むべくもない」という立場である。ただし完成こそしないが、その年齢なりの人生を楽しむことはできる。人生は、どんな時期であっても、たんなる準備期間ではありえない。

孔子は「なんのために生きているのか」と問うことはしない。「こういうふうに生きてきた」と述懐するのみである。「なんのために」というのは目的についての問いである。そういうのって人間の手のとどくものにかんする問いでしかない。ハサミという道具について「なんのために」と問うことはできる。その使用目的はハッキリしているから。人間はなにかのための道具ではないから、その使用目的を問うことはできない。

「生きている」という不可抗力のことにたいして、いまさら「なんのために」と問うことはできない。なんのために生きているのかという問いに一般的な答えがないなら、生きうるように生きながら老いてゆくしかない。

自分にのこされた可能性がすくなくなるということは、歳をとることのよろこびのひとつである。若いころは自分の可能性の多さをもてあまし、そういう自分の不甲斐なさに苦しむ。老いるとともにできることが限定されてくるので、すくない可能性に集中するしかなくなる。歳をとるのもわるいことばかりじゃない。

5

魯の孟懿子に孝についてたずねられて、「ふみはずさぬように」とだけいい、車にもどると御者の樊遅にいう「孟孫が孝について問うてきたので、ふみはずさぬようにと答えておいたよ」。

「どういう意味でしょうか」。

「親が生きているときは親がどうしてほしがっているかをふまえてつかえ、親が亡くなれば親がどうしてほしがっていたかをふまえてほうむり、またその御霊はどうしてほしいだろうかをふまえて祭るのだよ」。

孟懿子、孝を問う。子曰く、違うこと無かれ。樊遅、御たり。子、之に告げて曰く、孟孫、孝を我れに問うに、我れ対えて違うこと無かれと曰えり。樊遅曰く、何の謂いぞや。子曰く、生けるときは之に事うるに礼を以てし、死せるときは之を葬るに礼を以てし、之を祭るに礼を以てせよ。

ひとの営みにはつねに相手がある。相手があればその相手に応じたやりかたがある。そのつど相手の身になってやるというのが「ふみはずさない」やりかたである。親の気持をふみはずさずにやることが、すなわち「孝」ということである。

なにが正しいかを頭でわかっていても、かならずしも身をもって実行できるとはかぎらない。そこへゆくと孔子の教えはたいへん現実的である。できもしない理想をふりかざすよりも身近なところからはじめなさい、と孔子はさとす。親を大事にするというのは、もっとも身近なことがらである。親のよろこぶ顔を見ることは、その気になりさえすればすぐにやれる。たとえば肩をもんであげるのでもよい。それを実行しないとすれば、それは「やれない」のではなく「やらない」のである。

6

魯(ろ)の孟武伯(もうぶはく)に孝についてたずねられて、「父母にはただ子のからだのことだけを心配させるようになさい」。

孟武伯(もうぶはく)、孝を問う。子曰く、父母には唯(た)だ其(そ)の疾(やまい)をのみ之れ憂えしめよ。

親はなによりも子どもの健康のことが気にかかる。自分が病気になるよりも子どもが病気になるほうがよほどつらい。親が子のからだのことを気にかけてしまうことはいかんともしがたい。子どもとしてはせめてそれ以外のよけいな心配はさせないようにしたい。

もっとも、親にしてみれば子どもが病気のことを心配させてくれるというのも、じつは親孝行だったりする。なんにも心配することがないんじゃ親としても張りあいがない。ただし、あれもこれも心配させるのは勘弁してほしい。もっぱら病気だけを心配しておればすむように、ほかのことはちゃんとしていてくれるっていうのは、けっこう親孝行だとおもう。

7

子游に孝についてたずねられて、「このごろの親孝行とはもっぱらやしなうだけらしいな。ただやしなうだけなら犬や馬だってやしなうということはある。うやまうということがなければ（犬や馬を飼うのと）なにがちがうというのか」。

子游、孝を問う。子曰く、今の孝なる者は、是れ能く養うを謂う。犬馬に至るまで、皆な能く養うこと有り。敬せずんば何を以て別たん。

親を「うやまう」とはどういうことだろうか。衣食住をあてがうなどの物質的な世話だけなら金でいくらでもカタがつく。大枚をはたいて高級老人ホームにいれてもよい。これまで育てたことを感謝されることによって親がおぼえる精神的なやすらぎは、金で買えるものではない。来し方の記憶をふまえて老いた親をいつくしむことができて、はじめて「ひとの子」だろう。

8

子夏に孝についてたずねられて、「こころからやっているという雰囲気が肝腎だ。なにか用事があれば若いものが骨を折ってはたらく。ご馳走があればまず年上のひとから食べてもらう。それを

子夏、孝を問う。子曰く、色難し。事有れば弟子其の労に服し、酒食有れば先生に饌す。曾ち是

―義務的にやったところで、はたして孝行といえるだろうか」。

―れ以て孝と為さんや。

孔子は「色難し」という。どんな気持でやっているかということは知らないうちに顔にあらわれる。イヤイヤやっていれば、すぐにバレる。親孝行の「ふり」をされるくらい親にとって情けないことはない。ささいなことであってもそこに愛情を感じることさえできれば、親はうれしいものである。

こころからやりたいなら問題はない。「やりたくないときに、こころがバレないようにやるのはむつかしいぞ」と孔子はいうのだろうか。それとも「やりたくないときに、こころをやりたいに変えるのはむつかしいぞ」というのだろうか。どっちでもないとおもう。「むつかしいこともむつかしい顔をしないでやれる、そういうふうでありなさい」といっているのだろう。

もし親を大切にすることが「むつかしい」なら、世のなかに「むつかしくない」ことなんてあるのだろうか？　親をよろこばせるくらい簡単なことはない。水が低いほうへと流れるように、親はよろこびたがっている。

9

―顔淵としゃべっていると、反論ひとつせずにうなづくばかりで、

―子曰く、吾れ回と言う。終日違

なんにも考えていないみたいだ。ところがその暮らしぶりを見ていると、ときおりハッと考えさせられる。どうしてなかなか隅におけない。

わずして愚なるが如し。退いて其の私を省みれば、亦た以て発するに足れり。回や愚ならず。

10 顔

淵はおのれの実力を「ひけらかす」ようなことはしない。隅っこのほうでおとなしくほほえんでいるばかり。本人に教えるつもりはないのだが、その様子を見ているといろいろ教えられる。そういうものはいつしか一目置かれるようになる。

授業中はトロンとした目をしていて、わかっているのかわかっていないのか、わからない。テストをしてみると抜群の成績である。文句はないんだけど、なんだか釈然としない。わかっているならもっと生き生きとした目をしてくれよ、と教師としてはいいたくなる。

なにをやっているのか、なぜやろうとするのか、なにをやろうとしているのか、これらを吟味すれば、正体を隠そうとしたって隠しおおせるもんじゃない。

子曰く、其の以てする所を視、其の由る所を観、其の安んずる所を察すれば、人安くんぞ廋さんや、人安くんぞ廋さんや。

その行為を観察し、動機を推察し、目的を洞察すればよいといわれても、容疑者の尋問じゃあるまいし、ひとをいちいち識別することなんてできるもんじゃない。ひとを見たら泥棒とおもえというスタンスでひとに接するのは、ひどく生きづらい。

はなはだ生きづらいけれども、どうしてもひとを見る目をもたねばならない立場もある。たとえば教師。学生自身も気づいていない当人のありようを察し、よい方向へとみちびいてやらねばならない。

先生はお見通しである。バレていないとおもったら大間違い。顔淵がよい例である。てんで冴えないようだが、孔子はちゃんと見ている。

11

古いものをジックリと味わい、そこに新しいものを見いだす。教師はそういう姿勢でありたい。

子曰く、故(ふる)きを温(あたた)めて新しきを知る。以(もつ)て師(し)為(た)る可(べ)し。

孔子は「古いものを味わう」「新しいものを見いだす」というふたつのことをいっているのではない。「温故」において「知新」があるのである。たんに古いものを賞玩(しょうがん)するのではなく、そこに永遠の真理（不易）とともに今日的な意義（流行）をも見いだそうとするのである。

古いものは大事にすべきであるが、ただ骨董品のようにあつかうのではなく、そこから新しいものを見いだすような仕方で大事にするのである。ものごとを創造的に見るのである。とりわけ教師は「作られたものから作るものへ」という創造的なものの見方ができねばならない。春秋に富む若者をみちびくにさいして、これまでなにを「やってきた」のか、いまなにを「やっている」のかということだけで可能性を決めつけるのではなく、これからなにを「やろうとしている」のか、なにが「やれそうである」のかを見きわめ、かれに生き生きとした希望をあたえられるような眼識をもたねばならない。

それは教師みずからの生きかたの問題でもある。「記問の学は以て人の師為るに足らず」（『礼記』学記篇）というように、ただ記憶するだけの学問をやっていては、ひとを教育できるような人間にはなれない。

12 力

ひとはひとつの生きかたただけしかできないように生まれついてはいない。

子曰く、君子は器ならず。

ナヅチは釘を打つのに使う。ノコギリは板を切るのに使う。その使いみちは決まりきっている。ひとはたんなる道具ではない。それ以上のなにかである。ひとはある用途のためだけに存在しているわけではない。その存在そのものが目的でありうる。もちろん人間だって手段だったりもするが

（病気になれば医者にゆくように）、そのひとに逢うことは同時に目的でもあって、たんに手段とだけみなしているわけでもない（すごく美人の女医だとか）。

せっかく無限の可能性を秘めているのだから、「オレはこういう人間でしかない」とあわてて型にはめこんだりせず、こっちで苦汁をなめ、あっちで煮え湯をのまされながら、自分らしい生きかたを模索しつづければよい。そのさい「ひとを見る目」のある教師にみちびかれ、おのれの使いみちに目覚めるという仕合わせもありうる。

13

子貢に頼りになる人間についてたずねられて、「まずは身をうごかし、そのあとで口をうごかすやつだ」。

子貢、君子を問う。子曰く、先ず其の言を行い、而る後に之に従う。

ってもいないものが、やるべきことについてしゃべっても、およそ説得力がない。やったからこそ、その言葉に内容がそなわる。とはいえ、やったあとでしゃべるべきことってあるのだろうか？　やったのがふつうでないことであれば、やったことについて説明したり、弁明したりすることもあるかもしれないが、ふつうのことをやったのなら、しゃべらなくたってよい。

それよりも大事なことは、あれこれ理由をくっつけているヒマがあったらエイッとやってみるっていうことだろう。やることなすことといちいち理由をくっつけようとすると、なかなかやれなくなってしまう。

まず手をさしだして握手し、それから本格的になかなかおりする（そういう段取りだってあるだろう）。何度かデートしてみて、それから好きになる（そういうケースは多いんじゃないかな）。とりあえず核兵器を捨てて、それから平和について話しあう（そういう按配にゆかないものだろうか）。

「これをやるのは正しいとはかぎらない」とつぶやき、腕組みして様子をうかがう。そういうのって見苦しい。やる気がないことの言い訳をこしらえるまえに、とりあえずやってみよう。正しさはつねに目標でなければならないが、かならずしも出発点である必要はない。

14

ちゃんとしたひとは親しみあうが群(む)れない。くだらないやつは群れるが親しみあわない。

子曰く、君子は周(しゅう)して比(ひ)せず。小人(しょうじん)は比して周せず。

「親しみあう」とは、ひろく全体にゆきわたることである。「群れる」とは、似たものどうしがくっつくことである。ちゃんとしたひとはだれとでも公平につきあう。くだらないやつほど特定の仲間とだけツルもうとする。

生きているあいだに知りあえる人間はかぎられている。いつもの連中とツルんでいることによって、かけがえのないひととであう機会をうしなうのはもったいない。「君子の交わりは淡きこと水の若く、小人の交わりは甘きこと醴の若し。君子は淡くして以て親しみ、小人は甘くして以て絶つ」（『荘子』山木篇）。群れをつくってベタついたりしないというのが、ひとづきあいのコツである。

しっかりした人間は、なんでも容れられるが、なんでも容れるわけではない。くだらない人間は、なんでも容れはするが、じつはなんにも容れることができない。

15

他人から学ぶばかりで自分で考えなければ、その知は浅い。自分で考えるばかりで他人から学ばなければ、その知は狭い。

子曰く、学んで思わざれば則ち罔し。思うて学ばざれば則ち殆し。

客観的な「学び」をふやすだけだと羅列的になる。自分で考えることをしなければ、その知はいつまでも深まらない。せっかく学んだことも「もちぐされ」になってしまう。

主観的な「思い」にふけるだけだと恣意的になってしまう。他人から学ぶことをしなければ、その知はいつまでもひろがらない。考えにとらわれて「ひとりよがり」になってしまう。自分のことがわかっていなければ、ちゃんと他人とつきあうことはできない。他人とつきあうことによって、はじめて自分のことがわかってくる。

16

子曰く、異端を攻むるは、斯れ害のみ。

おのれに対立するものをむやみにしらべるのは危険である。

正しいものをもとめすぎると正しさにとらわれてしまう。正しいものは正しい。が、正しさをもとめることは、かならずしも正しくない。

小さなことにこだわっていると大きなものをうしなう。かといって遠くをながめてばかりいると近くのものにつまづく。そのあたりの按配をわきまえるには、なにはさておき「ひとづきあい」を大切にすることである。他人とつきあうことによって自分のことがわかってくる。

おのれと異質の発想にでくわすと「ふうん、そんなふうに考えるんだ」という新鮮なおどろきがある。別の角度から見ることの可能性を知ることによって自分のものの見方の幅がひろがる。自分のものの見方を自分ひとりで変えることは容易でない。自分とまったく異質な人間とつきあうことによって、ようやく身にしみついた見方をゆさぶることができる。

17

子路よ、おまえに知るとはどういうことかを教えてやろう。知っていることは知っているとし、知らないことは知らないとする、これがホントに知るということだ。

子曰く、由よ、女に之を知るを誨えんか。之を知るは之を知ると為し、知らざるは知らずと為す、是れ知るなり。

受験勉強のコツは、わかっていることとわかっていないこととを区別するということである。わかっていることは重ねてやらない。わからないことは重点的にやる。そういう「あともどり」しない仕方こそが要領のよい勉強のやりかたである。

知らないということを自覚したら、今度は知りたいと欲するようになる。それは自然のなりゆきである。いかなる人生にあっても既知のことよりも未知のもののほうが多い。知ろうとすることに「もう遅い」ということはない。

自分の知っていることは、自分で考え、知を深めればよい。自分の知らないことは、他人から学び、知をひろげればよい。他人とつきあうことによって自分のことがわかってくる。

18

子張に就職について相談されて、「なるべくたくさん聞いて、そのうえで疑わしいことはいわず、確かなことだけをいえば、非難されることはすくない。なるべくたくさん見て、そのうえで危険なことはやらず、安心なことだけをやれば、後悔することはすくない。発言において非難されることがすくなく、行動において後悔することがすくなければ、ほうっておいても就職はあるさ」。

子張、禄を干むるを学ばんとす。子曰く、多く聞きて疑わしきを闕き、慎みて其の余を言えば、則ち尤め寡なし。多く見て殆うきを闕き、慎みて其の余を行なえば、則ち悔い寡なし。言いて尤め寡なく、行ないて悔い寡なければ、禄、其の中に在り。

なまじ優秀だと、他人のことがバカに見えるのか、いわずもがなのことをしゃべり、やらずもがなのことをしでかす。耳で聞いたら、頭でよく考えて、それから口にする。目で見たら、頭でよく考えて、それから身をうごかす。耳や目をはたらかせて仕入れたものは、そのままでは生煮えの素材でしかない。ことこと煮込み、そこそこ味がしみてから、ひとさまに供すべし。ひとづきあいの基本である。

19

魯の哀公がたずねる「どうすれば人民がおさまってくれるだろうか」。

「(役人を登用するさい) まっすぐなものをひきたてて、ヒネクレたやつの上におけば、おさまるでしょう。ヒネクレたやつをひきたてて、まっすぐなものの上におけば、おさまりっこありません」。

哀公問うて曰く、何を為さば則ち民服せん。孔子対えて曰く、直きを挙げて諸を枉れるに錯けば則ち民服す。枉れるを挙げて諸を直きに錯けば則ち民服せず。

公衆に奉仕することなどそっちのけ、ひたすら上司の顔色をうかがってばかりいる役人が出世街道まっしぐらというようでは、その国の政情は推して知るべし。

人事の筋をとおすことは大切である。ろくでもないやつが出世するようでは、その組織はてきめんに腐る。得心のゆく人事がなされることは、人心を安定をさせる基本である。たとえ雲の上のことであっても、それがゴタゴタしていては、下々のものはお上を信頼できなくなる。

余談をすこし。

かつて管理職であったひとが、その立場をしりぞいたのち「あのときホントはそうすべきでないとわかってはいたが、立場上そうするしかなかった」と告白する。立場上とは「そうするのがよくないことは知っていたが、ほかの道をとるともっとよくない結果が予想されたので、やむなくそうした」のではない。みずからの保身をはかったのである。立場が上のものほど自己欺瞞をおかさざるをえないという構造が、ある種の組織にはつきまとう。おそろしく愚劣である。で、そういう愚劣さからのがれられないことが自明なとき、おのれをいつわりたくない「まっすぐ」なものほど上の立場になることをさけるようになる。組織にとって不幸なことである。

困ったことに、教育の現場にも愚劣な管理職はいっぱいいて、お上（たとえば文科省）の顔色ばかりうかがって肝腎の子どもたちのほうは見向きもしない。そして「上意はこうだからこうするしかない」という拘束を逆手にとって、下っ端にもっと強力な拘束を押しつける。さらに困ったことに、あろうことか下々のものもその愚かしいことを承知のうえで「押しつけられる拘束のもとではたらいてこそナンボだ」と積極的にながいものに巻かれようとする。管理職が理不尽なことを押しつけ、下々がそれに唯唯として服従すると、組織はてきめんに腐敗する。

20

魯の季康子がたずねる「どうすればひとびとが忠実になり、誠実になり、勤勉になるだろうか」。

「（あなたの態度が）堂々と自信にあふれていれば（ひとびとは自然に）忠実になるでしょう。（あなたの家庭が）子が親に孝行をつく

季康子問う、民をして敬忠にして以て勧ましむるには、之を如何せん。子曰く、之に臨むに荘を以てすれば則ち敬せん。孝慈なれば則ち忠ならん。善を挙

し親が子に慈愛をそそぐようであれば（ひとびとは自然に）誠実になるでしょう。（あなたの人事が）仕事の上手なものをひきたてて未熟なものをみちびかせれば（ひとびとは自然に）勤勉になるでしょう」。

げて不能を教うれば則ち勧めん。

さっきの哀公もここの季康子もどちらも「どうしたら下のものがおとなしくなるだろうか」とグチっている。孔子は「下のものをおとなしくさせたければ、まず上のものが手本を示さねばならない」と上にたつものの心得をさとす。

上のものが下のものの悪口をいうのはみっともない。「人民がなついてくれない」と文句をいう君主は、なつかない人民を見ることによって、おのれの無能を知るべきである。下のものがおさまらなければ「自分に原因があるんじゃないか」とおもえてこそ、はじめて上にたつものであることができる。

21

「先生はどうして政治家にならないのですか」。

『書経』にこうある。親には孝行、兄弟には友愛、と。政治もいっしょであって、政治家になるばかりが政治をすることではない。

或ひと孔子に謂いて曰く、子、奚ぞ政を為さざる。子曰く、書に云う、孝なるか惟れ孝、兄弟わざわざ政治家になるにはおよばない」。

に友に、と。有政に施せば、是れも亦た政を為すなり。奚ぞ其れ政を為すことを為さんや。

22

親は子をいつくしみ、子は親をうやまい、兄と弟とがむつみあえば、家庭はおさまる。家庭と家庭とがなかよくつきあえば、ご近所はおさまる。それが積もり積もれば国もおさまる。ひとづきあいの基本はひとつである。

信用がなければやってゆけない。大きい車であれ小さな車であれ、牛馬につなぐ横木がなければ走らせようがない。

トラックであれ、バスであれ、リヤカーであれ、タイヤがなければうごかせない。役人であれ、職人であれ、商人であれ、信用がなければつきあえない。

子曰く、人にして信無くんば、其の可なるを知らざるなり。大車、輗無く、小車、軏無くんば、其れ何を以て之を行らんや。

言行一致していないと、ひとに信用されない。信用されなければ、ひとづきあいの基本はひとつである。

23

子張がたずねる「十代先の王朝のことを知ることができますか」。「殷は夏の制度にもとづいており、変わったところと変わらないところとを知ることができる。周は殷の制度にもとづいており、変わったところと変わらないところとを知ることができる。周からつづく王朝であれば百代先であっても知ることができる」。

子張問う、十世知る可きか。子曰く、殷は夏の礼に因る、損益する所知る可きなり。周は殷の礼に因る、損益する所知る可きなり。其れ或いは周に継ぐ者、百世と雖も亦た知る可きなり。

A のつぎのBはAを受けついでおり、BのつぎのCはBを受けついでおり、CのつぎのDはCを受けついでおり、というふうにAに端を発してつぎつぎに受けつがれているというサイクリックな歴史観によれば、いまのZからさかのぼってゆけばAにたどりつくことになる。その意味では十代「前」のことを知ることはできるとしても（そう簡単にはできないとおもうが）十代「先」のことを知ることはむつかしいんじゃないだろうか。

24

祭るべきじゃないとわかっていて祭るのは、さもしい。逃げちゃいけないとわかっていて逃げるのは、いくじがない。

子曰く、其(そ)の鬼(き)に非(あら)ずして之(これ)を祭るは諂(へつら)いなり。義(ぎ)を見て為(な)さざるは勇(ゆう)無きなり。

でしゃばるとお節介になるときと、やらないと臆病者になるときと、ふたつがセットになっている。べつに期待されてもいないのにオレがオレがとでしゃばるのはイヤらしい。せっかく期待されているのに出番になっても知らぬ存ぜぬをきめこむのは情けない。ケース・バイ・ケースってことである。

やるべきでないのにやるのはダメだし、やるべきなのにやらないのもダメである。それがひとづきあいの基本である。

八佾（はちいつ）第三

秩序正しい礼楽のありかた

1

孔子、季氏（きし）を謂う。八佾（はちいつ）を庭に舞わしむ。是（これ）をしも忍（しの）ぶ可（べ）くんば、孰（いず）れをか忍ぶ可からざらん。

孔子が季氏（きし）を批判する。臣下のぶんざいで八列の舞いを庭でやらせおった。これがガマンできるというなら、この世にガマンできないことなどない。

一列八人の舞手が八列六十四人ならんで舞うという「八佾（はちいつ）」の舞いは天子ならではゆるされぬものである。そういう八列の舞いという「かたち」をぬけぬけとやるということは、それをやってもかまわないという「こころ」があるということである。礼という「かたち」をまもらないことに、おごりたかぶる「こころ」があらわれている。

2

魯の三家老が『詩経』の「雍」の歌をうたって供物を片づけた。「居ならぶは諸侯、天子うるわし、と詩にある。これを三家老の祭祀でうたうとは僭越もはなはだしい」。

三家者、雍を以て徹す。子曰く、相くるは維れ辟公、天子穆穆たり、と。奚ぞ三家の堂に取らん。

さっきは季氏が八列の舞いをやらせたことにたいして怒っていたが、ここでは陪臣のぶんざいで畏れ多くも天子の歌をうたうとはけしからんと眉をひそめる。秩序をみだすような僭上のふるまいをしでかすと、どうやら孔子の逆鱗にふれるようである。

3

人間らしい優しさもないくせに、やれ作法がどうだの音楽がこうだのとほざいてみてもはじまらない。

子曰く、人にして不仁ならば礼を如何せん。人にして不仁ならば楽を如何せん。

作法や音楽はとりあえず形式的にマスターすることができる。やっていることに「こころ」はなくとも、うわっつらだけはととのえられる。八列の舞いをやらせた季氏、雍の歌をうたった三家老、あの不遜な連中のふるまいを見よ。

人間らしい「こころ」の具現であって、はじめて作法や音楽という「かたち」は価値をもつ。しきたりを形式的になぞったところでなんの価値もない。「かたち」ばかりをつくろってみても、その作法どおりの仕草はしょせん慇懃無礼なふるまいでしかないし、その奏でるところはおよそ空疎な騒音でしかない。

4

林放に礼の根本についてたずねられて、「でっかい問いだね。派手であるよりも質素でありなさい。体裁をととのえるよりも内実をこめなさい」。

林放、礼の本を問う。子曰く、大いなるかな問いや。礼は其の奢らんよりは寧ろ倹せよ。喪は其の易まらんよりは寧ろ戚めよ。

礼という「是なるありかた」を想定したとたん「非なるありかた」が目につきだし、あらずもがなの罪悪感にさいなまれる。そういう場面では、かたち（形式）よりも、こころ（内容）のほうが大事だよ、と孔子はいう。具体的にいえば「やりすぎる」よりも「ほどよく」のほうがよい、と。「これでよいのだ」と自足しているひとの金づかいは経済的である。「これでよいのか」と不安をおぼえているものは、しばしば金づかいが荒くなる。ひとは分不相応の散財をするとき、ほんの一時的にではあるが（つまりあとで後悔するっていうこと）おのれが生活の支配者であるかのような錯覚をおぼえ、ほどよさを忘れてやりすぎてしまう。

現状に満足するなというアナウンスが俗世間ではたれながされている。ウソだとおもったらテレビをご覧あれ。「これを買え」とうるさいったらない。資本主義の事情なんかうっちゃって「いま・ここ」にあるものに満足しているほうがハッピーである。

5

蛮族ですら親分がいるというのに、われらは指導者をうしなって久しい。

子曰く、夷狄（いてき）の君（きみ）有るは、諸夏（しょか）の亡きが如（ごと）くならざるなり。

集団というものがリーダーの器量を超えて強くなることはない。監督がボンクラでは、いくらタレントがそろっていても、チームとしての力量はタカが知れている。「こころ」をひとつに統（す）べるリーダーがいなければ、いくら「かたち」をととのえたところで、しょせん烏合（うごう）の衆でしかない。

6

魯の季氏が泰山におもむいて旅の大祭をとりおこなう。孔子は季氏の執事である冉有にただす「やめさせられなかったのか」。
「できませんでした」。
「なんということだ。おまえは泰山の神のことを、わたくしに礼を問うてきた林放以下だとみなすのか」。

季氏、泰山に旅す。子、冉有に謂いて曰く、女救うこと能わざるか。対えて曰く、能わず。子曰く、嗚呼、曾ち泰山を林放に如かずと謂えるか。

老のぶんざいで、あろうことか泰山で祭りをもよおす。魯公ならではゆるされぬ行為である。分不相応もはなはだしい。ひょっとして季氏はわざと非礼をやらかして魯の君主にケンカを売っているのかもしれない。礼をダシにして挑発しているっていうことはないだろうか。

孔子は義憤にかられている。八つ当たりのホコさきは、季氏のブレーンである冉有にむけられる。が、主人がデタラメだと、いくら部下がいさめてみたところで、てんで聴く耳をもってもらえない。いつの世にもある話である。

7

紳士は争わない。競うのは弓くらい。マナーにしたがって射て、しくじったら罰盃をいただく。競うといっても優雅なものである。

子曰く、君子は争う所無し。必ずや射か。揖譲して升下し、而して飲む。其の争いや君子なり。

弓を射るのは、的に中てることを争うゲームではない。茶の点前よろしく、作法どおりにふるまえるかどうかを競うのである。的に中たるかどうかよりも所作がエチケットにかなっているかどうかに重きがおかれる。競うに作法をもってするのが君子の争いである。

作法とはなにか。さしあたり「かたち」をまもることだが、それだけでは決められた所作をなぞることでしかない。そこに「こころ」があらわれていて、はじめて作法になる。

ひとの上にたつからには、すべからく「こころ」をともなった「かたち」を身につけるべし。「かたち」に「こころ」をこめるやりかたがわからぬというなら、弓を射ることから学んだらよかろう。八列の舞いをやらせたり、雍の歌をうたわせたり、泰山で祭りをもよおしたり、そういう越権をやらかして平気なものが、やれ作法だの音楽だのとほざくのは笑止の沙汰である。

8

子夏がたずねる「笑顔かわゆく、目元すずやか、白粉うるわし、と詩にあるのはどういう意味でしょうか」。
「絵をえがくときは白い絵の具で仕上げるってことさ」。
「礼こそが最後の仕上げであるようにですね」。
「そのとおりだよ。それでこそ詩について語りあえるというものだ」。

子夏問うて曰く、巧笑倩たり、美目盼たり、素以て絢を為すとは、何の謂いぞや。子曰く、絵の事は素を後にす。曰く、礼は後か。子曰く、予れを起こす者は商なり。始めて与に詩を言う可きのみ。

化粧をするとき「えくぼニッコリ、おめめパッチリ」といったパーツを「おしろいバッチリ」の色白な肌がひきたてるように、絵をえがくときも、いろいろの色彩をほどこしたあと、最後に白色をくわえて絵の全体をひきしめる。勘のよい子夏は「いろいろ学んで、最後に礼で仕上げるのといっしょですね」と当意即妙に応じてみせる。

礼のはたらきは仕上げなのである。いろいろ学んでから、礼でまとめあげるのである。そこまでの積みかさねがあって、はじめて礼の出番がやってくる。「その場かぎりの礼」「形式だけの礼」というものはありえない。季氏や三家老のように積みかさねもないくせにいきなり礼の「かたち」をやらかすのは愚の骨頂である。

9

夏の礼について語ることはできるが（それを跡づけようにも）杞に伝えられた礼は手がかりとするに足りない。殷の礼について語ることはできるが（それを跡づけようにも）宋に伝えられた礼は手がかりとするに足りない。なにぶん書いてあるものや覚えているひとが足りないのだ。もし足りていれば夏や殷の制度についてもうちょっと根拠をもって教えられるのだが。

子曰く、夏の礼は吾れ能く之を言うも、杞は徴するに足らざるなり。殷の礼は吾れ能く之を言うも、宋は徴するに足らざるなり。文献足らざるが故なり。足らば則ち吾れ能く之を徴せん。

杞には夏の後裔が封ぜられ、宋には殷の後裔が封ぜられたのだが、どちらも周に呑みこまれてしまって祖先の礼制など跡形もない。いにしえの地中海世界にあってギリシアの文化がいつしかローマに同化してしまったように、杞も宋もすっかり周化されてしまい、夏や殷の礼を裏づけるべき証拠がキレイさっぱり消えてしまった。

孔子は祖先を祭ることに人倫の基礎があると考えている。ところが杞も宋もおのれの祖先を祭る自由をあたえられていたにもかかわらず、それぞれ夏や殷をひきついで独自性をうちたてることができなかった。孔子にはそれが歯がゆい。

文化の伝承はひとえに「文献」の存続にかかる。文とは「有関典章制度的文字資料」であり、献とは

「多聞熟悉掌故的人」である(『辞源』第三版)。それを書いたもの(かたち)とそれを知るひと(こころ)とがあって、はじめて文化はつつがなく伝承されうる。

10

子曰く、禘、既に灌して自り往は、吾れ之を観ることを欲せず。

禘の祭りで、灌の儀式がすんでしまえば、あとはもう見たくもない。

禘の祭りにあっては魯の祖先以外もまた合祀された。「祭るべきじゃないとわかっていて祭るのは、さもしい」(為政24)。孔子は周王朝を尊重していたけれども、さりとて魯の祖霊以外をも合祀することはいさぎよしとしない。魯もまた周の諸侯国のひとつではあるが、そこまで周に呑みこまれるつもりはない。魯の祖先でないものを祭るところを孔子は見たくなかった。

招魂のお神酒を地にまく灌の儀式のあとはもう見るにたえないと孔子がいうのは、ひょっとすると「文献」が絶えたせいで祭儀の伝統がみだれてきたっていう事情があるのかもしれない。お神酒を地にまいているうちはよいが、そのうち献酬がはじまり、祭りもたけなわとなるころ、いつしか無礼講の乱痴気さわぎになったんじゃないだろうか。

11

禘（てい）の祭りの意義についてたずねられて、「わたくしは知らない。それを知るものであれば、世のなかをこうやって示せるでしょうな」と手のひらを指さす。

或（ある）ひと禘（てい）の説を問う。子曰く、知らざるなり。其（そ）の説を知る者の天下に於（お）けるや、其れ諸（こ）れを斯（ここ）に示すが如（ごと）きかと。其の掌（たなごころ）を指す。

禘の祭りの「いかがわしさ」を孔子は直観している。禘の祭りの意義を知るものであれば、どんなことでも手のうえで転がすようにお茶の子さいさいにやってのけるだろう。が、そんなものはいない。なにぶん文献が足りない。だから灌の儀式のあとはズボラなお祭りさわぎになってしまう。祭りの「こころ」を知ることができないからといって、ほしいままに「かたち」を伝えるのみであれば、ただに文化の伝承がみだれるのみならず、ひとびとの生きかたまでもすさんでしまう。では、どうすればよいのか？

12

祖先を祭るには祖先がそこにいらっしゃるかのようにする。神を

祭るに在（いま）すが如（ごと）くす。神を祭る

祭るには神がそこにおわしますかのようにする。「祖先や神がその場にあらわれているかのように祭らなければ、およそ祭ったとはいえない」。

に神在すが如くす。子曰く、吾れ祭に与らざれば、祭らざるが如し。

祭りとは、祖先の霊など「現世にいないもの」とのコミュニケーションの儀式である。現世にいないものとのコミュニケーションの仕方が、すなわち「礼」である。現世にいないものと関係をむすぶさいには、礼にかなった仕方でむすばねばならない。生者が礼にかなった仕方で祭るならば、死者は然るべき仕方で応じてくれるだろう。

では、どういう仕方が礼にかなった祭りかたなのだろうか。「現世にいないものが、あたかも眼前にいるかのごとく、こころから祭る」ということである。「こころ」のもちようひとつで、いくらでも「かたち」に内実をこめられる。すでに現世にいないからといって「厄介ばらいできて清々した」という顔をするのは不謹慎である（祖先の霊としても「化けてでちゃろか」という気にもなろう）。

13

衛の王孫賈に「奥座敷をあがめるよりも台所にとりいれとはこれいかに」といわれて、「それは心得ちがいです。お天道さまに顔

王孫賈、問うて曰く、其の奥に媚びんよりは寧ろ竈に媚びよと

むけならないようなことをしたら元も子もないでしょう」。

は、何の謂いぞや。子曰く、然らず。罪を天に獲れば、禱る所無し。

奥の間にひっこんでいる殿さまをおがんでいるヒマがあったら、板の間にいて財布のヒモをにぎっているそれがしに挨拶したほうが得策ですぞ、と王孫賈はほのめかす。俗に「花より団子」というだろ、と。つかえるべき対象につかえるのみ、と孔子は断乎としてこばむ。祭りとは権力者に媚びることではない。祭りとは天をことほぐのである。祭るべからざるものを祭ることは、天をないがしろにするしわざである。

14

周は夏・殷の二代のすばらしい文化をひきついでいる。わたくしは周を手本にしたい。

子曰く、周は二代に監みて、郁郁乎として文なるかな。吾れは周に従わん。

夏・殷の文化については、なるほど文献が足りない。が、さいわいに周のそれを手本とすることはできる。いにしえの周の文化をあたかも眼前にあるかのごとくに受けとめ、ひきついでゆきたい。

15

先生が大廟にあって式次第をいちいちたずねると、「だれだよ、あの鄹の青二才のことを礼の大家などといったのは。ド素人みたいに質問しまくりじゃないか」とそしられる。「それが礼なのだ」。

子、大廟に入りて、事毎に問う。或ひと曰く、孰か鄹人の子、礼を知ると謂うや。大廟に入りて、事毎に問う。子、之を聞きて曰く、是れ礼なり。

孔子が「それが礼なのだ」というのは、礼をわきまえたうえで、なお「いちいちたずねる」という姿勢（かたち）をとることこそが礼のこころである、というふうに読むのがふつうだろう。作法をたしかめることが作法である、と。しかしそれが「よく知ってはいるんだけど、知っているのに知らないふりをして念のためにチェックする」ということであれば、ひどく作為的である。

子夏がいっていたように（八佾8）、礼は最後の仕上げなのである。よほど慎重でなければならない。

「かたち」として正しければ、それだけで礼だとはいえない。孔子にとっては自分のなかに規範があるわけではないのである。自分の知識を押しつけないで、式の当事者がどうしたいのか、その「こころ」をいちいちたずねるところに礼がある。文化の伝承はそういう謙虚な姿勢にささえられている。

16

弓を射るとき、的に中たるかどうかは気にしない。なにを重んずるかは、ひとそれぞれでよい。それがむかしからのしきたりである。

子曰く、射は皮を主とせず。力を為すに科を同じくせず。古の道なり。

弓を射ることは、たんなる勝負ではない。弓を射るのは「射手の自己自身との対決である」（オイゲン・ヘリゲル『弓と禅』魚住孝至訳・角川ソフィア文庫・六二頁）。その「対決は、射手が自己自身を狙い、また自己自身を狙わない、それによって自己自身を射中て、また自己自身を射中てない。したがって、的を中てる者と的との、射中てる者と中てられるものとが一つである」（六二頁）。

「的に中てる」という「かたち」を重んずるものがいてもよい。「自己とむきあう」という「こころ」を重んずるものがいてもよい。射ている自分自身を射ることをもとめて坐禅をするような気分で弓をひくものがいてもよい。

17

子貢が月はじめの祭りのいけにえのヒツジをやめようとすると、「おまえはヒツジを惜しむようだが、わたくしは礼の伝統を惜しむ」。

子貢、告朔の餼羊を去らんと欲す。子曰く、賜や、女は其の羊を愛しむ。我れは其の礼を愛しむ。

子貢のいうことは合理的である。それにひきかえ孔子のセリフにはなんとなくトゲがある。こういう叱りかたは好きじゃないが、孔子のいうことにも一理ある。礼の本質は形式にではなく精神にあるにせよ、形式なくして精神はありえない。

祭りの本質は「かたち」にではなく「こころ」にある。とはいえ「かたち」は様式化できても「こころ」は様式化できない。まずは「かたち」をととのえ、そこに「こころ」をともなわせるというのが現実的である。

祭りが「かたち」のみにとどまって「こころ」がともなわければ、それは空疎である。しかし「かたち」からはいる「こころ」があるというのも事実である。「こころ」という実体をもたないものは、そのままでは伝わらないが、あえて「かたち」にすれば、だれもが「こころ」を感ずるキッカケにはなる。「こころ」さえあればよいと安易に割りきると「こころ」をうしないかねない。それゆえ孔子は「かたち」がすたれることを危惧する。

いささか形骸化していようとも、それなりにカッコをつけることも大事ってことである。カッコをつけてはじめて「その気」になれることもある。とりわけ祭りといった非日常の共同作業には神や仏などの「聖なるもの」に奉仕するという口実が必要である。ところが神や仏のすがたを目のあたりにすることはできない。そういった目に見えないものが聖なるものとして存在しうるのは、人間が目に見える「かたち」をもった儀式をおこなうからである。

18

目上のひとにたいして当然のこととして礼儀正しくふるまうと、それをオベッカだというやつがいる。

子曰く、君に事(つか)うるに礼を尽くせば、人は以(もっ)て諂(へつら)いと為(な)す。

目上のひとをうやまうという「こころ」があれば、礼儀正しくふるまうという「かたち」をとるのは当然のことである。「かたち」にとらわれて「こころ」がなおざりになっているものにとっては、当然のことが当然でなくなる。

19

魯の定公に「上のものが下のものを使い、下のものが上のものにつかえるのは、どういうふうだとよかろう」とたずねられて、「上のものは下のものを丁寧にあつかい、下のものは上のものに誠意をもってつかえるのです」。

定公問う、君、臣を使い、臣、君に事うる、之を如何。孔子対えて曰く、君、臣を使うに礼を以てし、臣、君に事うるに忠を以てす。

定

公は「上はもっぱら下を使い、下はひたすら上につかえる」というふうに、上が下に命ずるという一方通行のはたらきかけを前提としている。孔子は「上は下をおもいやり、下は上をうやまう」という双方向からのはたらきあいの関係を考えている。

相手をおもいやることに上も下もない。立場はちがえども、相手をおもいやる「こころ」があって、はじめて使ったり、つかえたりという「かたち」がととのう。上のものが下をおもいやる「こころ」があれば、下のものが上のものに誠実につかえるという「かたち」をとるのは当然のなりゆきである。

20

「関雎」の詩句はほどよく調和をたもっていて、楽しいけれども

子曰く、関雎は、楽しめども淫

とめどないわけではなく、悲しいけれどもゆきすぎてはいない。

せず、哀しめども傷らず。

楽しかったり悲しかったりという「こころ」がわいてきても、身も世もあらぬという風情でべらぼうに楽しみにのめりこんだり、やみくもに悲しみにおぼれたりという極端な「かたち」をとると心身のバランスがくずれる。

感情の流露にあたっては、なにかしら節度がほしい。節度をたもつのは「自分」である。いくら楽しくても自分をうしなっちゃいけない。いくら悲しくても自分をうばわれちゃいけない。

21

魯の哀公に土地神を祭る社についてたずねられて、宰我がいう「夏では松を植え、殷では柏を植えましたが、周では栗を植えています。人民を戦慄させるためでしょう」。

「やっちゃったことをネチネチと叱ってもしょうがない。すんでしまったことをチクチクと責めてもしょうがない。とにかくおわったことをキリキリと咎めてみてもはじまらない」。

哀公、社を宰我に問う。宰我、対えて曰く。夏后氏は松を以てし、殷人は柏を以てし、周人は栗を以てす。曰く、民をして戦栗せしむるなり。子、之を聞きて曰く、成事は説かず。遂事は諫めず。既往は咎めず。

宰

我は「周が栗を植えるのは、その音リツが示すように栗は慄に通ずるから、ひとびとを戦慄させるためなのです」という。クリを植えてビックリさせるのです、と。わるいシャレである。

孔子は「やっちゃったことを叱ってもしょうがない。すんでしまったことを責めてもしょうがない。おわったことを咎めてみてもはじまらない」と三度も言葉をかさねる。まさに戦慄せざるをえない叱りかたである。こういう「いまさら叱ってみてもムダである」というふうな叱られかたはいちばんこたえる。叱ってもくれないのか、とふつうの神経のもちぬしなら参ってしまいそうである。が、宰我はへっちゃら。この宰我、これが一回目の登場で、あと四回（公冶長10・雍也26・先進3・陽貨20）でてくるんだけど、そのうち三回はボロクソにやられている。不用意なことを口走って大目玉を食うという役まわりなのである。叱られ慣れているのである。

趣旨はズレるが、「成事は説かず。遂事は諫めず。既往は咎めず」という言葉、ぼくはけっこう気に入っている。座右の銘にしたいくらいである。

ミスをしでかしたら、あっさり事実をみとめ、いちおう反省したら、キレイさっぱり忘れてしまう。曾子みたいに特殊な男なら「吾れ日に吾が身を三省す」なんていうことも可能かもしれないが、ぼくには無理である。せっかく忘れたことをおもいだしてクヨクヨしようものなら、クヨクヨがクヨクヨをよび、仕舞いには「なんでこんなにクヨクヨするんだろう」とクヨクヨする羽目になる。

「若いころもっと勉強しておけばよかった」とクヨクヨする。いくらでも勉強できる若いころにはクヨクヨすることは不可能である。なかなか勉強できなくなってはじめてクヨクヨできる。だとすると「もっと勉強しておけばよかった」というクヨクヨの中身っていったいなんだろう？「クヨクヨせずにすむように生きよ」といわれても、なにをどうすればよいのか皆目わからない。わからないんだったら「さしあたり楽しんで、あとでゆっくりクヨクヨしよう」という姿勢で生きてゆきたい。

22

「管仲の器量はちっちゃいね」。

「ケチだってことですか」。

「管仲は三軒も妾宅をもっていて、それぞれに専従の管理人をおいていた。ケチなもんか」。

「（妾宅ごとに専従の管理人をおくっていうことは）管仲は礼をわきまえているのでしょうか」。

「君主は門のまえに目隠しの塀をつくる。管仲もまた門のまえに目隠しの塀をつくりおった。君主は客人を接待するさいに酒盛りの台をしつらえる。管仲もまた接客のさいに酒盛りの台をこしらえおった。こんな管仲が礼をわきまえているというなら、この世に礼をわきまえないものなどおらん」。

子曰く、管仲の器は小なるかな。或ひと曰く、管仲は倹なるか。曰く、管氏に三帰有り、官の事は摂ねず。焉くんぞ倹なるを得ん。然らば則ち管仲は礼を知るか。曰く、邦君は樹して門を塞ぐ。管氏も亦た樹して門を塞ぐ。邦君は両君の好を為すに反坫有り。管氏も亦た反坫有り。管氏にして礼を知らば、孰か礼を知らざらん。

世間には「管仲は大物である」というイメージがある。無理もない。斉の大立者であった管仲は、じっさい大物だから。ところが孔子は「小物だよ」という。世間における大物とは、気前がよい（金ばなれがよい）気ままにふるまう（礼をわきまえない）といった規格外の人物のことである。管仲は気前がよくないのか？　そんなことはない。三軒も妾宅をもち、そこに専従の管理人をおく。金ばなれがよくなければそんなことに金は使えない。じゃあ管仲は礼にとらわれているのか？　そんなことはない。自宅の門のまえに目隠しの塀をつくり、そこに接客用の酒盛りの台をしつらえる。礼にこだわっていてはあんなふうに傍若無人であれるわけがない。たんなる「かたち」というなかれ。そこには僭上の「こころ」が見え隠れしている。

なぜ孔子は管仲を小物だとみなすのだろうか。金づかいにおいて節度を缺く。ゆえに小物なのである。傍若無人であって礼を缺く。ゆえに小物なのである。世間がいだいている大物の要件、それを露骨かつ過剰にみたすがゆえに管仲は小物なのである。

「こころ」の器量がちいさいから「かたち」において身のほど知らずをやらかす。身のほど知らずをやらかすのは自信がないのである。自信がないからかえって分不相応のことをやりたがる。分不相応のことをやるのは大物風を吹かせて自己防衛しているのである。

23

先生は魯の楽官長に音楽について語って、「音楽とはこういうものだろう。演奏がはじまるとたくさんの楽器の音がいっせいに鳴りひびき、演奏がすすむにつれてリズムが融けあって調和してゆき、やがてそれぞれのメロディーが際立ってきて、そのまま流れるように奏でられ、やがて重厚なハーモニーになってゆく」。

子、魯の大師に楽を語りて曰く、楽は其れ知る可きなり。始めて作こすや翕如たり。之を従つや純如たり、皦如たり、繹如たり。以て成る。

音

楽はひとの「こころ」に寄り添うものだが、それは主題・提示・展開・再現という起承転結の「かたち」でもってあらわされる。音楽を鑑賞するというのは、その「かたち」にこめられた「こころ」を味わうことである。

24

儀の関守に「名のある御仁がここにおいでのさい、お目どおりがかなわなかったことはござらん」と面会をもとめられ、従者がとりつぐ。関守はでてくると「おのおのがた不遇をなげかんでもよ

儀の封人、見えんことを請う。曰く、君子の斯に至るや、吾れ未だ嘗て見ゆることを得ずんば

ろしい。天下に道理がおこなわれなくなって久しい。浪々の身の先生を介してお天道さまは警鐘を鳴らそうとしておるのだ」。

あらざるなり。従者、之を見えしむ。出でて曰く、二三子、何ぞ喪えることを患えんや。天下の道無きや久し。天将に夫子を以て木鐸と為さんとす。

ぼくが勝手にいだいているイメージによれば、「木鐸」とは主流からはずれたところにいるお目附役である。あえて外野に陣どってフェアかどうかを見張っているのである。

木鐸という使命を天からあたえられるっていうのも、ウダツがあがらないことを保証されたみたいで、いささか気の毒ではある。とはいえ関所をとおりすぎるお歴々を見つづけてきた関守は、いきおい目が肥え、人物月旦にひいでている。浪々の身であるという「かたち」にとらわれることなく、世をみちびくことを天職として生きている孔子の「こころ」を看破してのける。関守の見識をおもうべし。

25

（舜をたたえた音楽）韶を評して「美は十分、善も十分」。（武王をたたえた音楽）武を評して「美は十分、善は不十分」。

子、韶を謂う、美を尽くせり、又た善を尽くせり。武を謂う、美を尽くせり、未だ善を尽くさず。

舜は堯から平和裡に帝位を禅譲された。武王は殷を武力によって討伐した。それかあらぬか、韶の曲は、美しく善い。武の曲は、美しいが善くないところもある。孔子は音楽のうちに美という「かたち」のみならず善という「こころ」をも聴きとる。

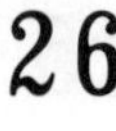

権力の座にふんぞりかえって偉そうな顔をしながら、下のものにはやたらとイバりちらす。(上のひとには)バカ丁寧にお辞儀をしてみせても、さっぱり礼の精神をわきまえていない。葬儀の席では殊勝らしく念仏をとなえるくせに、ちっとも悲しみをもちあわせていない。そんなやつのどこに見所があろうか。

子曰く、上に居りて寛ならず、礼を為して敬せず、喪に臨んで哀しまずんば、吾れ何を以てかこれを観んや。

うやまってもいないのにうやまうふりをしたり、悲しくもないのに悲しそうにしてみせたり、そうやって「いつわり」の人生を歩んでいることは、他人にはバレなかったとしても自分にはわかっている。外面の「かたち」をとりつくろって平気なものは、そんなふうにできる自分の「こころ」についていて当の自分はどうおもっているのだろうか。肝腎のこころが空しければ、なにをしても虚しい。

ちょっと一息

1

孔子の「ひととなり」を知るには、白川静『孔子伝』（中公文庫）がおすすめである。酒見（さけみ）賢一『陋巷（ろうこう）に在り』（新潮文庫）、諸星大二郎『孔子暗黒伝』（集英社文庫）を読むという手もあるけど。

孔子は大昔の中国人である。どれくらい昔かというと、紀元前六世紀ごろ、春秋時代のおわりのほう、ざっと二千五百年くらいまえのひとである。魯（ろ）の国、いまの山東省曲阜（きょくふ）に生まれ、どうやら「礼」を教えて生計をたてていたらしい。

姓は孔、名（親のつけてくれた本名）は丘（きゅう）、字（あざな）（ひとによんでもらう通称）は仲尼（ちゅうじ）。孔子の「子」は尊称である。前五五一年（一説には前五五二年）に生まれ、前四七九年に亡くなったというから、生年を一歳とかぞえると享年七十三である。

孔子が実在の人物なのか架空の人物なのかは、わからない。ただ孔子は「聖人」とみなされる。聖人とは、あらゆる美質をそなえた完璧な人間である。聖人は八人いる。堯（ぎょう）・舜（しゅん）・禹（う）・湯（とう）・文王（ぶんのう）・武王（ぶおう）・周公（しゅうこう）・孔子。じっさいに完璧な人間なんているわけがないから、その意味では孔子は架空の人物とおもっておいてもよい。

里仁第四

仁愛にもとづいた生きかた

1

子曰く、仁に里るを美しと為す。択んで仁に処らずんば、焉くんぞ知なるを得んや。

相手の身になって考えるという生きかたがよろしい。相手の身になって考えるという生きかたをえらばないようでは、どうして賢いといいえようか。

相手の身になって考えるという抽象的なありかたに身をおくというのは、ひどく観念的ではあるが、それをできるのが賢いということである。相手の身になって考えるという生きかたは、それ自体が正しいありかたである。明らかに正しい生きかたであるのに、それをえらばないというのは愚かしい。ためらうことはない。相手の身になって考えるという生きかたを意志的にえらんで生きるべし。

2

相手の身になって考えられないものは、逆境には耐えられず、順境だとおぼれてしまう。相手の身になって考えるものは優しさに安住しているが、知にはたらくものは優しさを利用しようとする。

子曰く、不仁者は以て久しく約に処る可からず、以て長く楽に処る可からず。仁者は仁に安んじ、知者は仁を利す。

相手の身になって考えることができるかどうかは、そのものに優しさがあるかどうかにかかる。優しさがあれば、優しさをもって生きてゆくことに満足して、ほかのものをもとめない。貧しさも苦にならないし、楽しさに呑みこまれることもない。ひたすら優しくあろうとし、そういう自分であることを内からつくりだそうとする。

知にはたらくものは、優しくするほうが得だから優しくしようとソロバンをはじく。得をするというありかたを、それがどこかに転がっている知識でもあるかのように外にさがしまわり、だれか別の自分になろうとする。

優しさがあることは、そのこと自体が相手の身になって考えるという生きかたをすることの根拠である。知にはたらくことは、優しさがあってはじめてゆるされることである。

3

相手の身になって考えるものだけが、本気でひとを愛したり憎んだりできる。

子曰く、惟だ仁者のみ、能く人を好み、能く人を悪む。

ふつう「仁者は中立的だから、ものごとの本質を見抜いて、善いものを善いとし、悪いものを悪いとすることができる」というふうに読まれる。仁者は私心がないから純粋に愛したり憎んだりでき、また公平なので善と悪とをきちんと判断できる、と。むしろ逆じゃないだろうか。仁者はミネラル・ウォーターのように衛生的なわけじゃない。そんな無味無臭かつ無色透明なものでは、ひとをこころから愛したり憎んだりなどできっこない。

愛憎とはしょせん個人の感情にもとづいたものである。大切なのは、なにを愛したり憎んだりするかではなく、その愛憎がおのれの本心からのものかどうかっていうことである。「私心がないから」「公平なので」どころか、仁者なればこそ、自分の裸のこころに正直に、まったく私心そのものになって愛したり憎んだりできる。それにひきかえ知者は、利害や打算によって、かりそめに愛したり憎んだりすることしかできない。

ひとを愛したり憎んだりするというのは、だれもがいだく自然な感情であるが、それが相手の身になって考えることによってささえられているかどうかということが肝腎である。おのれの知をはたらかせて、かりそめに愛したり憎んだりするのではなく、相手の身になって考えるがゆえに、こころから愛したり憎んだりしてしまうのである。

さはさりながら、相手の身になって考えるひとに優しさゆえに憎まれたとき、ひとはそういう自分をどうおもえばよいのだろう。

4

子曰く、苟くも仁に志さば、悪む無きなり。

相手の身になって考えて生きるのであれば、なるべく憎まないようにしよう。

あからさまな悪人ならともかく、憎まずにすむなら憎まないほうがよい。なるべく好意的にとらえるようにすれば、あんまり憎まなくなる。「けしからん」と目クジラをたてるんじゃなくて、「なんでそんなことしちゃったのかなあ」と同情もまじえて考えてやれば、そんなに腹もたたない。

よかれとおもってやったことが裏目にでることはめずらしくない。その場合、好もしくない結果よりも好もしい動機のほうを重んじよう。迷惑をかけられても「べつに悪気はないんだし、しょうがないよな」と鷹揚にゆるそう。そういうのって相手の身になって考えることに近いような気もする。

相手の身になって考えるがゆえに、こころから憎むということはありうる。それは優しさにささえられたものであって、たんなる憎しみではない。ただし相手の身になって考えるものが憎むというのは稀有のことである。相手の身になって考えるひとに優しさゆえに憎まれたならば、そのことはよほど深刻に受けとめねばならない。

5

富貴はだれしも欲するものだが、得るべくして得るのでなければ欲するに値しない。貧賤はだれしも憎むものだが、得るべくして得るのでなければ憎むに値しない。相手の身になって考えるものは、いかなるときであろうとも優しさをそこなうことはない。食事のあいだでさえも優しさをそこなうことはない。トッサのさいもそうであり、マサカのときもそうである。

子曰く、富と貴とは、是れ人の欲する所なり。其の道を以てせざれば、之を得るとも処らざるなり。貧と賤とは、是れ人の悪む所なり。其の道を以てせざれば、之を得るとも去らざるなり。君子、仁を去りて、悪くにか名を成さん。君子は食を終うるの間も仁に違うこと無し。造次にも必ず是に於いてし、顛沛にも必ず是に於いてす。

富貴であるか貧賤であるかはどうでもよい。相手の身になって考えているかどうか、すなわち優しさをもって生きているかどうか、そのことが肝腎である。順境であれ、逆境であれ、とにかく優しくあることが絶対なのである。

優しさをそこなうようなかたちで富貴を手にいれたとしても、そこにとどまるのはあやうい。富貴よりも大切なものをそこなってしまえば、然るべき道にもどることはむつかしい。相手の身になって考えていながら貧賤におちいったとしても、べつに悲観することはない。貧賤よりも大事なものをもってさえいれば、然るべき道にもどることはやさしい。

6

これまで相手の身になって考えることを好むものにも、相手の身になって考えないことを憎むものにも、どちらにもであったことがない。相手の身になって考えることを好むものは非の打ちどころがない。相手の身になって考えないことを憎むものにはすでに優しさがある。優しくないことに染まらないようにこころがけているのだから。たった一日でよいから相手の身になって考えて生きようとしてみなさい。それすらできないようなひとをわたくし

子曰く、我れ未だ仁を好む者も、不仁を悪む者も見ず。仁を好む者には、以て之に尚うる無し。不仁を悪む者は、其れ仁を為さんとす。不仁なる者をして、其の身に加えざらしめず。能く一日其の力を仁に用うること有らんか、我れ未だ力足らざる者を

は見たことがない。いるのかもしれないが、まだお目にかかったことはない。

見ず。蓋し之有らん。我れ未だ之を見ざるなり。

相手の身になって考えることは量の多寡ではない。たった一日であろうとも、相手の身になって考えるものであろうとすればよい。また相手の身になって考えるということは、それを対象的に獲得すべきことでもない。ただ欲しさえすれば、ひとは相手の身になって考えるものでありうる。しかも相手の身になって考えることを欲することができないひとなどいたためしがない。相手の身になって考えることを欲することにおいて、ひとは力不足ではありえない。ひとが相手の身になって考えることを欲しうる存在であることにたいする孔子のゆるぎない信頼をおもうべし。

みぎのように読んでおけばよいとおもうが、かなり大胆な読みをご披露したい。

孔子は「我れ未だ仁を好む者も、不仁を悪む者も見ず」という。なぜ見たことがないのかというと、そういうものは論理的にありえないからである。

仁を好むものはただちに仁者である（さもなければ仁を好むことはできない）。すでに仁者なのだからわざわざ仁を好むということはありえない。だから見たことがないのは当然である。不仁を憎むものもすなわち仁者である（さもなければ不仁を憎むことはできない）。すでに仁者なのだからことさら不仁を憎むということはありえない。だから見たことがないのは当然である。

「不仁を悪む者」というときの不仁とは、他人ではなく自分である。不仁である自分を憎む自分はすでに仁者であって、したがって不仁を憎むということはありえない。かりに自分が不仁であるとしても、それを憎むことができるならすでに仁者である。したがって不仁を憎むということは論理的にありえない。

「仁を好む者」も「不仁を悪む者」もすでに仁者である。すでにみずから仁者であれば仁なるものを対象的に好んだり憎んだりするということは論理的にありえない。だからそういうものを見たことはないと孔子はいう。じゃあ「たった一日でよいから仁であろう」とするものはどうか。まだ仁でないから「仁であろうとする」わけで、そういうものは経験的にありうるだろう。とはいえ人間であれば仁を欲する力はかならずそなわっているのであって、そのことにおいて「それすらできないような人間」にであったことはないと孔子はいう。いやしくも人間である以上、仁を欲することができないものは、論理的にありえないとはいわないが、経験的にであったことはない、と。

欲しさえすればよいのに欲することができない。学問がないから欲することができないわけではない。金がないから欲することができないわけでもない。仁を欲することができるために条件などない。にもかかわらず欲することができない。孔子が「欲しさえすればよいのだ」というのは、じつは「欲するひとがいない」という現実をなげいているのかもしれない。

7

失敗するときはそれぞれの人間性に応じてやらかす。だから失敗のありさまを見ればそのものの人間性がわかる。

子曰く。人の過つや、各おの其の党に於いてす。過つを観れば斯ち仁を知る。

ひとは失敗する生きものではあるけれども、はなから失敗しようとおもって失敗するものはいない。「よかれ」とおもってやったことが裏目にでて、こころならずも失敗してしまう。どうしてそんな失敗をやらかしたのか、その所以をじっくり省察してみると、ああ「よかれ」とおもってやってくれたんだなあという、そのひとの優しさがわかってくる。そのひとの優しさがわかってくると、その失敗をたんなる失敗として片づけることができなくなる。

失敗するときはいかにも「そのひとらしい」失敗をするものである。失敗においてそのひとが自分でも気づいていない優しさがわかったりする。そう考えてみると孔子の言葉は、失敗した当人について語っているのではなく、じつは失敗を見るもののありかたのほうを問うているような気がしてくる。

8

相手の身になって考えるという生きかたをしていれば生死にとらわれなくなる。

子曰く、朝（あした）に道を聞かば、夕べに死すとも可なり。

ふつう「朝に正しい道がきけたら、その晩に死んでもよろしい」というふうに訳される。正しい道を知ることは生きることの本質であるといった理解である。いったいこの言葉は「真理を得るためには命を捨ててもよい」といった悲壮な決意をあらわしているのだろうか。なにかの拍子に真理をつかむことができたとしたら、そのつぎにくるセリフは「ああ、これで安心して死ねる」という安堵にみちたものなのかもしれない。しかし真理をつかむなんて、そもそも人間にはできっこない。「人は務めてゐる間は、迷ふに極（き）まつたものだからな」（鷗外訳「ファウスト」）。

道は命がけで探究すべきものだとしても、探究そのこと自体が自己目的であってよいものだろうか。せっかく道を知りえたなら、それを生きて実践すべきじゃないだろうか。道がきけたとしても、その道をかついで「あの世」にいってもしょうがない。道とはあくまでも「この世」の道だろう。

よく生きるとは、どう生きることだろう。それがわかってしまったら、もう生きなくてもよいのだろうか。そんな頭でっかちなことをいっているんじゃなくて、たとえ一瞬であれ「ああ、道を生きている」と身をもって実感できればそれで十分だよと孔子はいっているんじゃないだろうか。もし道を生きていると実感することができれば、その刹那（せつな）は生死を超えている。朝から晩までという日常の生活にあって、生死にこだわらなくなる瞬間があるというのはすばらしいことにちがいない。

命がつきるそのときまで真理をもとめつづけよう。真理という絶対の他者をもとめつづけることにおいて自己は自己でありうる。死はすでに身近にせまっている。もしかすると真理は得られないかもしれない。あせることはないし、あきらめることもない。死ぬときまで真理を追いつづけることが、とりもなおさず生きるということなのだから。そしてそのことは特別なひとにしかできない特殊なことではないはずである。

「道」をふまえること、すなわち「仁」というありかたとは、なにはさておき「相手の身になって考えるという生きかたをする」ことである。そして相手の身になって考えるという生きかたをするというのは、すなわち身をもってそのように生きることであり、死ぬまでそのように生きてゆくということにほかならない。そのように生きていれば「生死にとらわれ」ているヒマなどないであろう。

9

相手の身になって考えるという生きかたをもとめながら、粗末な着るものや質素な食いものを恥ずかしがるようでは、ともに語るに足りない。

子曰く、士の道に志して、悪衣、悪食を恥ずる者は、未だ与に議するに足らず。

「相手の身になって考える」という形而上(けいじじょう)のこころざしと「着るものや食いものを気にする」という形而下のふるまいとは深いところでむすびついている。形而下のことにこだわるものは形而上のことにはなおざりである。

野暮ったいんだけど、つきあっているうちに味がでてくる。そういう優しさのある友人とつきあいたい。オシャレでグルメなだけのものとは、しょせん浅くしかつきあえない。オシャレやグルメがわるいといっているわけじゃない。ただオシャレやグルメにうつつをぬかすものは概して優しさがとぼしい。

10

ともに語るに足るひととは、是非にふりまわされることなく、ひたすら相手の身になって考えることをつらぬくひとである。

子曰く、君子の天下に於(お)けるや、適(てき)も無く、莫(ばく)も無く、義に之(こ)れ与(とも)に比(した)しむ。

正義のひとを自任するものは、おのれの価値観にしたがって、これを是とし、あれを非とし、そのうえで「オレの判断を是とせよ」と押しつけてくる。相手の身になって考えるひとは、おのれの主張にこだわらない。いちずに肯定したり、いこじに否定したりせず、是是非非でゆく。なにを是とし、なにを非とするかは、おのおのの判断にまかせる。

正しさ（義）と優しさ（仁）とはちがう。正しさだけをもとめる態度は優しいとはいえない。ときには正しさに目をつむってでも優しくするということもありうる。優しさは正しさに反する部分をもちうるということである。

ひとは不完全な存在である。だが同時に成長しうる存在でもある。ひとがミスをおかしたとき、みずからミスをみとめたならば、ゆるしてやらねばならない。ミスをおかすことも、ミスを悔いることも、ともに成長するためのよすがでありうる。

11

相手の身になって考えるひとは、どうすればよいかを自律的に考えるが、相手の身になって考えないものは、どうすればよいかを他律的に教えてもらおうとする。

子曰く、君子は徳を懐(おも)い、小人は土(ど)を懐う。君子は刑を懐い、小人は恵(けい)を懐う。

少数のこころあるものは道「徳」のなかに住んでいる。大多数の庶民は「土」地のうえに住んでいる。道徳は目に見えない。道徳は観念的だから、むこうから「ああせい、こうせい」とはたらきかけてはくれない。土地は目に見える。土地は具体的だから、あちらから「ほら、こんな収穫があったよ」と語りかけてくれる。

道徳によって生活を律しようとする少数のこころあるものは、「刑」罰にしたがうように、自分にたいして厳しくならざるをえない。そこへゆくと土地の恩「恵」にすがって生きている大多数の庶民は、まだしもいい加減にやれる。

自律的なものにとって大事なのは「いかなる徳性・規範によってわが身を律すればよいか」ということである。他律的なものにとって大切なのは「いかなる恩恵を土地より得ることができるか」ということである。この両者の対比をぼくは数学と物理との関係でイメージしている。数学はどこまでも頭のなかで構築せねばならない。いきおい自分の論理に厳しくならざるをえない。物理は手を使って実験する。まちがっていれば実験の結果がそれを教えてくれる。

地べたに生きる庶民にとって、土地にしがみつく以外の生きかたはない。この現実を目(ま)のあたりにして、孔子が「いかによく生きるかに腐心するものもいれば、どうやって食ってゆくかに躍起のものもいるわい」と冷静に語っているとはおもえない。いやしくもこころあるものをもって任ずるのであれば、庶民はなぜそうであらざるをえないのかを考えるはずである。

こころあるものは相手の身になって考える。相手の身になって考えるひとは、かたちのない「こころ」をみがこうとする。相手の身になって考えないものは、かたちのある「もの」にしがみつく。しがみつきながら、ものごとを量ばかりでなく質においてもとらえようとしていれば、やがて生きかたが変わってくる。

12

欲まみれのこころでやると、きっと恨まれる。

子曰く、利に放（よ）りて行なえば、怨（うら）み多し。

欲にかられると、こころよりも「もの」のほうを重んじてしまう。こころをないがしろにして「もの」にひきずられると、ひとにイヤがられる。おまけに欲得づくの損得勘定には計算ミスがつきものである。イヤがられることもかえりみずに勘定したっていうのに、あとになって計算ミスがわかるというのは悲惨である。はなから損得勘定なんかしなければよい。

「もの」よりも「こころ」のほうが大切であるというのは正論である。いくら正論を語ったところで問題はひとつも解決しない。正論とはだれもが受けいれざるをえないような意見である。ということは正論はそれを吐いた本人固有の考えではないっていうことである。その証拠に、こころでは「しょせん世のなかは金さ」とおもっていながら口では正論を吐くこともできる。

こころにもない正論をいわずに生きるためにはどうすればよいのだろうか。「世のなかは金でうごいている」という事実をみとめたうえで、「でも金にあやつられたくはない」という意気地をもつしかない。しんみりするくらい地味な意見だけど、それしかないとおもう。

自分の利益はしばしば他人の不利益である。相手の事情はおかまいなしに自分の利益ばかりを追求すれば、ひとの恨みを買う。恨みを買ったら、いつか恨みを晴らされることを覚悟せねばならない。自分の利益ばかりもとめて他人に不利益をおよぼすというのは、ながい目で見ればかえって大損しているものである。

13

ゆずりあう「こころ」でやれば万事うまくゆく。ゆずりあいの「こころ」もなしに「かたち」だけをととのえてもムダである。

子曰く、能く礼譲を以て国を為めんか、何か有らん。能く礼譲を以て国を為めずんば、礼を如何。

欲

まみれの「こころ」でもって得をしようとし、そのことによって相手が損をするようでは、けっきょく得にならない。自分が損をすることで相手が得をするならば、あえて損をしてもよい。ゆずりあう「こころ」があれば、いざこざは起こらない。それは自分にとって得なことである。

自分を大切にするひとは、他人も大切にする。大切にするとは、雑にあつかわないということである。自分とおなじように他人を雑にあつかわないようにすれば、そこにあたたかい人間関係がはぐくまれる。

14

出世できないことを気にするな。おのれが出世するに値するかどうかを気にせよ。有名でないことを気にするな。おのれが有名になるに値するかどうかを気にせよ。

子曰く、位無きことを患えず。立つ所以を患う。己を知るもの莫きことを患えず。知る可きことを為すを求む。

都会を歩いていて石につまづいて転んだら「こんなところに石をおいたのはだれだ」と文句をいいたくなる。山のなかを歩いていて石につまづいて転んでも「こんなところに石があるのはなぜだ」というものはいない。都会の道に石はないと勝手におもいこんでいるから、想定外のことが起こると文句をいうのである。でも、そんなことをいったら、あらゆることを想定していなければ安心して歩けなくなってしまう。

自分はこうなる「べきである」とおもうのは欲である。欲まみれの「こころ」で生きようとすると、いろいろ文句をいいたくなる。自分はこうなる「べきである」とおもっているのにそうなれないなら、その「べきである」という自己認識のほうをどうにかすべきである。

15

「わたくしの生きかたはただ一筋の道理でつらぬかれている」。
曾子がいう「はい」。
先生がでてゆくと、門人が曾子にたずねる「どういうことでしょう」。
「先生の人生はひとへのまごころだけだ」。

子曰く、参よ、吾が道は一以て之を貫く。曾子曰く、唯。子出づ。門人問うて曰く、何の謂いぞや。曾子曰く、夫子の道は忠恕のみ。

忠は「中」と「心」との合字で、まっすぐで「かたよらない」ことである。自分のこころをいつわらないことである。が、それだけでは他人には通用しない。そこで「恕」の出番となる。恕は「如」と「心」との合字で、他人のこころを自分のこころのごとくに察することである。他人の身になって考えてみることである。忠と恕とは別のものではない（それだと「一以て之を貫く」とはいえない）。忠恕とは「まごころ」から発する「おもいやり」である。

生きかたが一筋の道理でつらぬかれているというのは、「相手の身になって考える」ことが「おのれのこころのままにふるまう」ことであるような生きかたをすることである。自分として生きてゆくことは、「自分そのもの」といった抽象的な自分としてではなく、だれかにとってのかけがえのない他人として存在してゆくことである。他人の他人として生きてゆくというのは、自分のために生きることが自分のためだけでないような生きかたをすることである。

16

相手の身になって考えるひとは善いか悪いかをおもう。相手の身になって考えないものは損か得かをおもう。

子曰く、君子は義に喩り、小人は利に喩る。

ケチくさく「利」をもとめれば、かえって利をうしなう。なぜなら最終的に利をもたらすものは「義」だから。ホントに利をもとめるなら、目先の利に釣られず、どうすることが義なのかをおもうべきである。

義とは、平たくいえば「損をする覚悟をもつ」ということだとおもう。義にはずれたことは、やれば得だとわかっていてもやらない。義にかなうことは、やれば損だとわかっていてもやる。計算できないわけじゃない。計算しないのである。

計算しないせいで損をするのはバカである、とケチの目には映る。しかし、ここぞという場面で損ができないようだと、そのものの成長はとまる。皮肉にも損ができないというのが最大の損だったりする。得をしないと損だとおもうようになってしまうのは、おそろしく損だっていうことである。

いまの世のなか、政治も教育も医療も、たいていのことは金でなんとかなる。なげかわしいかぎりである。金とは健康のようなものである。それは生きるうえで欠かせないが、かといってそれを目的にして生きるようなものでもない。

17

子曰く、賢を見ては斉しからんことを思い、不賢を見ては内に自ら省みる。

善きおこないを見て、やるべきことを学び、悪しきふるまいを見て、やっちゃいけないことを知る。

立派なひとを見れば「ああなりたいもんだ」と胸をうたれる。ダメなやつを見ると「こうなったらオシマイだな」と眉をひそめる。これらはひとつのことの裏と表とである。

「やるべきことを学ぶ」ことと「やっちゃいけないことを知る」こととは表裏一体であるとしても、ただちにおなじではない。やるべきことを学んだら、じっさいにやることが大事である。やっちゃいけないことを知ったら、けっしてやらないことが大切である。

18

父母が正しくないことをしたら、それとなく注意をうながしてはみるが、受けいれてもらえないようだったら、もとどおり敬意をはらってその気持にそむかないようにし、あとですこしくらい世話が焼けるようなことになっても文句をいわない。

子曰く、父母に事(つか)えては幾(ゆる)やかに諫(いさ)めよ。志の従わざるを見ては、又(ま)た敬いて違(たが)わず、労(つか)るとも怨(うら)みず。

年

老いた親がおかしなことをしても、それとなく注意をうながすにとどめ、ききいれてもらえなければ、さからわずにおく。親をうやまう「こころ」があるなら、理非はどうあれ、そのような「かたち」をとるべし。

親や教師はいつまでも子どもあつかいしてくるものと相場が決まっている。が、よいではないか。これまでさんざん世話になってきたんだから、すこしくらい世話が焼けても大目に見るべし（と親である教師はおもっている）。親や教師にたいしてそれができないようなら、できない自分を情けなくおもうべし。

19

父母が健在のうちは遠くへ旅をしない。どうしても旅をするさいは行くさきを知らせておく。

子曰く、父母在(いま)せば、遠く遊ばず。遊ぶこと必ず方(ほう)有り。

用事もないのに遠出はしない。親のことが心配だから。用事があれば行くさきをつげておく。親が心配するから。

「いつまでも子どもじゃあるまいし」とおもいがちだが、親にとって子どもはいつまでも子どもなのである。よけいな心配をかけないのがいちばんの親孝行である。いたって簡単なことのようで、じつはもっとも困難なことなのかもしれない。

20

喪に服する三年のあいだ亡き父のやりかたを変えないようなら、ひとまず孝行といってよい。

子曰く、三年、父の道を改むること無きを孝と謂(い)うべし。

学而11におなじ文がある。

21

父母の年齢は知っていなければならない。その長寿をことほぎ、その老いをいたわるために。

子曰く、父母の年は知らざる可(べ)からず。一(いつ)は則(すなわ)ち以(もっ)て喜び、一は則ち以て懼(おそ)る。

親がいま何歳かすぐにでてくるだろうか？　でてこないようなら情けない。考えればわかる。うん。でも、考えなきゃわからないというのが情けない。無茶なことをいってるだろうか？　これが無茶だというなら、なにが無茶じゃないっていうのだろう。親の年齢がすぐに浮かばないようなら、そういう自分を見つめなおしてみよう。

子どもというのは勝手なもので、親はいつまでも元気なものだとおもっている。現実に親は自分よりもさきに老いてゆく。あまりにも当たり前だからつい忘れがちである。忘れがちだけれども忘れちゃいけない。その当たり前の事実を忘れないようにすることが「孝」のはじまりである。

親の歳を知っておくべきなのは、その年齢にふさわしい孝行の仕方があるからである。親の歳を知っていることは、安心にもなるし、用心にもなる。一石二鳥だというのではない。喜びと恐れとは表裏一体だというのである。親の歳をつねに念頭においておくという「ひとつ」のことが、その長寿をよろこぶと同時にその老いをいたわるという「ふたつ」の気づかいをもたらす。

22

むかしのひとの口数がすくなかったのは、「やる」ことが「いう」ことに追いつかないことを恥じたからである。

子曰く、古者言の出でざるは、躬の逮ばざるを恥ずればなり。

どちらかというと、ぼくは寡黙なほうである。それなのにいくら「ぼくは寡黙だ」と口を酸っぱくしていいつのっても、だれも信じてくれないのは遺憾である。

正直にいうと、ぼくは口からさきに生まれたようなオシャベリである。ぼくが沈黙をまもるのは、妻や娘にきつく叱られたときか、学生にむつかしい質問をされたときくらいである。

なにはさておき有言不実行はよろしくない。実行できるかどうか怪しいなら不言であるほうがよい。それにオシャベリだと「まるで重みのない人間である」と不当に決めつけられかねない。で、せいぜい重そうな人間に見せかけるためにガマンしてしゃべらないようにしている。

23

おとなしくしていれば、めったにしくじらない。

子曰く、約を以て之を失うもの

は鮮（すく）なし。

どちらかというと、ぼくはおとなしいほうである。それなのにいくら「ぼくはおとなしい」と強固にアピールしまくっても、だれも信じてくれないのは残念である。

正直にいうと、ぼくはおとなしいわけじゃなくて、ただ面倒くさがりなだけである。ぼくがおとなしくしているのは、めだってしまうと厄介な仕事がまわってきそうなときか、なにが話題になっているのかチンプンカンプンの会議のときくらいである。

あんまりおとなしいと「まるでやる気のない人間である」とバレてしまいかねない。そこそこやる気があるように見せかけるため、やっているかのような素ぶりをするようにしている。

24

しっかりした人間ほど、口は重いが身は軽い。

子曰く、君子は言（げん）に訥（とつ）にして、行（こう）に敏（びん）ならんと欲す。

「コミュ力がある＝他人に興味をもっている」とはかぎらない。相手にさして興味はないんだけど、その場を盛りあげるために言葉のキャッチボールをする。コミュ力があるとは、その場かぎりの言葉のキャッチボールがうまいだけのことにすぎなかったりする。

「人見知り＝コミュ力がない」とはかぎらない。人見知りなひとのほうが、いったんなかよくなろうものなら相手への興味の爆発がものすごかったりする。

「いっしょになにかオモシロイことやろうぜ」と軽くいえるひとは、はなから相手に興味なんかないから、いっしょにやることの具体案が浮かんではいない。だから「なにかオモシロイこと」といった曖昧なことしかいえない。コミュ力はあるのだろうが、いっしょになんにもできない。

25

正直に生きていれば、きっと友だちはできる。

子曰く、徳は孤ならず。必ず鄰有り。

まっとうに生きていれば、けっして孤立することはない。かならず仲間はできる。孔子の言葉は孤独にさいなまれているものへの励ましにあふれている。

仲間がいるのはうれしいことである。しかし「ひとりで感じ、ひとりで考える」という時間をもっていることも、とてつもなく大事である。歳とともにそうおもうようになってきた。

これは持論なのだが、「教養がある」というのは「ひとりでも時間をつぶせる」ということじゃないだろうか。教養のあるひとは、本を読んだり、音楽を聴いたり、草木をながめたりして、ひとりっきりでも豊かな時間をすごすことができる。ひょっとすると孔子は「教養のある人間はいつでもどこでもおもしろいものを見つけて楽しく生きてゆける」といっているんじゃないだろうか。

ぼくは「孤独も捨てたもんじゃない」とおもっている。孔子もまた「孤独を知るものは、ひとに優しくなれる」とおもっているんじゃないかなあ。

26

子游（しゆう）はいう。主人にたいしてネチネチしつこくしすぎると、むしろ腹をたてられる。友人にたいしてもベタベタつきまとうと、かえって煙たがられる。

子游（しゆう）曰く、君に事（つか）えて数（しば）しばすれば、斯（ここ）に辱（はずかし）めらる。朋友に数しばすれば、斯に疏（うと）んぜらる。

「人のおやの心はやみにあらねども子を思ふみちにまどひぬるかな」（兼輔朝臣（かねすけあそん）・後撰和歌集巻第十五）という歌がある。いわゆる「子ゆえの闇」というやつ。子を愛するあまり親は分別をうしないがちである。愛するというのはこちらの事情である。こちらの事情ばかりにとらわれると、せっかくの愛がゆがんでしまう。

ものごとには「ほど」がある。いくら誠意をもって語ろうとも、「ほど」を超えて語るとうるさがられる。語る中身はさておき、「ほど」を超えたことによって、ひとに聴いてもらえなくなってしまう。「こうに決まってるじゃないか」と自分の考えを押しつけると、たとえ自分のいっていることが正しく、そして相手がおのれの非をみとめたとしても、なんとなく後味（あとあじ）がわるい。正しいことが通ることは、もちろん正しい。しかし正しさを通すことは、かならずしも正しいとはかぎらない。

公冶長第五

古人および門人の賢否得失

1

公冶長を評して「娘を嫁にやってもよい。投獄されたが、無実であった」といい、娘をとつがせる。

子、公冶長を謂く、妻あわす可きなり。縲紲の中に在りと雖も、其の罪に非ざるなり。其の子を以て之に妻あわす。

「娘をとつがせてもよい男だ」とは非常に高い評価である。前科をもってひとを差別しない。いうは易く、おこなうは難し。

2

南容を評して「世がおさまっているときは活躍するし、世がみだれているときも災難にあわない」といい、兄の娘をとつがせる。

「兄の娘をとつがせてもよい男だ」とは非常に高い評価である。出処進退のよろしきを洞見する。月旦の妙をおもうべし。

子、南容を謂く、邦に道有れば廃てられず、邦に道無ければ刑戮に免る。其の兄の子を以て之に妻あわす。

3

子賤を評して「なかなかの男だ。もし魯にちゃんとした手本がいなければ、このようにはなれまいて」。

子、子賤を謂く、君子なるかな、若くのごとき人。魯に君子なる者無かりせば、斯れ焉くにか斯れを取らん。

私事をつづらせていただく。

四十歳をすぎたころ、自分の「やりたい」ことと「やれる」こととが、ようやくわかってきた。そして「自分のやりたいことをやるには自分の能力はてんで足りない」とつくづく身にしみた。「惑わず」どころか、ハタと途方に暮れた。ぼくは同僚の栗原靖先生の門をたたき、週に一度、いっしょに本を読んでいただくことをお願いした。爾来、ことあるごとに教えをかたじけのうし、それは先生が亡くなられるまでつづいた。

自分に足りないところがあれば、ご縁にすがり、おぎなってもらいながら生きてゆけばよい。足りないところを自覚し、それをおぎなってもらおうとすることは、あるがままの自分を見捨てないということである。

4

子貢がたずねる「それがしはどうでしょうか」。
「おまえは役にたつよ」。
「どう役にたつのですか」。
「とびきり役にたつよ」。

子貢問うて曰く、賜や何如。子曰く、女は器なり。曰く、何の器ぞや。曰く、瑚璉なり。

「どういう人間でしょうか」と問われ、「おまえは役にたつ」と孔子はいう。もちろん「君子は器ならず」（為政12）をふまえての発言である。役にたつ（器だ）ということは、つまり君子でないということである。子貢はガッカリ。泣きそうになるのをこらえて「どういうふうに役にたつのでしょうか」とたずねる。役にたつといっても些事に使えるものから大事に欠かせないものまでいろいろある。「実用を超えて有用だよ」と孔子。

役にたつべきとき役にたてばよい。どう役にたつかはそのときになればわかる。だれがどうおもっているかはさておき、おまえが役にたつということはよくわかっている。これの役にはたつが、あれの役にはたたない、といった器量のちいさい人間ではない。自信をもって生きてゆきたまえ。

子貢は目から鼻へ抜けるような男である。実務能力においてはピカイチであるが、人格円満というには才気ばしりすぎている。いますこし鋭鋒をひかえたほうがよい、と孔子はおもっているのかもしれない。

5

あるひとが仲弓を評して「人柄はよいが、弁がたたん」。「なんで弁がたたねばならんのだ。口でひとをいい負かしても恨まれるのがオチだ。人柄はさておき、弁がたつ必要などさらさら

或ひと曰く、雍や仁なるも佞ならず。子曰く、焉くんぞ佞を用いんや。人を禦ぐに口給を以

ない」。

せっかく人柄はよいのに、いかんせん愛想がない。人柄がよいという「こころ」があれば、愛想がよいという「かたち」はさしあたりどうでもよい。「こころ」さえあれば「かたち」はなくとも優しさは伝わる。「かたち」があっても「こころ」がなければ優しくないことはバレる。要は中身の問題である。

てすれば、屢しば人に憎まる。其の仁を知らざるも、焉くんぞ佞を用いんや。

6

仕官の口を世話されて、漆雕開が「その任にたえる自信がございません」というと、先生はよろこぶ。

子、漆雕開をして仕えしめんとす。対えて曰く、吾れ斯れを之れ未だ信ずること能わず。子説ぶ。

職業につくという「かたち」よりも、職務にたえるという「こころ」のほうが、より重要である。要は中身の問題である。

7

「イヤな世のなかだよ。イカダにでも乗って海のむこうにゆきたい気分だ。そうなると、ついてきてくれそうなのは、子路（しろ）、おまえだろうな」。

子路は得意満面、待ってましたと腕まくり。

「子路ときたら、行動力はすごいが、計画性がちょっとね」。


子曰く、道行なわれず。桴（いかだ）に乗りて海に浮かばん。我れに従う者は其（そ）れ由（ゆう）なるか。子路（しろ）、之（これ）を聞きて喜ぶ。子曰く、由や勇を好むこと我れに過ぎたり。材を取る所無からん。


孔子が「くだらん世のなかは見限って、イカダに乗ってどこかへゆこうか」とグチをこぼし、ふと顔をあげて「由（ゆう）よ、ついてきてくれるだろうね」という。子路のよろこぶまいことか。腰を浮かせて、いますぐにも発（た）たんばかりの勢い。それを見た孔子はニコニコしながら「わたしもそそっかしいほうだが、由のオッチョコチョイにはかなわん。ところでイカダの材料はどこで手にいれようかね」とご機嫌になる。

「材を取る所無からん」は、ふつう「イカダをつくる材料はどこにも得られない」とお調子ものの子路をたしなめる言葉として理解される。しかしこの文章にそういったネガティブな雰囲気は感じられない。むしろ孔子もまた「どこぞにイカダの材料はないものかのう」と子路といっしょに腰を浮かせているような気配すらおぼえる。

ちょいと落ちこんでいたとき、お勉強という「かたち」のほうはさっぱりだが、どこまでも自分についてきてくれるという「こころ」をもった子路の存在が、孔子にはありがたかった。「ついてきてくれるだろうね」といえば、子路のことだから「ほら、おまえら聞いたか。いざとなったら、やっぱりオレなんだよ」とはしゃいでくれるだろうと期待して、孔子は冗談を口走った。案の定、子路は舞いあがってくれた。孔子は子路に甘えているのである。愛すべき弟子をもって、孔子は仕合わせであった。

勇ましいのはよいが、血気にはやるばかりでは、ものごとは成就しない。とはいえ、やってやるぞという「こころ」がなければ、いつまでたっても「かたち」づくりにとっかかれない。「行動力はすごいが、計画性がちょっとね」とケチをつけたように訳しておいたが、「ちょっとね」のあとには「でも、そうこなくっちゃ。そういうノリのよさが、由のよいところさ」が省略されているとおもっていただきたい。

8

――魯の孟武伯がたずねる「子路は人格者といえるだろうか」。

――孟武伯問う、子路は仁なりや。

「子路は戦車千台の大国にあって軍政をきりもりできましょう。さりとて人格者といえるかどうかはわかりかねます」。

「冉有はどうか」。

「冉有は戸数千戸の大都市の代官や戦車百台の小国の奉行がつとまりましょう。さりとて人格者といえるかどうかはわかりかねます」。

「公西華はどうか」。

「公西華は礼服をまとって朝廷にたって外国の賓客と応接できましょう。さりとて人格者といえるかどうかはわかりかねます」。

子曰く、知らざるなり。又た問う。子曰く、由や、千乗の国、其の賦を治めしむべし。其の仁を知らざるなり。求や何如。子曰く、求や、千室の邑、百乗の家、之が宰為らしむべし。其の仁を知らざるなり。赤や何如。子曰く、赤や、束帯して朝に立ち、賓客と言わしむべし。其の仁を知らざるなり。

孔 子の口ぶりはひどく屈折している。子路は大国の長がつとまるけど人格者かどうかはわからない。冉有は小国の奉行がつとまるけど人格者かどうかはわからない。公西華は外交官はつとまるけど人格者かどうかはわからない。どんどん社会的な能力の水準が下がってゆく。「某がダメなら、じゃあ某はどうですか」と問われれば、ふつう答えの水準は上がってゆきそうなもんである。問えば問うほど人格者から遠そうな答えがかえってくるというのは、なんだか奇妙である。社会的な有能さと「仁」とは反比例するとほのめかしているのだろうか？

人格者であることは、社会的に有能であるかどうかといった「かたち」を超えたものである。じゃあどういう「こころ」のものを人格者といえるのかというと、夭折した顔淵をのぞけば、それは孔子しかいないっていうことになるのかもしれない。

9

「おまえと顔淵とではどっちがすぐれているとおもう」。
子貢がいう「どうして顔淵とくらべられましょうか。顔淵は一を聞いただけで十を知ることができます。わたくしはせいぜい一を聞いて二を知るくらいのものです」。
「かなわないよな。わたくしもおまえも顔淵にはかなわない」。

子、子貢に謂いて曰く、女と回と孰れか愈れる。対えて曰く、賜や何ぞ敢えて回を望まん。回や一を聞いて以て十を知る。賜や一を聞いて以て二を知るのみ。子曰く、如かざるなり。吾れと女と如かざるなり。

孔子の問いはどこにネライがあるのだろう。「顔淵にくらべて、おまえときたら」と間接的に子貢をいましめようとしているのだろうか？　それとも「自分よりも顔淵のほうがすぐれています」とへりくだる機会をあたえることによって結果的に子貢をホメてやろうとしているのだろうか？

いくら顔淵がダントツの秀才であるにせよ、ずいぶん不躾なたずねかたである。この不躾な問いを「顔淵のほうが五倍は上です」と子貢はうまくかわしてみせる。子貢の答えはどうやらセーフだったようである。一を聞いて二を知るならオツリがくるだろうに、それが謙遜になるっていうのもすごい話である。

それにしても顔淵という弟子、師をして「かなわない」といわしむる逸材であった。勝負事の世界では指導してもらった師匠に弟子が勝つことを「恩返し」といったりする。先生のおかげでこんなに強くなりましたと証明してみせるのである。理屈としてはわからんでもないが、そんな「お礼に一発殴らせていただきます」みたいな恩返しはゴメンこうむる。ぼくのもとから巣立った諸君には、せいぜい活躍して「これもみな先生のおかげです」といいふらしてほしい。

10

宰我(さいが)が昼寝をしていると、「腐った木には彫刻できないし、糞(ふん)をまぜた垣根では上塗りもできない。かつてはひとの言葉を聴けばそれが実行されるものと信じていた。いまではひとの言葉を聴いてもそれが実行されるかどうかチェックするようになってしまった。宰我のせいで信じられなくなったのだ」。

宰予(さいよ)、昼寝(い)ぬ。子曰く、朽木(きゅうぼく)は彫(え)る可(べ)からず、糞土(ふんど)の牆(しょう)は杇(ぬ)るべからず。予(よ)に於(お)いて何をか誅(せ)めんや。子曰く、始めわれ人に於けるや、その言を聴きてその行ないを信ず。今吾(わ)れ人に於けるや、其(そ)の言を聴きて其の行ないを観(み)る。予に於いてか是(こ)れを改む。

「宰我にも困ったもんだ」という口吻は、いまさら叱ってみたところでどうにもならん、とサジを投げたものと読みたくなる。しかし孔子が「こんな言行不一致なやつは教えるに値しない」と見捨てたりするだろうか。むしろ「こういうやつだからこそ教育してやらにゃならん」とおもうんじゃないかなあ。

なにが正しいのか、それがわかっていても実行できないのが人間である。実行できないことが問題なのではない。実行できない自分のことをどうとらえているかということが問題なのである。宰我は実行できない自分に目をつむっている。とはいえ「こんなやつは処置なしだ」とほうりだすようなことを教師はしない。むしろ教育をほどこす絶好のチャンスである。

宰我は「いう」ことと「する」こととがちがう。人間とはそういうものだっていうことを孔子は宰我から学んだ。そして人間を見るときには「いうことを聴くだけじゃなくて、することを見ることにしよう」と反省できた。宰我くん、立派な反面教師である。そう考えると孔子のセリフの「おまえのせいで、わたくしはこんなにイジワルになった。どうしてくれるんだ」はべつに恨みがましく宰我をなじっているわけじゃないようにもおもえる。

11

――「わたくしはまだ真に強い人間を見たことがない」。

――子曰く、吾れ未だ剛なる者を見

ず。或ひと対えて曰く、申棖と。子曰く、棖や慾あり。焉くんぞ剛たるを得ん。

「申棖はどうです」。「あいつは腕っぷしは強いが、いかんせん欲が深い。どうして強い人間でありえようか」。

孔子のいう「剛」とは質実剛健の剛である。内なる芯の強さであって、外への烈しさではない。

申棖という人物は、ゴウはゴウでも強欲のゴウである。芯の強い人間はどこまでも筋をとおすが、欲の深い人間は利益による誘惑に負けてしまいがちである。

なによりダメなのは、欲の深い人間は負けるのがヘタだということである。だれだって負けることはあるのに、いつまでも未練がましくボヤいている。負けたときにこそ、そのひとの強さがあらわれる。よい負けっぷりとは相手の勝ちをいさぎよくみとめることである。そういうキレイな負けかたのできる人間がホントの「剛者」じゃないだろうか。

欲とハングリー精神とはどこがちがうのだろう。ハングリー精神は欲を超えている。とっかかりは欲であっても、やがて欲も得もなくなり、欲を超えたモチベーションをいだくようになる。欲とはたとえば金持ちがもっと金をほしがることである。申棖はひょっとすると金持ちだったのかもしれない。

世のなかには強者と弱者とがいる。ただし強者も弱者もともに肝に銘ずべきなのは「自分はけっして強くない」ということである。どんなに強いものにも、かならず弱さがある。たとえば欲がある。みずからの弱さをわきまえた強者であって、はじめて弱者の声に耳をかたむけることができる。

強者であれ弱者であれ、おのれの弱さを素直にみとめ、その弱さに立脚して生きてゆくべし。もっとも、おのれの弱さを素直にみとめることは、かなりの強さを必要とするだろうが。

人間は本質的に弱い生きものである。弱さを克服するなんてひどく傲慢である。克服できる（と錯覚されるような）弱さはホントの弱さじゃない。そうやって弱さを克服して強者になったような気になったものは、今度は弱者をイジメたり、強者に仕返ししようとしたりする。

12

子貢が「ひとからやられたくないことは、ひとにやらないようにしたいもんです」というと、「おまえにはちょっと無理だ」。

子貢曰く、我人の諸を我れに加うるを欲せざるや、吾れも亦た諸を人に加うること無からんと欲す。子曰く、賜や、爾の及ぶ所に非ざるなり。

自分が他人からされたくないことを自分も他人にしないようにするというのは簡単ではないが、それにしてもなぜ「おまえには無理だ」と断って捨てるように決めつけるのだろう。「サウイフモノニ　ワタシハナリタイ」という弟子にたいして「おまえになれるはずがない」といったりする師がいるだろうか？

子貢には商才がある。自分が得をするようにうごく才能がある。相手からされたくないこと（つまり自分が損をすること）を本能的にさけることができる。このことは裏をかえせば、ややもすれば相手に損をさせがちだったのかもしれない。それを孔子は見抜いており、じつは子貢もまた気に病んでいた。
勝負に強いというのは、相手がされたくないことを相手にたいしてするのが上手だということである。子貢はそういう才能にたけており、それから脱けられそうもないことを孔子は見抜いている。おまえは勝ちたいという欲に勝つことはできまい。ましてわざと負けるようなマネはやろうとしてもやれまい。

13

子貢はいう。先生の文化についての考察はうかがうことができる。先生の人の本性と天の道理とについての議論はうかがえたことがない。

子貢曰く、夫子の文章は得て聞く可きなり。夫子の性と天道とを言うは得て聞く可からざるなり。

孔子は日常生活における具体的な「語りうる」ものについて講義をすることはあっても、形而上学といった抽象的な「語りえぬ」ものについて議論をすることはすくない。とりわけ現実主義者の子貢にたいしてはそうであったとおぼしい。

いったい孔子は形而上学を好まない。「五経」を研究することはあっても、「性・天道」といった抽象的な概念をもてあそぶことには慎重である。それは子貢もいっしょである。だいたい子貢は「いけにえのヒツジをやめよう」（八佾17）とするリアリストであり、「天命そっちのけで金もうけにいそしんでいる」（先進19）ような目端のきく商売人である。そういう即物的な人間であるから、孔子の反形而上学的な側面はすぐにピンとくる。ピンとくるもんで、わかったような顔をする。それが孔子にはカチンとくる。で、ついお灸をすえられる。

14

子路は、ひとつ教えられて、それがまだ身につかぬうちは、つぎを教えられはせんかとビクビクする。

子路、聞くこと有りて、未だ之を行なうこと能わざれば、唯だ聞く有らんことを恐る。

地に足が着いていないと安心できない。ここでの子路もまた反形而上学的な姿勢を示している。ただし子路は、子貢の逆で、すこぶる要領のわるい男である。「知行合一」がよいとなったら、学んだ「知」を「行」なえないうちは「合一」できていないわけだから、新たな「知」を学ぶことを恐れる。虻蜂とらずになる、と。考えすぎだとおもうが、これが子路である。

そういう子路のことを「要領よくやる能力を欠いているのさ」と評するのは正しくない。むしろ「要領よくやらずにおれる能力がある」と称するべきである。愚直さと紙一重の一途さが子路にはある。子路の魅力は、一言でいえば「そらさない」っていうことだとおもう。曾子のようにマジメでもないし、顔淵のように優秀でもないし、子貢のように有能でもないけれども、子路なら、深刻な仕事の話でも、おちゃらけた遊びの話でも、きっと「まっこう」からつきあってくれる。子路といっしょにいると、いつのまにか本音でしゃべっている自分に気づく。

漱石の『門』に子路のことがお気に入りだという藝者がでてくる。その子路観がなかなか的を射ている。

> 其間に主人は昨夕行つた料理屋で逢つたとか云つて妙な藝者の話をした。此藝者はポツケツト論語が好きで、汽車へ乗つたり遊びに行つたりするときは、何時でもそれを懐にして出るさうであつた。
> 「それでね孔子の門人のうちで、子路が一番好きだつて云ふんですがね。其所謂を聞くと、子路と云ふ男は、一つ何か教はつて、それをまだ行はないうちに、又新らしい事を聞くと苦にする程正直だからだつて云ふんです。実の所私も子路はあまりよく知らないから困つたが、何しろ一人好い人が出来て、それを夫婦にならない前に、また新らしい好い人が出来ると苦になる様なものぢやないかつて、聞いて見たんです……」

それが身につかないうちに別のことをやるのを苦にするという、その不器用さが女心をくすぐる。すくなくとも「一を聞いて十を知る」顔淵よりも子路のほうがモテたんじゃないだろうか。

15

子貢がたずねる「衛の仲叔圉はどうして文というオクリナなのでしょうか」。
「かれは機会を見つけては勉強しようとし、しかも目下のものに教えを乞うことを恥ずかしがらなかった。だから文というオクリナがつけられたのだ」。

子貢問うて曰く、孔文子は何を以てか之を文と謂うや。子曰く、敏にして学を好み、下問を恥じず。是を以て之を文と謂うなり。

「学ぼう」という姿勢をつねにもっているというのは、つまり「バカになれる」ということである。バカになれれば、腹の足しにならないプライドなんか捨てて、相手がだれであろうとも教えを乞うことができる。バカになれる人間がいちばん賢いっていうことである。

自分の知らないことを知りたければ、知っているものに教えてもらうしかない。だれだってバカにされたくはない。でもそのことについて自分は知らなくて相手が知っているなら、そのことにかんして自分はバカなんだから、知りたければ問うしかない。問うことによってバカにされるくらいなら問わずにバカのままでいるほうがよいというのなら話は別だけど。

自分はバカじゃないとうぬぼれている人間はバカになれない。バカにかぎって「バカにされたくない」とおもう。知らないくせに知ったかぶりをするのはいちばんバカである。知っているのに知らないふりをするほうがうんと賢い（性格わるいけど）。

なにかを教えてもらったとき「そんなこと知ってるよ」というのはバカである。そういうバカにはもうだれも教えてくれなくなる。そうこうするうちに、めでたく本物のバカができあがる。

「目下のものに教えを乞う」ことは簡単なようで意外とむつかしい。プライドがゆるさないからではない。目下のものが気楽に意見をいえるような雰囲気をただよわせることがむつかしい。偉そうに「オイ、なにか教えてみろ」といっても、なにも教えてもらえない。べつに「もの欲しそう」にする必要はないけど、目下のものに「ああ、なにか意見をいってあげたいなあ」とおもわせるような人柄であることが目上のもののつとめである。

16

鄭の子産を評して「為政者としての資質を四つそなえている。自己を律するさいにはつつしみぶかく、君主につかえるさいには身をひきしめ、民をおさめるさいには優しく、民を使うさいには正

子、子産を謂く、君子の道四有り。其の己を行なうや恭、其の上に事うるや敬、其の民を養う

しい」。

や恵、其の民を使うや義。

以下しばらく先人月旦がつづく。「自己を律する」さいには謙虚をこころがけ、「君主につかえる」さいには緊張感をただよわせる。これは自分よりも相手のほうを重んずるという態度である。「人民をおさめる」さいには優しく、「人民を使う」さいには正しい。これは他人の身になって万事をとりおこなうという姿勢である。

自分にたいしては謙虚であり、上司にたいしては誠実であり、知人にたいしては寛大であり、部下にたいしては公平である。こういう人物こそが為政者にふさわしい。

17

斉の晏平仲は、ひとづきあいが上手である。つきあいがながくなっても相手にたいする敬意をうしなわない。

子曰く、晏平仲、善く人と交わる。久しくして之を敬す。

ひとづきあいが上手であるというのは、つきあって利益があるものとだけ交際するということではない。ざっくばらんにつきあいながら、たがいに敬意をうしなわないのである。親しきなかにも礼儀あり。懇意であっても無礼ではない。親しんでも狎れない。ひとづきあいの要諦である。

18

魯の臧文仲は、身のほど知らずにも、占いの亀をたくわえ、住まいの柱を山型にきざみ、梁の小柱に藻をえがきおった。くだらん男だ。

臧文仲、蔡を居き、節を山にし、梲を藻にす。何如ぞ其れ知ならん。

臧 文仲はあとでも「役人の風上にもおけない」（衛霊公14）と評されているが、その僭越のふるまいを見るにつけ、およそ知者ではありえない、と孔子は斬り捨てる。これ見よがしに分不相応をやらかすというのは、僭上ぶりがヘタクソなのである。見栄をはっていることがバレているというのはいちばんカッコわるい。バカ丸出しである。

19

子張がたずねる「楚の子文は、三度も宰相に任ぜられましたが、うれしそうな顔をせず、三度ともクビになりましたが、うらみがましい顔をせず、辞めるさいには後任にきちんと政務をひきつぎました。どうでしょう」。

子張問うて曰く、令尹子文、三たび仕えて令尹と為るも、喜ぶ色無し。三たび之を已むるも、慍む色無し。旧令尹の政、必ず以て新令尹に告ぐ。何如。子

「律儀だね」。

「人格者でしょうか」。

「まだ知識人の域にも達しておらんのに、どうして人格者といえようか」。

「斉の家老の崔子が君主を弑したとき、陳文子は四十頭の馬をもつほどの身分でしたが、家財を捨てて斉を去りました。よその国にゆくと、崔子のような家老がおるといって去りました。また別の国にゆくと、やっぱり崔子のような家老がおるといって去りました。どうでしょうか」。

「潔癖だな」。

「人格者でしょうか」。

「まだ知識人の域にも達しておらんのに、どうして人格者といえようか」。


曰く、忠なり。曰く、仁なりや。曰く、未だ知ならざるに、焉くんぞ仁なるを得んや。崔子、斉の君を弑す。陳文子、馬十乗有り。棄てて之を違る。他邦に至りて則ち曰く、猶お吾が大夫崔子がごときなり、と。之を違る。一邦に至りて則ち又た曰く、猶お吾が大夫崔子のごときなり、と。之を違る。何如。子曰く、清し。曰く、仁なりや。曰く、未だ知ならざるに、焉くんぞ仁なるを得んや。

律儀であることはよい。潔癖であることもよい。しかし律儀であったり潔癖であったりすることが見え見えでは、およそ知識人とはいえない。清廉潔白であることがバレずに清廉潔白でありたい。

20

魯(ろ)の季文子(きぶんし)は三度も熟慮したうえでやっと実行した。先生はこれを耳にして「二度考えればそれでよい」。

季文子(きぶんし)、三たび思いて後(のち)に行なう。子、之(これ)を聞きて曰く、再びせば斯(すなわ)ち可なり。

考えもせずにやらかすのはそそっかしい。一度だけ考えてやるのはおっちょこちょい。二度は考えてやるくらいがちょうどよい。三度も考えようとするのは煮えきらない。考えないのはダメだが、考えすぎるのもよろしくない。

二度も三度も似たり寄ったりである。ヘタの考え休むに似たり。だいたい二度考えてもわからないものは三度考えたってわかりっこない。

本音をいうと、一度だけ考えれば十分だとおもう。あらかじめ二の矢はもたないほうがよい。しくじる可能性を考えていては、できることもできなくなる。さっさとやるっていうことも大事である。不測の事態にそなえることは大切だけれども、用意周到でありすぎるとしばしば優柔不断におちいる。

21

衛(えい)の甯武子(ねいぶし)は、国に道理がおこなわれていれば知識人として腕をふるったが、国に道理がおこなわれていなければ使えないやつとして身をまっとうした。その有能さのほうはなんとかなっても、そのデクノボウぶりはなかなかマネできない。

子曰く、甯武子(ねいぶし)、邦(くに)に道有れば則(すなわ)ち知、邦に道無ければ則ち愚(ぐ)。其(そ)の知は及ぶ可きも、其の愚は及ぶ可からざるなり。

隠れて保身するというのは無責任のようである。しかし有能であり、大志をいだく人間は、むざむざ犬死(いぬじに)してはならない。自分の命は自分だけのものではない。それは天下のものである。「不可なれば則ち止(や)む」（先進24）と割りきって、無能のふりをしてでも生きのびねばならない。治世において活躍することは有能であればだれでもできる。乱世にあって保身することは有能であればあるほどむつかしい。バカでないのにバカのふりをすることはバカにはできない。

先人月旦はここでひと息。ひとつおいて、また三つばかりつづく。

22

陳(ちん)の国にあって「帰ろうよ、帰ろうよ。魯(ろ)の若い衆は、理想に燃

子、陳(ちん)に在りて曰く、帰らんか、

え、健気にやってはいるが、生地をどう仕立てればよいかわからずにいる」。

帰らんか。吾が党の小子、狂簡、斐然として章を成すも、之を裁する所以を知らざるなり。

諸国を遊説しつづけるも、縁がないのか諸侯からはもとめられない。されば郷里にあって自分をもとめてくれる前途有為のものたちのために生きようかしらん。ふるさとは遠きにありておもうもの。故国にほったらかしてきた若者たちのことが、いまさらながら気にかかる。わたくしは大切なものをないがしろにしてきたのかもしれない。

23

伯夷・叔斉の兄弟は、すんだことは忘れた。だからストレスもなかった。

子曰く、伯夷・叔斉、旧悪を念わず。怨み是を用て希なり。

イヤなことにも時効がある。イヤなことは忘れよう（おもいだしてもイヤな気分になるだけである）。すんだことは水に流さないと、いつまでも「しこり」がのこる。ひどい目にあっても、いつまでも根にもつまい。あえて忘れるようにしよう。なにごとも時が解決してくれる。

ネチネチと根にもたないから、ドロドロに巻きこまれない。イヤなことを蒸しかえしてもろくなことはない。忘れてしまうにかぎるが、うまく忘れられないとき「どうして忘れられないんだ」と自分をかえりみるのはヤブヘビである。かえりみて判明するのは「いつまでも忘れられない女々しい自分」「そのくせ仕返しもできない弱虫の自分」、そういう知りたくない自分である。

イヤなことに恨みをいだくことは負の連鎖をまねく。恨みを晴らせば自分はスッキリする。しかし今度は相手が恨みをいだく。恨みを晴らすことはただちに恨みを買うことである。ひとを恨まなければ、ひとからも恨まれない。

24

だれが微生高のことを正直者といったんだい。あるひとが酢を借りにきたとき、あいにく切らしていたので、わざわざ隣の家から酢をもらって、それをあたえたんだよ。

子曰く、孰か微生高を直しと謂うや。或ひと醯を乞いたるに、諸を其の隣に乞いて之に与えたり。

「知っていることは知っているとし、知らないことは知らないとする、これがホントに知るということだ」（為政17）とあった。その伝でゆけば「有るものは有るとし、無いものは無いとする」

というふうであるべきなのかもしれないが、微生高は「無いものは無いよ」とはいわなかった。きっと気の毒だとおもったのだろう。

無いなら「無い」といえばよいのに、こっそり隣の家から酢をもらってきて、それをあたえた。そうまでして恩を売ろうとするというのは、およそ正直とはいえない――悪意をもって読めばそんな感じになる。でも酢がなくて困っているのを見るに見かねて「無い」といえず、わざわざ隣にいって頭をさげて酢を借りてきて、それをさりげなく渡してやったんだとしたら、すごく親切である。とても友だちおもいの、しかも押しつけがましくもない「いいやつ」ってことになるんじゃないだろうか。

ウソをついてまで親切にするのって、たんに正直であるよりもむしろ自分の「こころ」に正直なのかもしれない。そうおもって「だれが微生高のことを正直者といったんだい」という孔子の言葉を読みなおしてみると、どうも冗談っぽい口調のようにおもえてくる。気のおけない弟子たちを相手に「いやあ微生高ってやつは、そういう世話焼きなんだよねえ」と苦笑しながら語りかけているんじゃないかしらん。親切なのはいいんだけど、いつも「やりすぎる」んだよなあ、と。

25

猫なで声でお世辞をいったり、揉み手をしてご機嫌をとったり、バカ丁寧に腰をひくくすることは、左丘明はこれを恥じた。わ

子曰く、巧言、令色、足恭なるは、左丘明、之を恥ず。丘

たくしもまた恥じる。腹のなかでは恨んでいながら、うわべだけ友好的にふるまうことは、左丘明はこれを恥じた。わたくしもまた恥じる。

も亦た之を恥ず。怨みを匿して其の人を友とするは、左丘明、之を恥ず。丘も亦た之を恥ず。

26

「こころ」のなかでは恨んでいながら、それを隠して友だちづきあいの「かたち」をとりつくろう。じつに恥ずべきことである。恨みがあるのに隠すのがおかしいのではない。友だちに恨みをいだくこと自体がおかしい。

逆恨みという言葉がある。不当な恨みということだろう。しかし正当な恨みってなんだろう。伯夷・叔斉がそうだったように、われわれ凡人もまた恨みなんていうものはなるべくさっさと忘れてしまおう。

友だちとつきあうとき留意すべきなのは、むやみに期待しないということである。自分勝手にいろいろ期待するから、わかってくれないだの、裏切られただの、イジワルされただのと文句をいいたくなる。相手に期待しなければ、不自然にご機嫌をとったり、理不尽に寄りかかったりせず、おたがい本音をぶつけあいながら自然体でつきあうことができる。

そばにいる顔淵と子路とに「こうでありたいという願いをいってごらん」。

子路がいう「乗りものや着物や毛皮を友だちに貸してやったら、たとい使いつぶされてもイヤな顔をしないようにしたいです」。

顔淵がいう「どんなに善いことをしても自慢せず、ひとさまに迷惑をかけないようにしたいです」。

「先生の望みもおきかせください」と子路がおねだり。

「年寄りとはのんびりとおしゃべりし、友だちとはざっくばらんにつきあい、若いひととも分けへだてなくやりたいね」。


顔淵、季路、侍す。子曰く。盍ぞ各おの爾の志を言わざる。子路曰く、願わくは車馬衣軽裘、朋友と共にし、之を敝るとも憾むこと無けん。顔淵曰く、願わくは善に伐ること無く、労を施すこと無けん。子路曰く、願わくは子の志を聞かん。子曰く、老いたる者は之を安んじ、朋友は之を信じ、少き者は之を懐けん。

子路はもと遊侠の徒であった。だからガラがわるい。オレの愛車や革ジャンをダチに貸してやって、それをボロボロにされても腹をたてないような男になりたいっす。孔子と顔淵とは困ったような顔をして苦笑する。いやはや子路らしいな、と。お里が知れるといったところである。が、子路にしてみればどうして笑われちゃうのかさっぱりわからない。子路は空気が読めない単細胞なのだろうか？

顔淵のいかにも優等生らしい模範解答には、もちろん文句のつけようはない。だが、その文句のつけようのないところが、どうしようもなくつまらない。自分の答えがつまらないっていうことに、はたして顔淵は気づいているのかなあ。もし気づいていないとしたら、顔淵のほうこそ空気が読めないやつなんじゃないだろうか。

子路にせがまれ、孔子はいう。先輩とは気がねなく、同輩には頼りにされ、後輩からは慕われる、そういう人間でありたい、と。八方美人になりたいわけではない。自分の「こころ」をいつわらず、それでいて自然にだれとでも「なかよく」なれる人間でありたい。

「自分そのもの」なんて、どこにも存在しない。老人にとっての若輩であり、同輩にとっての仲間であり、子どもにとっての先輩であるというふうに、「自分はだれにとっての特定の他人でありえているか」ということが重要である。自分みがきに躍起になっている子路や顔淵に、孔子はこう教えたかったんじゃないだろうか——生きている意味はなにかという問いの答えは、「自分はだれにとってかけがえのない他人でありえているか」という問いのなかにしか見つからないんだよ、と。

27

世も末だな。みずからのミスに気づき、みずからを責めることができるものに、とんとお目にかかれない。

子曰く、已（や）んぬるかな。吾（わ）れ未（いま）だ能（よ）く其（そ）の過（あやま）ちを見て内に自ら訟（せ）むる者を見ざるなり。

みずからの「こころ」をかえりみれば、どうしたって自責の念にかられざるをえない。ぼくは自分に甘い。自分をむやみに責めたくはない。せめて自己顕示欲をひかえるくらいでご勘弁ねがいたい。

マジメすぎるひとは、ほうっておくと自分を責めつづける。自分を責めだすとキリがない。責める材料はいくらでもでてくる。反省が反省をよんで、どんどん自分のことが嫌いになってくる。伯夷(はくい)・叔斉(しゅくせい)のように、すんだことは忘れたらどうだろう(23)。むやみに自分を責めないほうがよい。自分を責めすぎないためにも、「もういいよ」といってくれる友人や家族は必要だとおもう。

28

十戸ほどの田舎の村にも、わたくしくらい律儀なものはきっといるだろう。しかし、わたくしほど学問が好きなやつはめったにおるまい。

子曰く、十室(じっしつ)の邑(ゆう)、必ず忠信、丘(きゅう)が如(ごと)き者有らん。丘の学を好むに如(し)かざるなり。

勉強好きという点ではだれにも負けないと孔子はいう。学問するくらいしか能がないのだ、と卑下しているのだろうか？　ちがうとおもう。この孔子の言葉は読書人としての矜持(ほこり)のあらわれだろう。並々ならぬ自負の念が伝わってくる。

おのれを知ることは、このうえなく大切である。ただ、そこに自足してはならない。「学ぶ」ことが好きなものには、そこからさらに可能性がひらけてくる。

ちょっと一息 2

紀元前5世紀のおわりころから紀元前3世紀のおわりころまでの200年間くらいを「戦国時代」という。のべつ戦争に明け暮れていたというわけでもない。群雄割拠する時代であったということである。

この時代にはさまざまの思想学派が起こった。いわゆる諸子百家である。そのひとつに儒家がある。これは礼という「とりきめ」によって社会に秩序をもたらし、安定させようという学派である。この儒家の祖と目されるのが孔子である。

儒家は戦国時代には諸子百家のひとつにすぎなかったが、漢帝国がその教えを「国教」とさだめた。秩序を柱とする儒家の教えが権力の維持に好都合だったからだろう。ここにおいて儒家は儒教となる。

爾後（じご）、朝廷の官につくべき「士」は、すべからく儒教を身に体現するものであらねばならなくなる。そののち王朝はつぎつぎ替われども、儒教は二千余年にわたって重んぜられつづけた。したがって孔子もまた聖人でありつづけた。

雍也第六

ひとの上にたつものの心得

子曰く、雍や南面せしむ可し。

1

――仲弓はひとの上にたてる器である。

天子や諸侯は南むきで坐る。いきおい臣下は北むきに坐ることになる。院の御所を守護する侍を「北面の武士」という所以である。「南面せしむ可し」とは、一国の君主になってもおかしくない器量であるとズバッと断言しているのである。

本篇には門人たちの逸話があつめられる。ひとの上にたてる器とはどういうものか、じっくり吟味してゆこう。

2

仲弓に子桑伯子についてたずねられて、「まずまずだ。コセコセしていない」。
「自分にはきびしく他人には寛大であるというがよいのでしょうか。おのれに甘く、ひとにも甘いというのではまるでチャランポランですから」。
「いかにもそのとおりだ」。

仲弓、子桑伯子を問う。子曰く、可なり。簡なり。仲弓曰く、敬に居て簡を行ない、以て其の民に臨むは、亦た可ならずや。簡に居て簡を行なうは、乃ち大簡なること無からんや。子曰く、雍の言然り。

ひとの上にたてる器である仲弓が、いささか甘いのが玉に瑕だとおもっている子桑伯子についてたずねる。おおらかでよいね、と孔子は及第点をあたえる。「私」はしっかり「公」はおおらかというのはよいですが、「私」はおおらか「公」もおおらかというのではおおらかすぎるんじゃないでしょうか、と仲弓。こりゃ一本取られた、と孔子。

ぼくは自分に甘く他人にも甘い、まさに大甘である。「可なり」といってもらえそうにない。ぼくへの当てつけのような「おのれに甘く、ひとにも甘いというのではまるでチャランポランですな」という言葉をしみじみ味わっていたら、いささか言い訳めいた感想が浮かんできた。

ノンビリできる状況にあるときノンビリするのはよい。ノンビリしておれない瀬戸際にあってノンビリしているのはただのグータラである。うん。ちゃんと状況をわきまえられないものはノンビリする資格なんてないんだろうけど、でも仲弓くん、ノンビリしてよいときにノンビリできるっていうのも大事だとおもうよ。

3

魯の哀公に「弟子のなかでだれが学問好きかな」とたずねられて、「顔淵というものがおりまして、学問好きでありました。腹だちまぎれにひとに八つ当たりすることはなく、おなじようなミスをくりかえすこともありませんでした。惜しいことに早死して、もうおりません。かれ亡きあと学問好きといえるものにはついぞお目にかかりませんなあ」。

哀公問う、弟子、孰をか学を好むと為す。孔子対えて曰く、顔回なる者有り、学を好む。怒りを遷さず、過ちを弐たびせず。不幸、短命にして死せり。今や則ち亡し。未だ学を好む者を聞かざるなり。

冷静に考えれば怒るほどのことじゃないんだけど、冷静になれるくらいならはなから怒らない。いったん怒りモードになると、坊主憎けりゃ袈裟まで憎いとばかり、なにもかも怒りの色に染まってゆく。そうやって当たり散らしていると怒りはだんだん加算的になる。たんに量的に加算されるだけではなく、しばしば質的に相乗的になる。そんなふうにキレるやつのそばにはだれも寄りつかなくなる。
ぼくは小心者なので「ひとに八つ当たりしない」ってのはたぶん大丈夫。でも、いい加減だから「おなじようなミスをくりかえさない」ほうはまるで自信がない。顔淵の爪の垢を煎じて飲むべきだけど、そもそも人間はミスをおかす生きものであって、ミスだって自分の人生の一端なんだから、そんなに目クジラをたてなくてもよいとおもっている。

負け惜しみをいっているのではない。「腹だちまぎれにひとに八つ当たりすることはなく」というのが、もし自分の不愉快さを他人に感じさせないようにふるまうことだとしたら、顔淵はさぞかしストレスがたまっただろう。しかも「おなじようなミスをくりかえすこともありません」という慎重居士でもあって、ストレスを発散させるのが苦手ときている。おまけに「学問好きでありました」と先生の期待を一身に背負っているもんだから、いよいよストレスはたまる一方である。顔淵が「惜しいことに早死」したのはそのあたりが原因だったんじゃないだろうか。プレッシャーに押しつぶされての早世だとすれば、秀才の悲劇である。

どっちみち顔淵のようには生きられっこないにせよ、たしかにリスペクトすべき人物ではある。怒りをおぼえても、その理由を考えればさらに怒りにかられることはない。ミスをおかしても、その原因を考えれば似たようなミスをくりかえすことはない。そういう姿勢を「学ぶ」というのだろう。

4

公西華（こうせいか）が斉（せい）に使者としておもむく。冉有（ぜんゆう）は公西華の母親の留守見舞いとして穀物をやってほしいとお願いする。

「二十日ぶんをやりなさい」。

冉有はもうすこし増やしてほしいという。

「五十日ぶんをあげなさい」。

冉有は勝手に一年ぶんをあたえる。

「公西華が斉に使いにゆくさい肥えた馬にまたがり軽やかな毛皮をまとっていたそうじゃないか。道理のわかったものは、困っているものを助けることはあっても、余っているものに足してやったりはせんものだ」。


子華（しか）、斉（せい）に使いす。冉子（ぜんし）、其（そ）の母の為に粟（ぞく）を請う。子曰く、之（これ）に釜（ふ）を与えよ。益（ま）さんことを請う。曰く、之に庾（ゆ）を与えよ。冉子、之に粟五秉（へい）を与う。子曰く、赤（せき）の斉に適（ゆ）くや、肥馬（ひば）に乗り、軽裘（けいきゅう）を衣（き）たり。吾（わ）れ之（これ）を聞く、君子は急を周（すく）うて富めるに継（つ）がず、と。

孔子はケチでいっているわけじゃない。公私の「けじめ」をつけているのである。冉有が友人の母のために留守見舞いをあたえるとき、孔子はそのあたえかたを見た。友情にほだされ、公私のけじめをわきまえず「余っているものに足してやったり」するようでは、ひとの上にたつことはできない。

5

孔子が魯の司法長官となったとき、原思がその所領の代官となり、俸禄として九百の穀物をあたえたところ、辞退するので「そういわず、隣近所に分ければよい」。

原思、之が宰と為り、之に粟九百を与う。辞す。子曰く、毋かれ、以て爾が隣里郷党に与えんか。

代官の手当として九百の穀物は正当であり、「公」の俸給として受けとって当然である。多すぎるというなら、「私」の裁量において隣近所にくばってやればよい。

「すぐやるべきでしょうか？」とたずねられ、子路には「よく考えろ」とブレーキをかけ、冉有には「すぐにやれ」とアクセルをふむ（先進22）。相手によってアドバイスは変わってくる。

孔子が亡くなる。原思は世をさけて草ぶかい沼地にひっこむ。子貢は衛の宰相として車馬をつらね、雑草をかきわけ、むさくるしい場末におもむき、原思をたずねる。原思はボロボロの身なりで子貢をむかえる。子貢は「先生、ご病気ですか」とあざける。原思は「聞くところによれば、財産のないものを貧乏といい、道を学びながらそれを実践できないものを病気というらしいね。わたくしは貧乏だが病気ではない」。子貢は恥じ入り、死ぬまで失言を悔やんだ。

『史記』「仲尼弟子列伝」の一節である。原思はどうやら清貧の士であったらしい。

6

先生は仲弓を評して「農耕用の牛の子であっても毛並みが赤くて角が立派なら、祭祀に使うまいとおもっても山川の神々がほうっておきはせん」。

子、仲弓を謂いて曰く、犂牛の子、騂くして且つ角あらば、用うること勿からんと欲すと雖も、山川其れ諸を舎てんや。

出自の卑賤などというのは「私」の問題にすぎない。「公」の評価はあくまでも人物本位でなされねばならない。鳶が産んでも鷹は鷹である。

7

顔淵よ、とにかく三ヶ月間、相手の身になって考えることをこころがけて生きてごらん。するとほかのことは日を追って、あるい

子曰く、回や、其の心三月仁に違わざれば、其の余は則ち日月

――は月を追って、いつのまにか身についてくるから。

――に至るのみ。

とりあえず三ヶ月間、「私」の生活において、相手の身になって考えるようにこころがけて暮らすようにしてごらん。そうすると、その余得というのかなあ、「公」の場にあっても自然とおもいやりをもってふるまえるようになるもんだよ、と愛弟子をさとす。

根っこのところさえ押さえていれば枝葉のことはほうっておいても身についてくる。しかし根っこを押さえることは枝葉のことをやるよりもむつかしい。これがホントに「根っこ」なのかどうか、これではたして「やれている」のかどうか、なかなか安心できない。で、とりあえず三ヶ月間と努力期間をかぎって、むつかしいことにチャレンジしてみる。すると「おお、こんなに成長していたのか」と実感できる。

8

魯(ろ)の季康子(きこうし)がたずねる「子路(しろ)は政治をまかせられるか」。
「かれは決断力があります。まかせても大丈夫です」。
「子貢(しこう)は政治をまかせられるか」。
「かれは判断力があります。まかせても大丈夫です」。

季康子(きこうし)、問う、仲由(ちゅうゆう)は政(まつりごと)に従わしむ可(べ)きか。子曰く、由(ゆう)や果(か)なり。政に従うに於(お)いて何か有らん。曰く、賜(し)や政に従わしむ可きか。曰く、賜や達(たつ)なり。

「冉有は政治をまかせられるか」。
「かれは処理力があります。まかせても大丈夫です」。

政に従うに於いて何か有らん。曰く、求や政に従わしむ可きか。曰く、求や藝あり。政に従うに於いて何か有らん。

9

いったい政治家にもとめられる資質には、決断力（果）・判断力（達）・処理力（藝）という三つがあるが、現実にはそのうち一つがあれば用が足りる。三人の弟子はそれぞれ使いみちがある、と孔子は太鼓判を押す。
ふだんの「私」のありかたを見ていれば、かれらが「公」の場にあっても大丈夫なことはわかる。

魯の季氏が閔子騫を費という所領の代官にとりたてようとする。
閔子騫がいう「うまくことわってください。もしまた召されるようなことがあれば、わたくしは斉との国境の汶川のほとりに逃げます」。

季氏、閔子騫をして費の宰為らしめんとす。閔子騫曰く、善く我が為に辞せよ。如し我れを復たたびする者有らば、則ち吾れ必ず汶の上に在らん。

わたくしのためにことわってください、と閔子騫はいう。「私」の修養がいまだ未熟であるのに「公」の仕事にはつきたくないのである。

10

冉伯牛が不治の病にかかる。先生は見舞いにゆかれ、窓からその手をにぎって「お別れだ。なんともやりきれないよ。キミのようなひとがこんな病気にかかろうとはなあ。キミのようなひとがこんな病気にかかろうとはなあ」。

伯牛、疾有り。子、之を問う。牖より其の手を執りて曰く、之を亡わん。命なるかな。斯の人にして斯の疾有り。斯の人にして斯の疾有り。

生まれたものは、かならず死ぬ。死はもっとも「私」の出来事であるが、それが理不尽にふりかかってきたとき、ひとはそこに「公」の意の有無をただしたくなる。不可避のことがらである死の意味を考えることが、はたして人間にはゆるされているのだろうか。

　孔子の「命なるかな」という悲痛な言葉と、若いときに旅をした奥州路を老境に達してから再訪した西行の「年たけてまた越ゆべしと思ひきや命なりけり小夜の中山」という歌とは、魂の深いところで共鳴しているような気がしてならない。どうしようもないという諦観は、「命なるかな」「命なりけり」といった俗情すれすれの言葉としてしか吐露しえないのかもしれない。

11

偉いなあ、顔淵は。まずしい食いもの、とぼしい飲みもの、むさくるしい路地裏住まい。並みのやつじゃ辛抱できんだろう。ところがかれはじつに楽しそうだ。偉いよ、顔淵は。

子曰く、賢なるかな回や。一箪の食、一瓢の飲、陋巷に在り。人は其の憂いに堪えず。回や其の楽しみを改めず。賢なるかな回や。

顔

淵は粗末な食いものや狭苦しい住まいという私生活をこころから楽しんでいる。世間の物差しをあてがえばどう見ても苦しいはずなのになんだか楽しそうに見えるのは、ことさら苦しさに耐えているわけじゃなくて、じっさい楽しいとおもっているからである。

正直にいうと、非の打ちどころのない優等生の顔淵はちょっと苦手である。こういう完璧なところが欠点というタイプは敬して遠ざけたい。しかしながらこの一章は大好きである。一介の貧書生としては、ここにえがかれる顔淵のありかたをたんなる絵空事だとはおもいたくない。

ひとはしょせん等身大の楽しみしか楽しめない。なにかのまちがいで億万長者になってみても、けっきょく好きな本を読んだり、たまに酒を飲んだり、親しい友だちとしゃべったりするくらいしか、やりたいことは浮かばない。いきなり無一文になったとしても、ゆるされる範囲で、本を読み、酒を飲み、友だちとしゃべるだろう。

道ばたの花を見て、なんにも感じないひともいれば、「咲いてるね」と気づくひともいれば、「おもしろいなあ」と楽しむひともいる。なにも感じなければそれまでである。道ばたに花が咲いているというほんのささいな出来事でも、それを「おもしろい」とおもえるようでありたい。

本当の飯の味が知りたいなら、冬少しこごっている位のひや飯へ水をかけて、ゆっくりゆっくりと沢庵で食べて見ることじゃ（子母澤寛『味覚極楽』中公文庫・二六頁）

寄る年波か、粗食のほうが口に合うようになってきた。「まずしい食いもの、とぼしい飲みもの」でもけっこう平気である。みぎの文を妻に読ませてみたら、「カレーは一晩おいたほうがおいしいのよね」といわれ、なんの話をしていたのかわからなくなった。

12

冉有がいう「先生の教えがありがたくないわけじゃなくて、わたくしの力ではついてゆけないだけなのです」。

「力の足りないものは途中でへたばる。いまおまえは自分で自分を見限ったのだ」。

冉求曰く、子の道を説こばざるには非ず。力足らざるなり。子曰く、力足らざる者は中道にして廃す。今、女画れり。

13 冉有は見込みがある。ただし「力が足りない」とおもうなら、つづけて「じゃあ、どうすればよいのか」と悩むべきである。悩めるようなら、冉有は見込みがある。

「あきらめましたよどうあきらめた　あきらめきれぬとあきらめた」という都々逸がある。あきらめるのをあきらめたというのは、要するにあきらめないということである。ただし、積極的にあきらめないのではなく、あきらめるという仕方であきらめないのである。

ぼくはガンバれない性格のせいか「あきらめる」という決定に共感しがちである。ちっぽけな個人の力ではどうしようもない現実がせまってきたとき、その圧迫に耐えることには限界がある。ぼくは「もうダメ」とおもったら、わりと簡単にあきらめる。

強くなろうとガンバってはいけない。強くなることとガンバることとは相容れない。ガンバらなくたって、ひとはそれぞれ強さをもっている。ぼくの場合「あまり無理せず、さっさとあきらめられる」という強さをもっている。同僚諸氏を見ていると「納得できないことはとことん追究し、けっしてあきらめない」というタイプが多い。うまくゆかずイライラしながら、なかなかギブアップしない（というか、できない）。ぼくなら「ま、いっか」ですませることを、やたらとガンバる。ぼくの強さを見習ってほしい。

子夏にさとして「理想をもとめて精進する教養人となれ。私利私欲にはしるケチくさい小役人になってはいかん」。

子、子夏に謂いて曰く、女、君子の儒と為れ、小人の儒と為る無かれ。

どこからか「おのれのポリシーをつらぬく学究であれ。俗ウケをねらうタレントになるなかれ」という声が聞こえてくる。なにかにつけて大袈裟なのはいただけない。大きな身ぶりは大根役者がそのヘタさを糊塗するためのいちばん安易な手段である。

14

子游が魯の武城の代官となる。
「よい人材を見つけたか」。
「姓は澹台、名は滅明というものがおります。どこへゆくにも裏通りをゆきませんし、用事がないかぎり部屋にやってきません」。

子游、武城の宰と為る。子曰く、女、人を得たるか。曰く、澹台滅明なる者有り。行くに径に由らず、公事に非ざれば未だ嘗て偃の室に至らざるなり。

澹台滅明という男、公私の「けじめ」をわきまえている。公務をこなすさい人目をさけてこそこそ裏道をいったりしない。だれの目にもわかるように正正堂堂と大通りをゆく。また公用がなければ上司の部屋をたずねたりしない。さもしく取り入ろうという私心がない。
かれは目的地にまっしぐらであって、途中で居酒屋に寄って一杯ひっかけたりしない。仕事は仕事と割りきっている。なんだか息苦しいが、まあ仕事人として有能であることはみとめる。ぼくが子游の立場だったら、ぼくではなく澹台滅明をやとう。子游の人間観察の鋭さを味わうべき一章である。ここでの主人公は澹台滅明ではなく、じつは子游である。

それにしても仕事をはなれたときの澹台滅明はどういう人物なのだろう。かれみたいな堅物を無理矢理に居酒屋にさそって一献かたむけながら本音を聴いてみたい。意外と可愛げのある人間なんじゃないかなあ。

研究に人生のすべてをかけている研究者がいる（ぼくではない）。そういう研究者だって、四六時中、研究ばっかりしているわけじゃない。たまには息抜きもするだろう。ぼくの場合、研究しているよりも息抜きの時間のほうがながいというだけの話である（研究のスタイルのちがいでしかない）。

15

子曰く、孟之反、伐らず。奔りて殿たり。将に門に入らんとするや、其の馬に策って曰く、

孟之反は功をほこらない。敗けいくさの「しんがり」をつとめ、ようやく城門にたどりつくと、馬にムチをくれながら「好きこのんでしんがりをつとめたわけではござらん。この馬がすすまなん

だのですわい」。

敢えて後るるに非ず。馬進まざるなり。

すばらしい手柄をたてながら、そのことを自慢しない。公の責務をはたすべく覚悟をもってやったわけじゃなくて、たんなる「なりゆき」という私の事情でそうなってしまったにすぎないと頭をかく。

美談である。が、なんとなく背中がこそばゆい。困難な仕事をやってのけたあとで「やりたくてやったわけではない」というのは、あからさまに謙虚である。ちゃんと評価してくれよと手のこんだ自慢をしているように聞こえる。「つまらんものですが」といって豪勢な贈りものをするみたいである。

だまって「しんがり」をつとめておけばよい。もしくは「オレにまかせろ」といって有言実行すればよい。わざわざ馬にムチをくれながら弁明するのって、なんかイヤらしい。

16

衛の祝鮀のような弁舌もないのに宋の宋朝のような美貌だと、このご時世をつつがなく乗りきるのはむつかしい。

子曰く、祝鮀の佞有らずして、宋朝の美有らば、難いかな、今の世に免れんこと。

17

孔子は能弁な人間が好きでない。とはいえ「もし宋朝のような美貌なら、せめて祝鮀のような弁舌がないとヤバい」のが現実であって、時と場合とによってはさすがの孔子も弁舌の必要性をみとめざるをえない。ひとに優越するところがあるとき、それを納得させておかないと陰でなにをいわれるかわからない。

ここにいたり、ぼくはハタと膝を打った。前章を読みそこなっていた、と。

見事に「しんがり」をつとめた孟之反(もうしはん)は、それがしの功績ではござらんと弁明する。逆説的に自慢しているみたいでイヤらしいと文句をつけてしまったが、それは酷であった。弁明しないでだまっていると、どうせ功名心で「しんがり」をつとめたんだろ、と痛くもない腹をさぐられかねない雰囲気だったのかもしれない。孟之反が弁明したのは、だまっていると「いいカッコをしやがって」といわれそうなので、それを先手をとってふせいだのだろう。「宋朝の美」のような武功をたててしまったからには「祝鮀の佞(ねい)」めいた弁明をふるうのも仕方なかったのかもしれない。

イケメンであることは、だれでも見ればわかる。そういう公のアドバンテージをもっていると、どうしても「やっかみ」をまぬがれない。だから私的な場面においてイケメンをうまくおさえるようなエクスキューズができないと、とうてい無事ではすまない。イケメンはつらいよ。

外にでるとき戸をとおらないものはない。それなのにどうしてこの道をとおろうとしないのか。

子曰く、誰か能く出づるに戸に由らざらん。何ぞ斯の道に由ること莫きや。

公の場にあって人間らしくふるまうためには、私の生きかたにおいて優しさをもっていなければならない。この自明のことをなにゆえに世間はないがしろにするのだろう?「病めるもの、わがもとに来たれ」といったところで、孔子は医者ではないからだれも来ない。「悩めるもの、わがもとに来たれ」といったところで、孔子はカウンセラーではないからだれも来ない。「貧しきもの、わがもとに来たれ」といったところで、孔子は資産家ではないからだれも来ない。では、いったいだれが来るというのか。

孔子に学ぼうとするものだけがその門をたたく。孔子は「学びたいというおもいがホンモノであるなら、わたくしのところに来るしかない。それ以外に道はないはずだ」という自負をもっている（それは教師にとって必須の錯覚だとおもう）。

18

中身が外見をこえるのは野暮ったい。外見が中身をこえるのはキ

子曰く、質、文に勝てば則ち野。

ザである。中身と外見とのちがいを意識させないのが紳士である。

文、質に勝てば則ち史。文質彬彬として、然る後に君子たり。

シャレなのはよいが、カッコばかりなのは軽薄である。朴訥なのはよいが、なりふりかまわないのは粗野である。要するに、中身が充実していながら外見を装飾しないとき、はじめて魅力が生ずる。バカやってるけど根っからバカなわけじゃない、と。

見た目だけではなく、生きかたもまたそうである。私の本音をいいつのるのはワガママである。公の建前にとらわれるのは堅苦しい。私と公とのバランスをほどよくたもっているのがオトナである。「お役所仕事」という言葉がある。かたくなに決められたとおりの手順でしかものごとをしないという、人間味にとぼしい、まことに融通のきかないやりかたのことである。

内容が形式をしのぐのは野人である。形式が内容をしのぐのは役人である。内容と形式とが釣りあっているのが、まともな人間である。

ちょっと溜飲がさがった。こんなところで溜飲をさげても仕方ないんだけど。

19

正直であれ。正直でないのに無事だとしても、それはラッキーなだけだ。

子曰く、人の生くるや直たれ。之れ罔くして生くるは、幸いにして免るるのみ。

公社会にあって上手にたちまわっても、おのれをいつわって生きていれば、私生活においてこころが腐ってくる。

正直者がハッピーになれるというほど世のなか甘くない。むしろ正直者がバカをみるようにできているのかもしれない。そうであるとしても、おのれをいつわってふるまうよりも、ちょっとくらいバカをみても正直に生きるほうが、こころが楽である。

ズルくたちまわって、ひどい目にあわなくても、たんにラッキーなだけである。そこへゆくと正直という生きかたにはラッキーとアンラッキーという区別はない。ラッキーにふりまわされることがないって、じつはハッピーなことじゃないだろうか。どうせ生きてゆくなら素直にやろう、と素直に読んでおこう。

20

それを知っていることは、それを好むことにはかなわない。それを好むことは、それを楽しむことにはかなわない。

子曰く、之(これ)を知る者は、之を好む者に如(し)かず。之を好む者は、之を楽しむ者に如かず。

なにかをするとき、その仕方には三つの段階がある。「知る」という対象を意識する段階。「好む」という対象に欲求をもつ段階。「楽しむ」という対象と一体化する段階。これら三段階は逐次的なものであって、一足飛びに第一から第三へはゆけない。

「知る」とは、「やろう」という意識をもつことである。「好む」とは、「やりたい」という欲求をもつことである。「楽しむ」とは、なんとなく「やっちゃっている」という境地にあることである。

公的に通用するようにやるためには、なにはさておき対象を客観的に「知る」ことが必要である。たとえば仕事がそうである。私的に楽しむためには、みずからが対象を切実に「好む」ことが必須である。たとえば遊びがそうである。公私の別にかかわらず、いつのまにか対象と一体化して「楽しむ」というありかたがあるとすれば、たとえば子育てや親孝行などがそうなのかもしれない。

21

中級以上のものには上級のことを教えてもよい。中級以下のものには上級のことを教えてはならない。

子曰く、中人以上には、以て上を語る可きなり。中人以下には、以て上を語る可からず。

並みの人間であれば一流のものの価値がわかる。並みにもとどかない人間にむやみに高級なものを押しつけてもムダである。ものの真価はそれに見合ったレベルにまでこないとわからない。身もフタもないけど、なるほど掛け値のない事実だろう。

ひとを格づけしてもつまらない。ぼくは自分が何流かなんていうことには興味がない。それかあらぬか、相手の器量をおもんぱかって語るという藝当がぼくにはできない。どんな学生もみな対等の存在としてあつかってしまう。そういうふうに向きあわないとなんにもしゃべれない（しゃべる気になれないというほうが正確かもしれない）。自分の器量でひとを区別するのがとりあえず苦手なのである。そういう性分だとしかいいようがない。しかしこれは自信をもっていうが、「ボスはおれだ」というノリではまかりまちがっても学問は語れないとおもう。

孔子のいう中級とは、人間のレベルのことではなくて、たんなる公的な身分のことかもしれない。ここでは教育のやりかたを談じているのではなく、組織における情報処理のありかたを論じているだけだったりして――大事な会議は管理職のみでおこなう。会社の機密事項を下っ端には教えない。「下々には信じさせるべきだが、そのわけを知らせることはない」（泰伯10）とあるように、下々にうっかり情報を漏らすとろくなことはない。イヤらしい読みだが、そういう現実もありそうな気はする。

22

樊遅に賢い生きかたについてたずねられて、「やるべきことをきちんとやり、神仏をうやまいながらも、これに甘えようとしない。そういうのを賢い生きかたという」。人間らしい生きかたについてもたずねられて、「まずはやってみて、その結果は二の次とする。そういうのを人間らしい生きかたという」。

樊遅、知を問う。子曰く、民の義を務め、鬼神を敬して之を遠ざく。知と謂う可し。仁を問う。子曰く、仁者は難きを先にし獲るを後にす。仁と謂う可し。

公の場では、やるべきことをきちんとやり、神秘的なこととは距離をおく。それが賢いやりかたである。私の場では、とりあえずやってみて、その結果はしっかり受けとめる。それが人間らしい生きかたである。

計算できないことについて神頼みはしない。やるべきことをやり、その結果はあるがままに受けいれる。「計算はずれが起こりうることをやってなんになる」と知識人はいうだろうが、そういう姿勢では人格者にはなれんぞ、と孔子はいいたいんだとおもう。

23

子曰く、知者は水を楽しみ、仁者は山を楽しむ。知者は動き、仁者は静か。知者は楽しみ、仁者は寿(いのち)ながし。

むかしから「知識人は水を楽しみ、人格者は山を楽しむ」という。知識人はハツラツとうごきまわり、人格者はドッシリとかまえる。知識人はいまのよろこびを明らかにし、人格者はいつまでも安らかであろうとする。

頭でっかちの知識人は「公」の場にあらわれ、はなやかに活動する。水が流れるように能動的にはたらく。地に足の着いた人格者は「私」の場にしりぞき、おだやかに休息している。山のはぐくむ豊かさを受動的に味わいながら天寿をまっとうする。

一定の「知」的水準をたもつためには、新しい研究につねに目くばりをおこたらぬようにせねばならない。そのつど積極的にうごきまわらないと落ちこぼれてしまう。「仁」愛であることは意志的に努力すべきことではない。そういう境地にあれば、あるがままに優しくありつづけられる。

芭蕉は「山は静(しずか)にして性をやしなひ、水がうごひて情を慰(い)す」という（「洒落堂記(しゃらくどうのき)」）。山は静であって、こころの本体である「性」をやしなう。水は動であって、こころの作用である「情」をなぐさめる。山には山のおもむきがあり、水には水のよさがある。人間にも、ドッシリと落ち着いているタイプもあれば、キビキビと軽やかにうごくタイプもいる。芭蕉はふたつのタイプに優劣はないとみなしている気配である。

孔子は知者よりも仁者のほうに軍配をあげる。孔子におもねるわけではないが、ぼくも流れゆく水よりも動かない山のほうが一枚上手だとおもう。ぼくは同僚から「動かざること山田のごとし」といわれている。もっとも、ぼくのような怠けものとちがってホンモノの大人物の場合は、自分はうごかなくても不思議とまわりの人間がうごいてくれる。なんにもしないのがかえってよいのである。なんにもしないから、なんでもしてもらえる。

24

斉(せい)は一皮むければ魯(ろ)になれるだろう。魯は一皮むければ理想にとどくだろう。

子曰く、斉(せい)、一変せば魯(ろ)に至らん。魯、一変せば道に至らん。

商業経済をよりどころとする斉は、すっかり物質主義にまみれている。農業経済にもとづく魯には、まだ精神文化がのこっている。魯がちょっと変われば、あるいは周の遺風がよみがえるかもしれない。

「一皮むければ」と訳してみたが、「一皮むけば欲のかたまりだ」というふうに使うことが多いから、どうも適切ではなさそうである。ヘタに一皮むくと正体がバレてしまう。うっかり一皮むいたりせず、ほうっておいたほうがよいっていうこともあるから要注意。

25

――ちいさい杯がちいさい杯でなくなった。ちいさい杯はどこへいったやら。

――子曰く、觚、觚ならず。觚ならんや、觚ならんや。

でっかい杯で飲むなら、杯のサイズに応じて「觶・角・散」などの名でよぶべし。でっかい杯でやりながら、あたかも「觚」というちっちゃい杯でやっているかのように見せかけるのはけしからん。「言葉の使いかたを正しくする」(子路3)ということである。

私生活であれば、どんな杯で飲もうと勝手である。しかし公の祭りのさい、ちっちゃい杯でチビチビなめるべきなのに、でっかい杯でグビグビあおるのはよろしくない。でっかい杯でやりながら、ちっちゃい杯でやっているかのように見せかけるようでは、もう礼もへったくれもない。

26

宰我がたずねる「井戸のなかに真理があるといわれたら、人格者は井戸に飛びこんだりするのでしょうか」。「そんなバカなことをするはずがあるまい。理性的な人間は、現場に近づかせることはできても、判断をくるわせることはできない。興味をいだかせることはできても、分別をうしなわせることはできない」。

宰我、問うて曰く、仁者は之に告げて井に仁有りと曰うと雖も、其れ之に従わんや。子曰く、何為れぞ其れ然らん。君子は逝かしむ可きも、陥らしむ可からざるなり。欺く可きも、罔う可からざるなり。

人格者といわれるような御仁は、公的に「これが正しい」といわれたら、私的には「ちがうだろう」とおもっても、やみくもに飛びこんじゃうんでしょ？　イヤ味なたずねかたである。なるほど人格者はそういう見えすいた茶番にひっかかりやすそうではある。

人格者はたいていお人好しであって、うかうかとダマされがちである。しかしながら、ダマされることはあっても、バカにされることはない。ダマされるのは賢くないけど、けっして醜くはない。

宰我の問いは、人格者がつれてゆかれるといっているのではなく、人格者がみちびく対象のことをいっていると読むことはできないだろうか。そう読むとこれは人格者がひとを教えるさいのやりかたのことになる。

人格者の教えかたは、「ほら、おもしろそうだろ」と好奇心をかきたてはするが、そこからさきのことは本人の自主性にまかせる。いかがわしい宗教に勧誘するように「もうこれしかない」と思慮分別をなくすまで洗脳し、のめりこませるようなことはしない。

真理というものは光のとどかない暗いところに隠されてはいない。明るいところに歴々としている。教師は「井戸のなかに真理がある」といった誘いかたはしないものである。

27

道理をもとめるものは、本を読むことによって知識をおさめ、そうやって得られたものを礼の実践によってまとめるから、道理からはずれることがない。

子曰く、君子、博く文を学び、之を約するに礼を以てせば、亦た以て畔かざる可きか。

本を読んで得られた知識は、そのままでは雑多な情報の断片でしかない。「私」の生活における読書によって知識を仕入れたら、それを「公」の場における規範をふまえて身をもって表現することによって、はじめて教養として身につく。そういう生きかたをしていれば、道理をふみはずすことはない。「他人から学ぶばかりで自分で考えなければ、その知は浅い。自分で考えるばかりで他人から学ばなければ、その知は狭い」（為政15）ということである。

28

先生がとかくのウワサのある南子（なんし）にお目どおりする。子路（しろ）は気に食わない。先生は子路にちかう「よからぬところがあるならば、天がわれを見捨てるだろう、天がわれを見捨てるだろう」。

子、南子（なんし）に見（まみ）ゆ。子路（しろ）、説（よろこ）ばず。夫子（ふうし）、之（これ）に矢（ちか）いて曰く、予（われ）に否（しからず）とする所の者あらば、天之（これ）を厭（す）てん、天之を厭てん。

ただ「子、南子に見ゆ」と素っ気なくのべられているが、野次馬根性をたくましくして『史記』「孔子世家」の当該箇所をのぞいてみよう。

霊公の夫人を南子という。ひとを孔子のもとにつかわしていわせる「四方の君子で、わが君と兄弟のように親交することを厭（いと）わないものは、かならず君主の夫人にお目にかかるという習わしになっております。夫人もまたおあいしたいとのことです」。孔子は辞退したが、あわざるをえないことになった。夫人は帷帳（とばり）のなかにいた。孔子は門をはいると、北にむかってお辞儀をする。夫人も帷帳のなかで再拝する。腰につけた飾り玉がさわやかに鳴った。孔子はいう「あうまいとおもっていたのだが、しょうがなくあって礼をつくしたまでだ」。子路は不満であった。先生はこうちかった「わたくしにうしろめたいことがあれば、天はわれを見捨てるだろう、天はわれを見捨てるだろう」。

南子の様子をただ「環珮の玉声璆然たり」とのみえがくあたり、まるで見てきたようなウソという感じだが、司馬遷の筆は冴えている。それにしても孔子ともあろうものが「あいたくてあったわけじゃなく、しょうがなくあったまでだ」と見苦しく言い訳したりするだろうか。それをさせているところに司馬遷の意図をおもわざるをえない。

谷崎潤一郎に『麒麟』という短編がある。よりによって本章を題材にえらんだのは、谷崎もまた孔子の不行跡を想像したのだろう。小説はつぎのようにむすばれる。

　翌くる日の朝、孔子の一行は、曹の国をさして再び伝道の途に上つた。
「吾未見好徳如好色者也。」
　これが衛の国を去る時の、聖人の最後の言葉であつた。此の言葉は、彼の貴い論語と云ふ書物に載せられて、今日迄伝はつて居る。

「内面のうつくしさを愛することが外形のうつくしさを愛するほどであるようなひとを見たことがない」（子罕18）という言葉でむすばれているところに、谷崎のこころが推しはかられる。

29

中庸(ちゅうよう)の徳はすばらしい。すたれて久しいけれども。

子曰く、中庸(ちゅうよう)の徳為(た)るや、其(そ)れ至れるかな。民鮮(すく)なきこと久し。

『論語』のなかに「中庸」の語があらわれるのはこの一箇所だけである。参考までに『中庸』をのぞいてみよう（金谷治訳注『大学・中庸』岩波文庫・一四九頁）。

舜(しゅん)はじつに偉大な知者だね。舜はひとに問うことを厭わず、身のまわりの卑近なこともよく吟味し、悪をおさえて善をあらわし、ものごとの両極端をとらえて、その中ほどを人民のあいだに適用した。このことによって舜（充実）とよばれたのだろう。

中庸とは、ものごとの両端を捨て去るのではなく、むしろ両端をしっかりと把握して、その中ほどをもちいるのである。右でも左でもないが、どっちつかずの中途半端でもない。右も左もつつみこみ、右でも左でもあるような、さらにレベルの高いありかたである。

「中身と外見とのちがいを意識させないのが紳士である」(18)とあったが、文と質という両端のどちらかにかたよってはいけない。文と質という両端をうまくつつみこんで、はじめて中庸でありうる。両端の対立は、論理的に矛盾したものではなく、実践的に折中できるものである。

中流であるためには、ホントの貧しさとホントの豊かさという両端をわきまえ、どちらの両端も傷つけず、その中間に位置しながら、しかも主体性をたもって生きてゆかねばならない。つらつら世間をながめるに中庸のひとはとんと見あたらない。いまや中庸の徳は「私」生活においてこころがけるべきものにとどまり、およそ「公」的な場にあってもとめうるものではなくなってしまった。

30

子貢がいう「ひとびとを豊かにすることができ、ひとびとを安らかにすることができれば、どうでしょう。人格者といってよいでしょうか」。

「人格者どころじゃない。それはもう聖人だ。堯や舜ですらかなわなかったことだ。人格者は、おのれが自立したいとおもえば、ひとを自立させてやり、おのれが到達したいとおもえば、ひとを到達させてやる。他人のことを自分のことのように考える。それが相手の身になって考えるというありかたである」。


子貢曰く、如し能く博く民に施して能く衆を済わば何如。仁と謂うべきか。子曰く、何ぞ仁を事とせん。必ずや聖か。堯舜も其れ猶お諸を病めり。夫れ仁者は己れ立たんと欲して人を立て、己れ達せんと欲して人を達す。能く近く譬えを取る。仁の方と謂うべきのみ。

相手のことを自分のことのように感じ、そして自分のことよりも他人のことを優先させる。ただしイヤイヤながらそうするのではない。自分の自立がただちに他人の自立であり、自分の実現がすなわち他人の実現である。他人（公）のよろこびを自分（私）のよろこびのように身近に感じるのである。

人生とは時間である。自分の時間を他人のための時間が侵食しはじめるとストレスがたまってくる。仕事だろうが育児だろうが、まずは最低限の自分の時間をキープしたうえでやらないと、なんだか不満だらけの人生になってしまう。もし可能であるなら、他人のための時間を「自分のためでもある時間」にしたいものである。そうすることができれば、どんどん他人のために時間をついやすことができる。

述而第七

教育をおこなうものの心得

1

古いものをひきつぎ、新しいものをでっちあげない。伝えられたものの価値を信じ、それを味わいつくす。殷の賢者の老彭はそのようなひとであった。

子曰く、述べて作らず。信じて古を好む。竊かに我が老彭に比す。

孔子は「五経」を手づから編んで後世にのこしたが、みずから書いたものはのこしていない。先人の「おもい」を受けとめ、それを伝えてゆくことは、われわれに課せられている。

クラシックとして評価のさだまったものについては、それを継承し、みだりに改竄しない。べつに禁欲一辺倒というわけじゃない。ひたすら述べるだけで作ろうとしないという窮屈なありかたでは、否応なく矮小化にはまりこみ、いきおい非生産的になってゆく。しっかり述べることによって作る以上のことをやってやろうというくらいの気合いでありたい。

述べるばかりではモノマネに堕するんじゃないかという心配はいらない。オリジナリティとは、いちいち頭で考えるまでもなく、もともと身体にしみこんでいる。古きよきものを自然に受けいれるとき、そこにおのずから生じてくるものがオリジナリティである。述べているばかりのようでも、じっさいは当人なりの独創があらわれている。

解釈とはじつは創造である。「述べて作らず」という姿勢でやっていると、おのずから作っている。そのことを大切にすべきである。ダメなのはことさらに「作ってやろう」とすることである。

ぼくが授業でしゃべることにオリジナルなものはほとんどない。先人の教えの受け売りばかりである。いつだって「如是我聞」という気分で講義をしている。そうやって教師が学びの当事者として「述べ」ているすがたを見ることによって学生は「学ぶ」ということの実態を知る。まず存分に述べることが先決であって作るのはそれからでも遅くないのだ、と。

孔子は「古典を学べ、必要なことはすべてそこにある」という。古典をきっちり学んで、それだけでおわってもかまわない。かまわないが、そういうことにはならない。古典をしっかり学んだら、かならず新しい世界にすすんでゆかざるをえない。古典とはそういうものである。

恥を忍んで私事をしるす。

ぼくの研究室の壁には、恩師である金谷治先生の揮毫にかかる書がかけてある。そこには墨痕あざやかに「述而不作」とある。ご退官のさい「山田くんにはこれだね」と手わたしてくださった。ご明察のとおり、先生はぼくのオッチョコチョイを懸念なさって「根拠のない妄想をたれながしちゃいけないよ」とさとしてくださったのである。ぼくが「述べて作らず」を座右の銘にしているということはだれにも知られていない（自分でも知らないくらいである）。

2

じっくり勉強し、しっかり修得し、きっちり教育する。なんとかやれないものだろうか。

子曰く、黙(もく)して之(これ)を識(しる)し、学びて厭(いと)わず、人を誨(おし)えて倦(う)まず。何ぞ我れに有らんや。

学者の三つのありかたが示されている。自分ひとりのときはだまって勉強し、先生について学ぶときはしっかり吸収し、弟子がいるときはきちんと教育する。

教育とは、高みにいる教師が未熟な学生をおもうままに仕込むことではない。教育とは、教師みずからの学ぶすがたを示すことによって、学ぶとはどういうことであるかを学生に悟らせることである。

原文の「何有於我哉」を「何か我れに有らんや」と読むと、「ちっとも困難なことじゃない」という自任の言として理解することになる。孔子くらいの偉大な教師であれば「こんなことは朝飯前だ」という自信タップリの物言いもゆるされるだろうが、ぼくみたいなヘナチョコ教師には口が裂けてもいえないセリフである。「何」を反語にとって「何ぞ我れに有らんや」と読んでおきたい。はたして自分にできているだろうか、と。むつかしいことではあるが、やってやれないことではないし、やらねばならない。

学者たるもの、日々の暮らしにおいて「インプットの充実につとめ、アウトプットの持続にこころがける」ことに留意すべきである。これは「やるべきだとわかっていて、なんとかやれそうなこと」である。

3

子曰く、徳の脩(おさ)まらざる、学の講ぜざる、義を聞きて徙(うつ)る能(あた)わざる、不善の改むる能わざる、是(こ)れ吾(わ)が憂(うれ)いなり。

道徳が身につかない、学問に身がはいらない、正義をおこなえない、不善をあらためられない。これが気がかりである。

ひきつづき学者としての身の処しかたについて語っている。学者たるもの、日々の暮らしにおいて「人格の涵養、学問の修得、正義の実践、悪習の改善」に絶えずこころがけねばならない。さっきは「やるべきだとわかっていて、なんとかやれそうなこと」をあげていたが、ここにあげられているのは「やるべきだとわかっているのに、なかなかやれないこと」である。

4

くつろぐときは、のびやかであり、にこやかである。

子の燕居（えんきょ）、申申如（しんしんじょ）たり、夭夭如（ようようじょ）たり。

孔子に「享楽は悪である」という思想はない。「享楽は悪であるという自己否定が、神との関係において最終的な自己肯定につながる」といったプロテスタンティズムは、孔子とは無縁である。

重い使命をになった人生ではあるが、のべつ眉間（みけん）にシワをよせていては身がもたない。自宅でくつろぐときは、ゆったりとリラックスする。日々の暮らしにおいて、この「くつろぐ」というのが意外とむつかしかったりする。自由にくつろぐのはよいが、自堕落になるのはみっともない。

5

まったく情けないなあ、周公の夢をさっぱり見なくなったよ。

子曰く、甚（はなは）だしいかな、吾（わ）が衰えたるや。久しいかな、吾れ復た夢に周公を見ず。

理想をもとめて生きているつもりだが、いつのまにか老いぼれていて、ちかごろ夢をとんと見ない。夢をいだき、それを遠い将来において実現するだけの時間は、もはや自分にはのこされておるまい。夢に見るばかりではなく、日々の暮らしにおいてやれることをやってゆかねばなるまい。

6

子曰く、道に志し、徳に拠り、仁に依り、藝に游ぶ。

真理をもとめ、道徳をふまえ、慈愛をおこない、教養にいそしむ。

よく生きようとすれば、日々の暮らしにあって、正直にふるまい、他人となかよくし、趣味を楽しむべきである。現に生きていることの目的や理由が当の生きていることと別にあったりすれば、生きていることはその別の目的や理由のための手段になってしまう。生きるというのは、生きていることを自体をしっかりと体験することである。

7

教えてほしいといって謝礼をもってきたものを教えなかったことはない。

子曰く、束脩（そくしゅう）を行なうより以上は、吾（わ）れ未（いま）だ嘗（かつ）て誨（おし）うること無くんばあらず。

びたいという「おもい」のあるものにはかならず教える。教師とはそういう生きものである。

教育は商取引ではない。価値のある商品（抜群の東大合格率とか）を提供するのがよい教育なわけではない。教師は売り手ではないし、生徒は買い手ではない。学びたいという「おもい」と教えたいという「おもい」とが仕合わせなであいをするとき、そこに教育が生まれる。

教師はだれでもかれでも襟首をつかまえて教えるというわけではない。学びたいという気のあるものを教える。謝礼をもってくるというのは学ぶ気があるという意思表示である。

そもそも教師とは、学ぶことが好きで教えることが好きな人間である。ただし教えることが慈善事業であってはならない。まったく代価なしに教えることは学ぶものにかえって深刻な事態をもたらす。権威ある教師が未熟な学生に人格的な薫陶をおよぼすさい、それが代価なしにおこなわれると、学生は教師の感化にひれふしてしまい、ついに自立できなくなってしまう。そんなふうに学生に君臨するものは、もはや教師ではなく教祖である。

教師が学生への愛情をもつことは大切である。が、それが無償の愛であると学生は教師に呑みこまれてしまう。肉親ならざる教師はあくまでも仕事として（つまり「束脩（そくしゅう）」という報酬のために）教えるというスタンスをもつことも重要である。

8

わかりたくてもわからずイライラしているのでなければヒントをあたえてやらない。いいたくてもいえず口をモゴモゴさせているのでなければ助け舟をだしてやらない。一つを例にあげたら三つくらい頭をはたらかせるというふうでないと、くりかえし教えてはやらない。

子曰く、憤（ふん）せずんば啓（けい）せず。悱（ひ）せずんば発せず。一隅（ぐう）を挙げて之（これ）に示し、三隅を以（もっ）て反（かえ）らざれば、則（すなわ）ち復（ま）たせざるなり。

問題意識をもっていて、その解決にむけて努力をつづけ、もうちょっとで理解できるところまできているんだけど、あと一歩とどかない。発言したいことがノドもとまででかかっているんだけど、うまく言葉にできない。そういう「意欲があるのに実現できずに苦しんでいる」というレベルに達しているものであれば、すこしヒントをあたえてやれば、あとは自分で工夫できる。

ホントに「理解したい・発言したい」とウズウズしているなら、四隅あるうちの一隅を示してやれば、あとの三隅はみずからチャレンジしようとするはずである。「一を教えてやったら三をかえしてくるようでないと教えてやる値打ちはない」といっているわけじゃない。まだウズウズしていないようなら無理して教えないほうがよいという教育的配慮だとおもう。

孔子の言葉、なかなか辛辣である。これってつまり「向上しようとおもっていない人間にはだれも興味をもってくれないよ」ということだろう。人間として成長する気のないものは相手にしてもらえない。教師がピッチャーなら、学生はキャッチャーではなくバッターである。学生は球を受けとればよいのではない。しっかり打ちかえさねばならない。

9

喪中のひとのそばで食事をとるとき、腹いっぱいは食べない。葬儀で声をあげて泣いたら、その日は歌をうたわない。

子、喪有る者の側に食すれば、未だ嘗て飽かざるなり。子、是の日に於いて哭すれば、則ち歌わず。

喪中のひとのそばであまり食べないのは、他人の「おもい」をないがしろにしないのである。弔問にでかけた日に歌をうたわないのは、自分の「おもい」をいつわらないのである。他人のこころをないがしろにしないことと自分のこころをいつわらないこととは表裏一体である。孔子は「おもっていること」と「やること」とがズレない。

10

顔淵にいう「仕官すればすすんで活躍するが、浪人すればおとなしく隠遁する。そういう藝当ができるのは、わたくしとおまえだけだ」。

子路がいう「もし先生が大軍をひきいて戦うような場合にはだれといっしょになさいますか」。

「トラを素手でつかまえようとしたり、大河を徒歩でわたろうとするような、そういう無謀な命知らずとはいっしょにやりたくないね。じっくりと策略をめぐらして、うまく事を成しとげるようなものといっしょにやるだろう」。

子、顔淵に謂いて曰く、之を用うれば則ち行ない、之を舎つれば則ち蔵る。唯だ我れと爾と是れ有るかな。子路曰く、子、三軍を行らば則ち誰と与にせん。子曰く、暴虎馮河、死して悔い無き者は、吾れ与にせざるなり。必ずや事に臨みて懼れ、謀を好みて成す者なり。

お

上のほうに使おうという「おもい」があるなら、はたらく。その「おもい」がないなら、ひっこむ。あちらの「おもい」によって出処進退をわきまえる。教師がこういう正しそうなことをいうときはたいてい思惑があるわけで、この場合は顔淵をホメることよりも子路をたしなめることのほうにネライがある。

子路みたいな猪突猛進タイプが、ぼくは嫌いでない。とはいえ「やるといったらかならずやる」といったヒステリックな一途さには、たしかに一抹の不安をおぼえる。いささかファンダメンタリズム（原理主義）の臭いがする。子路は、孔子のためなら自爆テロも辞さない、まさに孔子教の信者である。そのあやうさを感じるたびに孔子は子路をたしなめる。もうちょっとリベラルになりなさい、と。

11

子曰く、富(とみ)にして求む可(べ)くんば、執鞭(しつべん)の士と雖(いえど)も、吾(わ)れも亦(ま)た之(これ)を為(な)さん。如(も)し求む可からずんば、吾が好む所に従わん。

金というものがもとめるべきものであるなら、どんな仕事でもするだろう。そうでないなら、好きなことをして生きるまでだ。

になりさえすればよいとおもえるなら、なりふりかまわずやればよい。そんな気になれないなら、やりたいことをやったほうがよい。

金もうけに血道をあげているヒマがあったら、せっかくの人生、自分のために使ったほうがよいとお

もう。とはいえ「金などという汚いものにかかずらうな」という潔癖な読みをしたいわけじゃない。苦労人の孔子はそんな意固地ではない。「金なんて必死にもとめるようなもんじゃないよ」といっているだけだろう。やることをやっていれば金はついてくるからさ、と。

まえにも書いたが（里仁16）、金というものは健康といっしょである。それがないと困るけれども、それのために生きるようなもんじゃない。

好きなことは好きなように、そのかわり本気でやればよい。「あれは得にならない」「これは恥ずかしい」と否定をかさねることはいつでもできる。やりたいという「おもい」をもてることを見つけ、それをやることに臆病であってはいけない。

12

――子の慎しむ所は、斉（さい）、戦（せん）、疾（しつ）。

――先生が発言に用心したのは、宗教、戦争、病気について。

自分の「おもい」のみで発言するなかれ。他人の「おもい」をおもんぱかるべし。とりわけ宗教、戦争、病気といったデリケートな話題についてはよほど気をつかうべし。

道で知人にであったときなにを話せばいいかっていうと、たとえば天気について話しておけば無難らしい。天気の話にはさしたる中身がない。「いい天気ですねえ」という挨拶にたいして、空を見上げて

「そうでもない」というのは反則である。「よく降りますねえ」という挨拶にたいして「それがどうした」とか「オレのせいじゃない」とかいうのは論外である。そういう手合いにでくわしたら、「どうも」という完璧に無内容の挨拶をするしかない。

13

先生は斉に滞在中、舜をたたえた韶の曲を数ヶ月にわたって聴きつづけ、そのあいだずっと食べものの味もわからないほど夢中になりつづけ「おどろいたよ、音楽というのがこんなにすばらしいものだとはねえ」。

子、斉に在りて、韶を聞くこと三月、肉の味を知らず。曰く、図らざりき、楽を為すの斯に至らんとは。

音

楽に造詣が深い孔子ならではの感想である。いったい音楽を味わうにはそれなりに素養がいる。アントン・ウェーベルンの音楽のすばらしさはだれにでも理解できるというものではない（ぼくも理解できない）。

とはいえ音楽のすばらしさを語るのに食べものの味をもってくるのには、ちょっとだけ首をかしげたくなる。すぐあとで「粗末なものを食べ、水だけ飲んで、ヒジ枕で眠る。そんな暮らしのなかに楽しみはある」（15）といっているように、孔子って粗食を楽しめるひとじゃなかったっけ。まえに「周公の夢をさっぱり見なくなったよ」（5）となげいていたが、ここも「音楽のすばらしさのせいで、あやうく周公も忘れるところだったよ」とでもいっておいたほうがよかったんじゃないかなあ。

14

冉有に「先生は衛の殿さまの味方をなさるのかな」といわれ、子貢は「よしきた。おたずねしてみよう」というと、孔子の部屋にはいって「伯夷・叔斉とはどういう人物でしょうか」。

「いにしえの賢者だ」。

「後悔したでしょうか」。

「よいことをもとめてよいことを得たのだ」。

子貢はでてくると「先生は味方をなさらない」。

冉有曰く、夫子は衛の君を為けんか。子貢曰く、諾。吾れ将に之を問わんとす。入りて曰く、伯夷・叔斉は何人ぞや。曰く、古の賢人なり。曰く、怨みたるか。曰く、仁を求めて仁を得たり。又た何をか怨みん。出でて曰く、夫子は為けじ。

兄の伯夷は弟に君位をゆずろうとし、弟の叔斉も兄に君位をゆずろうとし、ともに即位をこばんで亡命した。衛の父子が君位を争うのとは大違い。「いにしえの賢者だ」「なにを後悔することがあろう」と伯夷・叔斉をもちあげるということは、衛の父子の骨肉の争いのどちらにも加担する気はないということである。

子貢があえて遠まわしなたずねかたをしたのは、ひどくキナ臭い話題だからである。露骨に問われてしまったら答えにくかろうという相手の「おもい」をおもんぱかり、それとなくたずねる。ひとの「おもい」に無神経であってはならない。

15

粗末なものを食べ、水だけ飲んで、ヒジ枕で眠る。そんな暮らしのなかに楽しみはある。無理して豊かになるなんていうのは、わたくしとは縁がない。

子曰く、疏食を飯らい、水を飲み、肱を曲げて之を枕とす。楽しみ亦た其の中に在り。不義にして富み且つ貴きは、我れに於いて浮雲の如し。

「楽しみ亦た其の中に在り」は、「そのなかにだって楽しみはある」というよりも、むしろ「そのなかにこそ楽しみはある」という気分じゃないだろうか。顔淵も「まずしい食いもの、とぼしい飲みもの、むさくるしい路地裏住まい」でも楽しそうであった（雍也11）。貧しさと楽しさとは意外と背中合わせなのかもしれない。

日々の暮らしにおいて、やりたいことをやることのうちに楽しみを見いだすべし。やりたくないことをやっているという「おもい」をいだきながら金持ちになったところで、しょせん浮き雲のようにはかない。

16

子曰く、我れに数年を加え、五十にして以て易を学べば、以て大過無かる可し。

いますこし長生きして五十歳になってから『易経』を学べば、まちがわずに読むことができるだろう。

日々の暮らしにおいて読みうるものを読むことのうちに楽しみを見いだすべし。いたずらに背のびをしてガリ勉してみたところで、けっして血にも肉にもならない。洟をたらした若造なんぞに『易経』の味はわかりっこない。よろしく甲羅を経てからひもとくべし。学ぶのに「これで十分」ということはないが「もう手遅れ」ということもない。

逆にいうと『易経』を勉強するのは五十歳になってからでよいということである。青二才のうちは『易経』なんていう人生経験を要するものを読むのではなく、もっと身の丈にあったもの、たとえば『詩経』なんかを読むほうがよい。

17

先生がおごそかな口調になるのは、『詩経』『書経』を読むとき、礼をとりおこなうときである。

子の雅言する所は、詩、書、執礼、皆な雅言するなり。

日々の暮らしにおいて、詩、歴史、礼について語るときは言葉つきをあらためる。そのことを語るには、そのことにふさわしい口調がある。

18

楚の葉公から孔子についてたずねられ、子路はなにも答えなかった。

「なぜこういわなかった。わからないことがあると夢中になって勉強するあまり食べることも忘れ、さらに勉強してわかることを楽しんで苦労も忘れてしまい、いつしか年老いていることにも気づかずにいるという、そのようなひとである、と」。

葉公、孔子を子路に問う。子路対えず。子曰く、女奚んぞ曰わざる、其の人と為りや、憤りを発して食を忘れ、楽しみて以て憂いを忘れ、老いの将に至らんとするを知らずと爾か云う、と。

いったん勉強しはじめれば寝食を忘れて没頭し、興に乗ってくると俗事はどこかに飛んでしまう。老いさきみじかい身ながら、こと勉強にかんしては年甲斐もなく熱くなるタイプである、と孔子は自任している。

孔子のひととなりをたずねられて子路がなにもいえなかったのは、いうべきことがありすぎたのだろう。師に心酔するあまり「おもい」があふれ、なにもいえなくなってしまった。いかにも子路らしい。

そういう愛弟子のこころをくんで、孔子は「こういってくれればよかったのさ」とほほえむ。

19

わたくしは生まれつき知識をもっているわけじゃない。むかしのことが知りたくて倦まずたゆまず知識をもとめているだけなのだよ。

子曰く、我れは生まれながらにして之を知る者に非ず。古を好み、敏にして以て之を求むる者なり。

けっして天才型ではなく、むしろ努力型である、と孔子は自任している。ふうん。でも聞くところによると、天才というのは努力を持続できる才能のことらしいからなあ。

ある「おもい」をもつと、自分が変わり、世界が変わる。自分は仕合わせだとおもうと、空に浮かんだ雲もちがって見えたりする。世界のあらわれかたが変わってくる。なにもおもわなければ自分が変わることはない。自分が変わらなければ世界が変わることもない。変わることをイヤがっているものは、なにもおもうことができない。

好きなものばかり食べていると飽きてくるように、好きなことばかりやっていても楽しくなくなる。料理にちょいと薬味をくわえるように、イヤなこともやってみる。イヤだとおもっていたものがイヤでなくなると、ものすごく好きになったりする。好きなものをイヤになったり、また好きになったりしながら、そういう自分の変化を受けいれてゆく。「むかしのことが知りたくて倦まずたゆまず知識をもとめている」というのは、そういう生きかたのことかもしれない。

20

一　先生は怪奇・暴力・無秩序・神秘については話題にされない。

一　子、怪力乱神を語らず。

「知っていることは知っているとし、知らないことは知らないとする、これがホントに知るということだ」（為政17）というふうに人間の知には限界がある。知りうることと知りえないこととを区別せねばならない。

なにかを「おもう」ことは勝手だが、それが知りえないことであれば、それについて語ることはできない。「怪・力・乱・神」については語りえない。「語りえぬものについては沈黙せねばならない」（ウィトゲンシュタイン『論理哲学論考』7）。

理性のおよばないことについては語りえない。理性のおよばないことはたくさんある。モーツァルトが三十五歳で死んだのも死ぬべきだったからだとはおもえない。とはいえ死ぬべきでないのに死んだのかどうかは理性をもってしてはわからない。わからないことについては語らないほうがよい。

神秘的なものの存在を信じないというのではない。ものごとを考えるとき神秘的なものを基礎としないのである。孔子だってふだんの会話のなかではお化けの話をすることもあっただろう。

21

三人で行動したら、きっと手本とすべきひとが見つかる。よいひとを見習い、よくないひとを見たら（わが身のよくないところを）あらためる。

子曰く、我れ三人行なえば、必ず我が師有り。其の善き者を択びて之に従い、其の善からざる者にして之を改む。

最低限「三人」いてはじめて多数決が成りたつ。民主主義は「三」からはじまる。

自分以外の二人を善と悪とに分けて、よいほうのマネをし、わるいほうを反面教師とする。

よいひとであろうが、わるいひとであろうが、どっちも自分にとっては先生である。それを手本とできるかどうかは自分の「おもい」にかかっている。

学ぼうという「おもい」があるかないかで結果がまるで変わってくる。おなじ現実を生きていても、片やそこから豊かなよろこびを見いだし、片やなにも得ることなくとおりすぎる。ただとおりすぎるだけのものは、自分がなにを得そこなったのかということに気づけない。このささやかなちがいの積みかさねが、やがて目もくらむような大差になる。

孔子は「善人であろうが悪人であろうがだれだって取柄のひとつくらいはあるから、こっちに学ぶ気がありさえすればだれからでも学べる」といっているわけじゃない。善人は善人なりに、悪人は悪人なりに、その自然のありかたのままで学ぶに値するといっている。善人からは善を、悪人からは悪を、あるがままに学ぶことができる。そんなふうに考えるとこの三人というのはあらゆる人間ということになりそうである。

22

天がわたくしにこの器量をさずけたのだ。桓魋(かんたい)ごときにわが身に手出しができようか。

子曰く、天、徳を予(わ)れに生ぜり。桓魋(かんたい)、其(そ)れ予(わ)れを如何(いかん)せん。

こかで似たようなセリフを読んだような気がしてならない。それはつぎの文章だったかもしれない（大西巨人『神聖喜劇』第一巻・光文社文庫・三五頁）。

> もし私が、ある時間にみずから信じたごとく、人生において何事か卓越して意義のある仕事を為すべき人間であるならば、いかに戦火の洗礼を浴びようとも必ず死なないであろう。もし私が、そのような人間でないならば、戦野にいのちを落とすことは大いにあり得るであろう。そして後者のような私の「生」を継続することは私自身にとって全然無意味なのであるから、いずれにせよ戦場を、「死」を恐れる必要は私にない。

理屈はそうである。が、そんなふうに「おもう」ことができるのは、すでに「そういう」ひとである。昨日は生きていた。今日も生きている。だが、明日も生きられるかどうかはわからない。わからないことを心配することには、わからないということ以外になんの根拠もない。たんなる可能性にビクビクするなんて、なんともはやご苦労千万である。

論理的に起こりうることは起こっても不思議はない。現実にそれが起こるかどうかはどうでもよい。大事なのは「論理的に起こりうる」ということを受けいれられるかどうかっていうことである。それが起こりうる世界に住んでいることを「ありがたい」とおもえるかどうかっていうことである。

明日も生きておれるかどうかはわからないが、それはどうでもよい。現に生きており、明日も生きているということがありうる。それがありうる世界にぼくは住んでいる。

23

子曰く。二三子、我れを以て隠せりと為すか。吾れは隠すこと無し。吾れ行なうとして二三子と与にせざる者無し。是れ丘なり。

諸君、わたくしのことを隠しだてする人間だとおもうか。わたくしはなにも隠さない。すべて諸君といっしょだ。そういう人間なのだ。

生半可な教師ほど「ホントの自分はこんなもんじゃない」と凄んだりしがちである。孔子はそういう自己演出はしない。

良寛に「うらを見せおもてを見せて散るもみぢ」という辞世の句がある。妻に「こういう裏表のない生きかたに憧れるなあ」といったら、「あら、あなたってそういうひとよ。ただし裏と表とを区別するのが面倒くさいだけでしょうけど」といわれた(さすがに図星である)。

孔子には「天がわたくしにこの器量をさずけたのだ」という自信がある。みずから信ずることができれば、なにも隠しごとをすることなどない。と、こんなふうに「おもう」ことができるのは、すでに

「そういう」ひとである。

24

先生の教育の柱は四つ。読書にいそしみ、道徳をおこない、誠実をこころがけ、手抜きをしない。

子、四を以て教う。文、行、忠、信。

ひろく手本を学んで（文）、そこで得られた知見をじっさいにやってみる（行）。学ばなければ「ひとりよがり」になる。やってみないと頭でっかちになる。よろしく文行合一であるべし。

やるにあたって大事な心得がふたつある。やるからには、ちゃんとサボらずにやる（忠）。やるといったからには、ちゃんとウソをつかずにやる（信）。そうおもえるかどうかで生きかたがちがってくるのだが、そんなふうに「おもう」ことができるのは、すでに「そういう」ひとである。

25

完全なる聖人にはこの世ではお目にかかれそうもない。せめて教養ある人物にであえればそれでけっこうだ。底抜けの善人にもこ

子曰く、聖人は吾れ得て之を見ず。君子者を見るを得ば、斯れ

の世ではお目にかかれそうもない。せめて変わらないこころをもった人物にであえればそれでけっこうだ。無いのに有るふりをし、空っぽなのに満ちているふりをし、貧しいのに豊かなふりをする。むつかしいことだよ変わらないこころをもっていうのは。

可なり。子曰く、善人は吾れ得て之を見ず。恒(つね)有る者を見るを得ば、斯れ可なり。亡くして有りと為(な)し、虚(むな)しくして盈(み)てりと為し、約(やく)にして泰(ゆた)かなりと為す。難(かた)いかな恒有ること。

現

実には堯(ぎょう)や舜(しゅん)のような「聖人」はいない。とりあえず「君子者」あたりで手を打っておこう。非の打ちどころのない「善人」もいそうもない。さしあたり「変わらないこころをもつ」くらいでガマンしておこう。手のとどくところに目標をおき、そいつをめざそう。

「聖人・善人」をもとめてもムダだけど、なんにももとめないのもダメである。「どうせ答えなんてないさ」というと、「答えなんてない」ということが答えになってしまう。答えが見つからなくても、それはそういう状況だっていうだけなんだから、それを答えなんてないと決めつけることはない。その答えの見つからない状況にあってそれなりに生きてゆけばよい。それが「変わらないこころをもつ」という生きかたである。

変わらないこころをもつというのは、現実をそのつど「ま、こんなもんだろ」と受けいれ、すこしくらい不如意であってもジタバタせずに生きてゆくことだろう。たとえば金が有るときと無いときとでひとが変わったりしない。生きていれば無いときもあれば有るときもある。ふところ具合が温かくても寒くても態度が変わらないっていうのは存外むつかしいことなのかもしれない。
自分のフォームをわきまえていれば、すなわち変わらないこころをもっていれば、ツイているときも図にのらず、負けがこんできても落ちこまない。人生の転機とは、絶好のチャンスや絶体絶命のピンチのときにではなく、むしろ平生(へいぜい)の暮らしのなかにひそんでいる。ふだんから変わらないこころをもっていれば、ひょいと転がりこんでくるチャンスや、ふいに襲いかかってくるピンチにも、おのれのフォームで対応できる。

26

先生は、竿(さお)一本で釣ることはあっても、網でごっそり捕ることはない。飛んでいる鳥を矢で射ることはあっても、巣にいる鳥をネラうことはない。

子、釣(ちょう)して綱(こう)せず。弋(よく)して宿(しゅく)を射(い)ず。

ふるまいは「おもい」にもとづいている。そのようにふるまうのは、そのようにおもっているからである。おもいを制することは、ふるまいを律することである。

27

ちっとも勉強しなくたって独創的な仕事をするものがいる。わたくしはそうではない。たくさん勉強して、そのなかから使えるものをえらび、それをやるようにしている。いっぱい勉強するというのは勉強しなくたってできるものにはかなわないが、そのつぎではある。

子曰く、蓋し知らずして之を作る者有らん。我れは是れ無きなり。多く聞きて其の善き者を択びて之に従う。多く見て之を識すは、知るの次なり。

負け惜しみのように聞こえるかもしれないが、「できないなあ」とおもいながら勉強するのって、けっこう楽しい。ちっとも勉強しなくたって独創的な仕事ができるものは、きっとこの楽しみを知らないんだとおもう。わざわざ勉強しなくたって「できる」のだからかまわないようなもんだが、そういうできかたはつまらない。なんの苦もなくできても、そんなのは「できる」とはいわないような気もする。

右から左へと要領よくやれないから「使えるものをえらび、それをやるようにしている」のだが、なにかを「えらぶ」ということは自分でやるのである。自分でえらんでから「やる」のである。なにが「使えるもの」であるかという判断の基準はあくまでも自分にあって、その自分のえらんだものを「やる」のである。

28

互郷(ごきょう)の人間とは話が通じない。その互郷の子どもが孔子に面会をもとめる。門人はとりついだものかどうか迷う。

「向上しようとするものは、ちゃんと相手になってやろう。堕落してもよいというものはどうしようもない。向上したがっているのに相手をしないのは気の毒だ。素直な気持でやってきたのだから、そのことを買おうじゃないか。出自をあげつらうことはない」。

互郷(ごきょう)、与(とも)に言い難し。童子見(まみ)ゆ。門人惑う。子曰く、其(そ)の進むに与(くみ)するなり。其の退くに与せざるなり。唯(た)だ何ぞ甚(はなは)だしきや。人、己を潔(いさぎよ)くして以(もっ)て進まば、其の潔きに与せん。其の往(おう)を保(ほ)せざるなり。

「互郷の人間とは話が通じない」というのは偏見にもとづいた差別である。なぜ話が通じないのかは分明でないが、「互」郷という地名から推すに、たがいに寄りあって閉鎖的なコミュニティをつくっていたのだろう。そういう被差別地の子どもが目通りをもとめたので、偏見をもっている門人は門前ばらいを食わせようとする。通してやりなさい、と孔子はいう。学びたいという「おもい」をもっているなら、それにこたえよう。かれの「いま」のおもいにこたえよう。そのことによって「これから」どうなるかは、かれの問題である。かれのいまの「おもい」にこたえることは、わたくしの問題である。

29

相手の身になって考えるという生きかたは手のとどかないものではない。欲しさえすればそこにある。

子曰く、仁、遠からんや。我れ仁を欲すれば、斯に仁至る。

朝、窓をあけて外の空気をすう。「ああ、おいしい」とおもうためには、なんていうか人生観そのものをそういう方向にもってゆかねばならない。朝の空気をおいしいとおもえるひととは端的に「そういう」ひとである。

相手の身になって考えるというだけで、なにがしかの優しさがそこにはある。相手の身になって考えれば優しさのほうからやってくる。「おもい」をいだきさえすれば、それはすでにこの身にある。

夢とは、いつまでも追いかけつづけるものであって、あわてて実現させるものではない。実現したとたんそれは現実になってしまう。ガンバって実現させようとしたりすると、だんだん追いかけることに疲れて、夢を現実のほうに合わせてしまうようになる。

「夢はあるの?」という問いかたは、夢は「ある」のか「ない」のかという選択をもとめている。夢を追いかけるというのは、出来合いの可能性のなかからなにかを選択することじゃなくて、おのれの可能性を自由に創造することである。可能性そのものを主体的に創造しているとき、それはすでに得られている。

それを主体的に欲しているとき、それはすでに得られている。欲することは概念的には簡単である。けっして遠いことではない。しかしその欲することがむつかしい。欲することのできるひととは端的に「そういう」ひとなのである。

「なんのために生きているの？」という問いは、なにかしら目的をたずねている。飢えをいやすために食べる。寒さをしのぐために着る。そういうのは功利的なはたらきでしかない。現にこうして生きているという不可抗力のことにたいして「なんのために」と問うことはできない。

「相手の身になって考えるとはどういうことか」という問いにも一般的な答えはない。その問いに答えはないけれども、問いつつ生きることはだれにでもできることである。問いつつ生きるという生きかたは手のとどかないものではない。欲しさえすればそのように生きることはできる。欲さなければそれまでである。

30

陳(ちん)の国の司法長官に「魯(ろ)の先代の昭公(しょうこう)は礼をわきまえておられたか」とたずねられて、孔子は「わきまえておられました」といって退出した。

司法長官は（孔子の門人の）巫馬期(ふばき)にむかって会釈し、手前にま

陳(ちん)の司敗(しはい)問う、昭公は礼を知るか。孔子曰く、礼を知る。孔子退く。巫馬期(ふばき)を揖(ゆう)して之(これ)を進めて曰く、吾(わ)れ聞く、君子は党(とう)せ

ねくと「わしは分別あるひとは内輪ボメはしないときいておったが、やっぱり身内をヒイキすることはあるようだな。昭公は呉の国から后をめとられたが（魯と呉とは姫という）同じ姓だったので（同姓婚は礼にもとるから呉姫とすべきところを姫の字をさけて）呉孟子と詐称された。そういう君主であっても礼をわきまえているというならば、どこに礼をわきまえないものがおろうか」。巫馬期はこのことを師に報告する。「わたくしは仕合わせものだ。まちがえばきっとだれかが気づいてくれる」。

ずと。君子も亦た党するか。君、呉に取り、同姓なるが為に之を呉孟子と謂う。君にして礼を知らば、孰か礼を知らざらん。巫馬期、以て告す。子曰く、丘や幸いなり。苟くも過ち有らば、人必ず之を知る。

ま

ちがいを指摘されたときに「ありがたいなあ」と素直に受けとめれば、それを糧とすることができる。生きているかぎり、ひとは途上にある。すべからく謙虚であるべし。

31

先生はひとと歌ったとき、そのひとが上手だと、ふたたび歌ってもらい、それからいっしょに歌われた。

子、人と歌いて善ければ、必ず之を反さしめ、而して後に之に和す。

日々の暮らしにあって、見習うべきことがあれば手本となってもらい、それを身につけようとする。生きているかぎり、ひとは途上にある。すべからく謙虚であるべし。

32

マジメに学ぶことは人並みにできている。人格者として生きているかというと、まだまだダメだが。

子曰く、文莫(ぶんぼ)は吾(わ)れ猶(な)お人のごときなり。君子を躬行(きゅうこう)することは則(すなわ)ち吾(わ)れ未(いま)だ之(これ)を得ること有らず。

日々の暮らしにあって、知的な学びのほうはまずまずであるが、人格をみがくことはというとまだまだである。生きているかぎり、ひとは途上にある。すべからく謙虚であるべし。

孔子は「まだまだダメだなあ」と述懐している。でも、たしか「相手の身になって考えるという生きかたは手のとどかないものではない」(29)んじゃなかったっけ？　相手の身になって考えるという生きかたは、遠くにある努力目標ではなく、欲しさえすれば身近にある。それは人間関係をギクシャクさせないという俗っぽいものであって、けっして高尚なことではない。ただしそれは力づくでガンバってどうなるもんでもない。作為的にめざしたりすると、どんどん遠ざかってしまう。

ぼくはなぜ生きているのだろうか。この「なぜ」は、「なんのせい」と問うているのか、「なんのため」と問うているのか、どっちだろう？　どっちでもないような気がする。「なんのせい」と問うのは、自分のことを他人のように対象化し、それが生きている原因を知ろうとしている。これは問いたいこととはちがう。「なんのため」と問うのは、生きている理由をみずからにたずねている。でも、そう問うているときも生きつづけているわけで、だとすると問いに答えているヒマはない。

ぼくはなぜ生きているのかという問いは、問いというかたちをとった「はげまし」の声じゃないだろうか。なぜ生きているのかと問うことは、「まだまだダメだなあ」とおもいながら、「さあ、すすもう」と生きてゆくことである。

33

「聖人や人格者にはおよびもつかないが、学びつづけて厭わず、教えつづけて倦まないこと、これだけは自信がある」。公西華がいう「それが凡人にはマネできないのです」。

子曰く、聖と仁との若きは則ち吾れ豈に敢えてせんや。抑も之を為びて厭わず、人を誨えて倦まずとは、則ち爾か云うと謂う可きのみ。公西華曰く、正に唯だ弟子学ぶこと能わざるなり。

聖

人や人格者のように道理を体現できているかというとまだまだである。とはいえ日々の暮らしにおいて道理をもとめていればこそ、学びつづけ、教えつづけることができる。日々の暮らしにあって「道理をもとめる」ことと「学びつづけ、教えつづける」こととは一如である。

ソフィストは「知恵あるもの」と称し、「知っていること」を教える。ソクラテスは「知恵なきもの」と称し、「知らないということ」を教える。ソクラテスはソフィストのもとにおもむいて問答をふっかけ、ギャフンといわせ、無知の知にめざめたものを「ともに探究しよう」と知へとみちびく。

孔子は「まだまだ知らないけれども、いつも知りたいとおもっているものである」と称し、「わたくしの知っていることは腹蔵なく教えるから、ともに学ぼう」と知へといざなう。公西華は「とてもマネできません」と尻込みする。おいおい、ここは謙虚になるところじゃないだろう。「じゃあ、ぼくもガンバります」と目をキラキラさせるべきである。「相手の身になって考えることにかんしては先生にだって先をゆずるにはおよばない」（衛霊公36）という気概でありたい。

34

先生の病状が重くなる。子路（しろ）がお祈りをしたいと願いでる。

「そういう先例があるかい」。

「ございます。とある文書に、天地の神々に祈る、と」。

子、疾（や）みて病（へい）なり。子路（しろ）、禱（いの）らんことを請う。子曰く、諸（こ）れ有りや。子路対（こた）えて曰く、之（これ）有り。

「だったら常日頃から祈っておるよ」。

誄（るい）に曰く、爾（なんじ）を上下の神祇（しんぎ）に禱ると。子曰く、丘（きゅう）の禱ること久し。

日々の暮らしにおいて、ことさら留意せずとも、祈るということは織りこまれている。生きてゆくことは祈りつづけることである。

子路は孔子のこととなると見境がなくなる。師の身を案ずる子路の申し出にたいして、孔子の対応はひどく素っ気ない。遠慮がないからだろう。その証拠に子路は叱られても叱られてもくっついてゆく。うらやましい師弟関係である。

子路は、一言でいえば、可愛げのある男である。同じようなドジをやらかしても、「なんだアイツは」と眉をひそめられるものと、「もう、しょうがないなあ」と勘弁してもらえるものとがある。可愛げがあるというのは、ひとが「ゆるしてくれる」ということである。

35

贅沢に慣れれば、どんどんワガママになり、貧乏に苦しめば、だんだんカタクナになる。ワガママになるよりはカタクナであるほ

子曰く、奢（しゃ）なれば則（すなわ）ち不孫（ふそん）、倹（けん）なれば則ち固（かた）し。其（そ）の不孫なら

——うがまだマシだ。

——んよりは寧ろ固かれ。

日々の暮らしにおいて、金にあかせてムダづかいしていると「金でなんでもカタがつく」と勘ちがいするようになるし、金で苦労ばかりしていると「金なんて汚いものだ」と意固地になってしまう。

若いというのは、損得勘定で生きていないということだとおもう。「からだ」は若くても、割に合うかどうかを計算して生きているようでは、「こころ」が老いている。どんなに歳をとっていても、「おもしろそう」と興味につきうごかされて生きていれば、そのひとは若い。

36

——大物はいつもノビノビしており、俗物はのべつアクセクしている。

——子曰く、君子は坦として蕩蕩たり、小人は長えに戚戚たり。

俗物だからアクセクしているのか、アクセクしていると俗物になってしまうのか。どうも後者のような気がする。人間という生きものは「こころ」のありようによって太っ腹にもなればセコくもなる。俗物のぼくとしては、まずはアクセクするのをやめることからはじめねばなるまい。

ノビノビすること、それが俗物にはむつかしい。簡単なはずなのに、だれも禁じていないのに、どういうわけかノビノビできない。たんにノビノビするだけのことのなにがむつかしいのか自分でもわからない。

これって優しさをもって生きることと似ているかもしれない。優しさは遠くにあるものではない。欲しさえすればそこにある。欲することなんて簡単なはずなんだけど、なぜかむつかしい。ふむ。そもそも優しさって「欲する」ものなのだろうか？　大物がいつもノビノビしているように、人格者はべつに欲することなく優しいんじゃないだろうか。俗物のかなしさ、そんなふうにボヤきたくなる。

37

先生は柔和でありながら厳格である。威厳があるのに乱暴でない。礼儀正しくても堅苦しくない。

子は温(おん)にして厲(はげ)し。威(い)にして猛ならず。恭(きょう)にして安し。

「あのひとは君子だ」「やっこさんは小人さ」と、ひととなりを「ひととおり」に決めつけるのは禁物である。おっとりしているのに、しっかりしている。いかめしいけど、ガサツでない。マジメでいて、さばけてもいる。見ようによって他人の見えかたはちがってくる。

おだやか（温）でありながらはげしく（厲）、たけだけしい（威）かとおもうと荒々しくなく（不猛）、きちんとしている（恭）にもかかわらずゆったりしている（安）というふうに相反する性質を同時にあわせもつことを可能にするのが、いわゆる「文化」じゃないだろうか。「温・威・恭」であったり「厲・不猛・安」であったりするのは脳がもたらすありかたである。それを調和させられるのは脳のつくる文化しかない（ことがらは遺伝子の問題じゃないっていうことである）。

文化はこころが極端なほうに暴走するのをおさえる。文化をちゃんと身につければ、「温・威・恭」の方向だけにかたよることなく同時に「厲・不猛・安」であることもできる。文化を身につけることによってこころのバランスをとることができるひとのことを人格者というのだろう。

ちょっと一息 3

『論語』は孔子の言行の記録である。『論語』が「いつ・だれによって・どうやって」つくられたのかは、わからない。偉い学者がいろいろ説いているが、ホントのところはわからない。

儒家の連中はのべつ「孔子はこういった」といって権威づけしようとした。その片言隻語があつめられて、いつしか『論語』になったのだろう。その間には紆余曲折あったにちがいないが、恥ずかしながら小生は不案内である。興味のある方は、つぎのような研究書をひもとかれたし。

- ◆武内義雄『論語之研究』岩波書店　1939年（『武内義雄全集』第1巻・角川書店）
- ◆津田左右吉『論語と孔子の思想』岩波書店　1946年（『津田左右吉全集』第14巻・岩波書店）
- ◆木村英一『孔子と論語』創文社　1971年
- ◆渡辺卓『古代中国思想の研究』創文社　1973年
- ◆宮崎市定『論語の新研究』岩波書店　1974年（『宮崎市定全集』第4巻・岩波書店）

泰伯第八

古人の修己治人のありかた

1

子曰く、泰伯は其れ至徳と謂う可きのみ。三たび天下を以て譲るも、民得て称すること無し。

周の泰伯は徳の権化といってよかろう。三回も権力の座をゆずりながら、ちっとも評判にならなかった。

水が低いほうへと流れるようにさりげなく譲位したので、だれも気づかない。気づかないからホメることもできない。

よいひとがよいことをするのは、いたって自然なことである。自然なことに、ひとは気づかない。よいことをしてホメられるようでは、自然じゃないっていうことだから、まだよいひとになりきれていない。

2

やたらと丁寧だと徒労になる。べらぼうに慎重だと萎縮する。むやみに勇敢だと乱暴になる。やみくもに正直だと窮屈になる。

子曰く、恭にして礼無ければ則ち労す。慎にして礼無ければ則ち葸す。勇にして礼無ければ則ち乱す。直にして礼無ければ則ち絞す。

節

度（礼）をわきまえないと、なにごとも裏目にでる。丁寧なのも丁寧すぎると、それは嫌味になる。マジメなのもクソマジメになると、見ようによっては無礼である。勇気があるのも蛮勇になると、無茶なのと紙一重である。正直なのもバカ正直だと、かえって融通がきかない。「過ぎたるは猶お及ばざるがごとし」（先進16）ってことである。

ものごとには「ほど」というものがある。なにごとも「ほど」をうしなうとよろしくない。たとえ自分にとってはよろしくとも、他人にとってはよろしくない。他人にとってよろしくないことは、たいてい自分にとってもよろしくない。

3

上にたつものが身近なひとに手厚くすれば、下々のものも人情味にあふれてくる。上にたつものが昔馴染みを見捨てなければ、下々のものも無慈悲なことはしなくなる。

君子、親に篤ければ則ち民仁に興こる。故旧遺れざれば則ち民偸からず。

ふたつのことが書かれている。ひとつは「上にたつものは下々のものの手本にならねばならない」ということ。もうひとつは「よいことは身近なところから遠くへとひろげてゆかねばならない」ということ。あとのほうが要注意。

身近な他人にたいして親身になるというのは、とりあえず人情というものである。それは人間としての自然なふるまいである。しかしながら上にたつものが身近なひとに手厚くしようとすると、よほどの人格者でないかぎり「公」を私物化することになりかねない。下々のものが上を見習って公共のものを私物化しはじめたら大変である。あわてて綱紀粛正、きびしく取り締まろうとしても時すでに遅し。ひとの上にたつからには人格者であることが先決ってことである。

4

曾子は病床に弟子をあつめると「わが足を見よ。わが手を見よ（どうだ傷ひとつないだろう）。詩にこうある。戦戦兢兢として、深い淵をのぞくようにし、薄い氷をわたるようにする、と。これからはもうそんな心配をせずにすむ。なあ、おまえたちよ」。

曾子、疾有り。門弟子を召して曰く、予が足を啓け。予が手を啓け。詩に云う、戦戦兢兢として、深淵に臨むが如く、薄氷を履むが如し、と。而今而後、吾れ免るることを知るかな、小子よ。

『早く寝る方法』という本を徹夜で読むというくらい超マジメな曾先生、存在自体がマジメなもんだから最期までマジメな生きかたを極端につらぬくんだけど、マジメさが常軌を逸すると（さっきの「礼無ければ」ってやつ）マジメに見えなくなってくるから不思議である。

養子にいった男が、受けついだ財産をへらすまいと戦戦兢兢として生きてきて、いよいよご臨終というとき貯金通帳の残額をさして「これからはもうそんな心配をせずにすむ」とつぶやき、息をひきとる。ようやく義務から解放されると安堵のため息をついてから死ぬなんて、もちろんバカげている。そういう生きかたって、マジメというよりも、かなしいくらい愚かだ。

曾子は「わたくしの足をひらいてくれ。わたくしの手をひらいてくれ」と弟子に頼んだだけなのかもしれない。窮屈に生きてきたけど、死ぬときくらい手足をのばしてリラックスさせてくれ、と。

余ハ石見(イワミ)人森林太郎トシテ死セント欲ス宮内省陸軍皆縁故アレドモ生死別ルル瞬間アラユル外形的取扱ヒヲ辞ス森林太郎トシテ死セントス墓ハ森林太郎墓ノ外(ホカ)一字モホル可(ベカ)ラス

鷗外の遺言の一節である。その真意については諸説あるようだが、要するに「死ぬときくらいオレらしく死なせろ」っていうことだろう。

5

曾子(そうし)が病気になり、魯(ろ)の大夫の孟敬之(もうけいし)が見舞うと、苦しい息のもと、「鳥がいまにも死にそうなとき、その鳴き声は切なく、人間がいまにも死のうかというとき、その言葉は正しいともうします。ひとの上にたつものが心得ておくべきことは三つあります。身だしなみに気をつければ粗暴でなくなります。顔つきに気をつければ信頼してもらえます。言葉づかいに気をつければ下品でなくなります。祭祀のときの器のならべかたといったことは係のものにまかせておけばよろしい」。

曾子(そうし)、疾(やまい)有り。孟敬子(もうけいし)、之(これ)を問う。曾子言いて曰く、鳥の将(まさ)に死なんとするや、其(そ)の鳴くや哀(かな)し。人の将に死なんとするや、其の言うや善し。君子の道に貴ぶ所の者は三。容貌を動かせば、斯(すなわ)ち暴慢(ぼうまん)を遠ざく。顔色(がんしょく)を正せば、斯ち信に近づく。辞気を出(い)だせば、斯ち鄙倍(ひばい)を遠ざく。籩豆(へんとう)の事は則(すなわ)ち有司(ゆうし)存す。

孟敬之という殿さま、いくら口を酸っぱくして注意しても糠に釘だったのだろう。これが最後ですぞ、と曾子はいう。で、なにをいうかとおもったら、ひとの上にたつものは「ととのった身だしなみ」「おだやかな顔つき」「やわらかな言葉づかい」という他人からイヤがられないようなありかたさえこころがけておればよいのです、とえらく現実的なアドバイスをする。息をひきとる間際まで曾先生はマジメでありつづけた。ただ、さすがに最後とおもったか、曾子もマジメの假面をぬいで「そのほかの細々したことは気にしなくてもよい」という。なんでもかんでもやろうとせず、デンとかまえておれ、と。

6

曾子がいう「能力があるのに能力のないものにも問い、知識が多いのに知識が少ないものにも問う。有るのに無いかのようにし、あふれているのにカラッポであるかのようにする。ひどいことをされても仕返しししない。そういう友人がいたっけ」。

曾子曰く、能を以て不能に問い、多を以て寡に問う。有れども無きが若くし、実つれども虚しきが若くす。犯されて校いず。昔者、吾が友嘗て斯に従事せり。

有るのに無いものにも問い、多いのに少ないものにも問う、と「も」をつけて読んでおく。おのれに自信があっても過信しないのである。で、そういうふうに接してこられたほうはどう感ずるだろう。たしかに謙虚なのはわかるけど、どこか冷たい距離感をおぼえるんじゃないだろうか。「負けるが勝ち」というセリフはしょせん勝ち組にしかいえないってことか、と負け組としてはひがみたくなる。

「金持ちケンカせず」という。大物は小物が因縁をつけてきても相手にしない。大物であればあるほど、やたらと腰がひくい。大物なんだからもっと偉そうにしていてほしい、と小物のぼくはおもってしまう。『孫子』計篇に「兵とは詭道なり。故に能なるも之に不能を示し、用なるも之に不用を示し、近くとも之に遠きを示し、遠くとも之に近きを示し（中略）其の無備を攻め、其の不意に出づ」云々とある。有るのに無いように見せかけ、相手の裏をかくのである。へりくだって生きることがエスカレートすると、ほとんど兵法の域に達する。

曾子のいいたいのは、うがった見方をすれば、こういうことかもしれない――ホントに優秀な（たとえば顔淵のような）ものともなれば、アホからも学べる。賢いものから学ぶことはアホでもできる。アホからも学べるのがホントに賢い人間である。アホの口走ることはたいていアホなことである。が、見方をすこし変えれば、それがキラリと光ることもある。ありふれた素材にひそむキラリと光る可能性を見抜くのがホントに賢い人間である。そういう人間はアホだからといって差別せず、むしろアホから学ぼうとする――曾子の言葉にそういう消息があるとすれば、なんか腹たつなあ（とおもってしまうのはアホのひがみだろうか）。

7

曾子がいう「若者の将来をまかせることができ、組織の運命をゆだねることもでき、いざという瀬戸際のときもこころがゆるがない。そういうのが信頼できる人物だろうか。然り。信頼できる」。

曾子曰く、以て六尺の孤を託す可く、以て百里の命を寄す可く、大節に臨んで奪う可からず。君子人か。君子人なり。

幼い子をのこして逝かねばならぬとき、わが子を安心して託すことができるというのは、もっとも信頼するに足る人物であるにちがいない。「自分がそうなったら、わが子をだれに頼むだろうか」と考えれば、自分がだれを信頼しているのかがわかる。ちなみに孔子はどうかと考えてみる。うん。まさに信頼するに足る人間だとおもわざるをえない。

小は「子の将来をまかせる」ことから大は「国の運命をゆだねる」ことまで、ことがらの大小にかかわらず、ひとたび約束したなら、かならずまもりぬく。どんな「瀬戸際のときもこころがゆるがない」のは、無理にそのようであるわけではなく、そういうひとなのである。逸材ぞろいの孔門ではあるが、そうは見つからない。ズバリ、顔淵くらいだろう。さきほどの「そういう友人がいたっけ」およびここにいう「信頼できる人物」とは、おそらく顔淵にちがいない。曾子にとって顔淵こそはまさに畏るべき後生であった。

8

曾子がいう「政治にたずさわるものは広い度量と強い意志とをもたねばならない。なぜなら課せられた任務は重く、しかも道のりは遠いのだから。なにしろ相手の身になって考えて生きるということがその任務なのだよ。なんとも重いことだ。おまけに死ぬまでつづくのだよ。えらく遠い道のりじゃないか」。

曾子曰く、士は以て弘毅ならざる可からず。任重くして道遠ければなり。仁以て己が任と為す。亦た重からずや。死して後已む。亦た遠からずや。

曾子は「相手の身になって考えて生きるということがその任務なのだ」と自認したうえで「なんとも重いことだ」「えらく遠い道のりじゃないか」と自覚している。孔子は「相手の身になって考えるという生きかたは手のとどかないものではない。欲しさえすればそこにある」（述而29）といっていたが、相手の身になって考えるという「かたち」のないものを体現して生きるということは、曾子のような実直なタイプには必要以上にむつかしく感じられるのかもしれない。

「戦戦兢兢として生きてきたが、これからはもうそんな心配をせずにすむ」といっていたように、曾子にとって「死」は一切の問題を解決してくれるものであった。キルケゴールにとっての「絶望」は死んでもなおらない病であったが、曾子における課せられた任務は「死して後已む」ものであった。死がひとつの区切りでありえたことは、底なしにマジメな曾子にとって仕合わせなことであったにちがいない。

節度（礼）をわきまえないといいたいくらいマジメな曾子は「なんとも重いことだ」「えらく遠い道のりじゃないか」と自分にプレッシャーをかける。見ようによっては不器用ともいえる。そのあたりを評して孔子は「曾子はにぶい」（先進18）というのかもしれない。

人生とは草ぼうぼうの野原をゆくようなものである。腰をおろしたければ草をむしらねばならない。尻をおろせるだけの草をむしっておけば、とりあえず坐れる。ところがマジメな曾子ときたら、律儀というかなんというか、目にはいる草をみんな抜こうとする。いったん抜きはじめると、逆上したかのようにに躍起になって抜きまくり、やがて肩も腰もくたびれてしまう。いやはや、腰をおろしたかったのか草をむしりたかったのか、どっちなのかわからん。しかしガンバリ屋の曾子は、肩や腰をさすりながら、すこぶる満足げである。そして尻のかたちに草をむしり、のほほんと坐っているぼくを見て、「人間、努力が肝腎だ」という顔をする。ええ。わかってはいるんです。努力することはすばらしいって。しかしそれはだれにでもできることじゃない。努力できるように生まれついたものだけが努力できる。努力する才能をもって生まれてきたものはほうっておいても努力する。努力しないでくれと頼んでも努力する（おかげで怠けもののぼくは迷惑する）。

道が二筋に分かれていたら、ぼくはとりあえず楽しそうなほうにゆく。ぼくはガンバらない。かといってガンバるのを否定しているわけではない。「絶対にガンバらないぞ」とガンバってみてもしょうがない。事と次第によってはすこしくらいガンバることもある。ただ「ガンバるべきである」という姿勢をとらないっていうだけである。

ぼくの場合、たいていガンバれない（そういう体質だから）。そういうときは、ちょっとだけガッカリする。でも、すぐにたちなおる（ガッカリすることには慣れている）。そして自分に語りかける。失望しつづけよ、しかし絶望してはいけない、と。

9

—— 詩を読んで感情をふるいたたせ、礼をふまえて行動をまっすぐにし、音楽を聴いて教養をまとめあげる。

—— 子曰く、詩に興(お)こり、礼に立ち、楽(がく)に成る。

ものごとには順序がある。『詩経』をひもといて「こころ」を自分のなかで昂揚させ、礼法を身につけて「からだ」を他人との関係においてととのえ、音楽を聴いて「こころ」と「からだ」とを調和させる。この順でやるのが自然なやりかたである。

10

—— 下々(しもじも)には信じさせるべきだが、そのわけを知らせることはない。

—— 子曰く、民は之(これ)に由(よ)らしむ可(べ)し。

之を知らしむ可からず。

上にたつものは全責任を負うべきであって、下々に責任をもとめてはいかん、と為政者をいましめた言葉である。民とは政治を信じるものであって政治を知るものではない。為政者としても、信頼されるからには然るべき理由があるのだろうが、それをわざわざアピールして知ってもらうことはない。下々がいちいち「お上はなぜこんなことをするのだろう」と首をかしげずにすむような、まさに鼓腹撃壌といった感じで暮らせるような、おだやかな世のなかをめざすべきである。

下々には楽しく暮らせるようにしてやればよく、そのための苦労は上にたつものがすればよい。なぜ楽しく暮らせているのかを知らせる必要はない（下々としてもべつに知りたくない）。やれ情報公開だのなんだのとやかましく叫ばれるのは、お上が信用されていない証拠である。下々は情報なんかもとめていない。お上がちゃんと仕事をしてくれさえすれば、自分にかんする必要な情報くらいは自分でなんとかする。僭越ながら下々を代表していわせてもらえば、お上には「しっかり信じさせてくれ。いちいち知らせてくれなくてもいいから」といいたい。

というふうに読むしかないとはおもうが、なんとなく「信じさせるべきだが、信じさせる理由を知らせるのはむつかしい」と読んでみたい気もする。

子どもに「遊んでるほうが楽しいのに、なんで勉強しなくちゃいけないの？」ときかれて往生した親は多いだろう。「勉強すると、よい学校にはいれ、よい仕事につけるから、よい人生を送れるんだよ」

などというウソ八百で子どもは納得するだろうか。するわけがない。親自身がそんなことは信じちゃいないんだから。かといって頭ごなしに「ツベコベいわず勉強しろ」とどなりつけるのも得策ではない。じゃあどうすればよいかっていうと、とりあえずお手上げだとおもう。

上（為政者・親）と下（大衆・子）というふうに、ひとまず人間を大雑把に分けてみる。そして道義というものは「もっぱら上のみにもとめられるものであって下にそれをもとめることはない」と考えてみる。上と下とでは努力すべきことがちがう。現実はそう簡単ではないが、理屈としてそう考えてみる。で、そういう乖離をみとめるなら、下がサボったとしても、それは下がわるいのではなく、むしろ上がわるいのである。問われるべきなのはあくまでも上の道義である。

道義というと大仰だが、つまり優しいこころでありえているかということである。自分のこころが優しければ、他人は安心してつきあってくれる。他人にたいして優しくあることは、あくまでも自分のありかたのあらわれである。なぜ安心してつきあえるのかということは、いちいち他人に知らせるまでもない（知らせうることでもない）。

11

子曰く、勇を好みて貧しきを疾むは、乱る。人にして不仁なる、

血の気の多いやつは、みじめな境遇におかれると平静でいられなくなる。ろくでもない手合いがいても、むやみに毛嫌いすると面

倒なことになる。

之(これ)を疾むこと已甚(はなは)だしきは、乱る。

自分が「みじめな境遇」にいるせいでみだれる。自分のなかにみだれる理由があってみだれる。相手が「ろくでもない手合い」であるせいでみだれようと、いずれにせよみだれるのは自分である。自分や他人を意識しすぎないようにすることは、あくまでも自分がこころがけるべきことである。意外と血の気が多いところもあった孔子は、みだれる理由が自分にあろうと他人にあろうと、すぐにカッとなっちゃいかんよ、と自戒をこめていっているんじゃないだろうか。

正しければいいってもんじゃない。正しくないことをやらかした人間だって、「正しくないかも」と薄々感じている。そこを正義漢づらして「正しくないぞ」とダメ押しするのは、そんなふうにするほうが乱暴である。要するに、やりすぎちゃいけない。しんみりするくらい当たり前のことだが、卓見だとおもう。

12

周公(しゅうこう)ほどの学殖があったとしても、おのれの知識をほこるばか

子曰く、如(も)し周公の才の美有る

りで教え惜しむようであったら、せっかくの美点も帳消しになってしまう。

とも、使し驕り且つ吝めば、其の余は観るに足らざるのみ。

せっかく才能があっても、それを他人に「ひけらかす」だけだと、すべてがおじゃんである。美人はだれが見ても美人なのである。「あたし美人でしょ」とみずからいったりすると、せっかくの美人が台無しである。美人は美人らしくチヤホヤされていればよい（他人はちゃんと眼福にあずかっているのだから）。

13

三年も学びつづけたのに食い扶持にありつこうとしないという奇特なものは、めったにいない。

子曰く、三年学びて穀に至らざるは、得易からざるなり。

大学院生のころをかえりみるに、中国哲学なんていう浮世ばなれした学問をやっていればなかなか就職口がないのは当たり前であって、「三年も学びつづけたのに食い扶持にありつけない」くらいではだれも同情してくれない。ひたすら学問にうちこんでいればそのうち自然に食ってゆけるようになる、というほど世のなか甘くない。どのみち甘くないんだから、どうやったら食ってゆけるかなんてことをいちいち気に病まないほうがよい。

敷かれたレールのうえを歩くだけの人生はつまらない。だが、そのレールを敷いたのは自分である。つまらないのは自分をとりまく世界ではない。あくまでも自分自身である。

14

こころから学問を好み、命がけで道徳をおさめる。あぶない国には近寄らず、みだれた国には長居しない。道理がとおるようなら表にでるが、道理もへったくれもないようなら裏に隠れる。道理がとおるのに貧賤に甘んじているのは恥ずかしい。道理がとおらないのに富貴になるというのも恥ずかしい。

子曰く、篤く信じて学を好み、死を守って道を善くす。危邦には入らず、乱邦には居らず。天下道有れば則ち見れ、道無ければ則ち隠る。邦に道有るに、貧しく且つ賤しきは恥なり。邦に道無きに、富み且つ貴きは恥なり。

国がおさまっているのにさっぱり出世できないのは、しょせん無能なのである。国がみだれているのにちゃっかり立身しているのは、きっと汚いことをしているのである。出処進退のよろしきを得ていないという意味ではどっちもいただけない。

「君子危うきに近寄らず」と用心するほうが「虎穴に入らずんば焉(いず)くんぞ虎子を得ん」と冒険するよりも、簡単そうにおもえて、じつはむつかしい。火中の栗をひろってヤケドをするような無鉄砲はだれにでもできる。

15

その立場にあるのでなければ、その仕事にとやかく口出ししない。

子曰く、其(そ)の位に在らざれば、其の政(まつりごと)を謀(はか)らず。

他

人は他人なりに自分の仕事をこなしている。そこに横から茶々をいれるべきではない。自分なりに自分の仕事をこなしておればよい。

生きるというのは自分が主人公の唯一無二の物語をつづることである。だれもみなおのおのの物語をそれぞれの流儀でつむいでいる。他人の物語のなかに土足であがりこんじゃいけない。ぼくはかれの秘められた悲しみを知らないのだから。

せっかく自分が主人公の物語をつむいでいながら、ひとは「自分らしさ」をもとめたりする。その自分らしさとは、そうありたいと願っている自分であり、いまの自分らしくないものである。自分らしくないことを、いっちゃったり、やっちゃったりしたとしら、いっちゃったり、やっちゃったりするのが自分なんだから、それを引き受けよう。現にある「その立場」が自分らしいかどうかなんてどうでもよい。

16

楽師の摯(し)が演奏する関雎(かんしょ)の曲は、そのはじまりからおわりまで、じつに豊かに耳にひろがってくるねえ。

子曰く、師摯(しし)の始め、関雎(かんしょ)の乱(おわ)り、洋洋乎(ようようこ)として耳に盈(み)つるかな。

楽師は曲のはじまりからおわりまで聴衆をよろこばせるために演奏する。聴衆はその演奏のすばらしさをよろこび、楽師は聴衆によろこばれることをよろこぶ。おのおの自分のよろこびを生きている。

17

自信家のくせに一途でなく、田舎者のくせに素朴でなく、頑固者

子曰く、狂(きょう)にして直(ちょく)ならず、侗(とう)

のくせに誠実でないというのでは、箸にも棒にもかからない。

にして愿ならず、悾悾にして信ならずんば、吾れ之を知らず。

中庸を重んじながらも人間味あふれた過剰さにも共感をいだくというふところの深さが孔子にはある。ただし過剰であるからには、せめて裏表のない人間であってほしい。カッとなるくせに正直でなく、ガキっぽいわりに可愛げがなく、マジメぶっているのにウソをつくというのでは、さすがにお手上げである。

ガンコだったら、せめてマジメであってほしい。ガンコなくせにズボラだというのでは処置なしである。マジメでないようならガンコ失格ってことである。

18

学ぶからには追いかけつづけるという姿勢でやらねばならないが、そうやっていてもなお置いてけぼりになりゃせんかと心配になる。

子曰く、学ぶは及ばざるが如くするも、猶お之を失わんことを恐る。

学びの道はきびしい。現状を維持するためには不断に精進しつづけねばならない。まして進歩しようとおもえば旧に倍する努力がもとめられる。学問には「これでよし」ということがない、と孔子がシビアな物言いをするのは、おそらく弟子たちの怠けぶりが目についたからだろう。こんな小言をわしにいわせるな、と孔子はボヤく。

もっとも、対象を追いかけて走りつづけるというのは、一歩まちがうと、あぶない譬えかたになる。他人との競争を勝ちぬけということならまちがっている。自分の怠けごころと戦えということならうなづける。

19

立派だなあ舜や禹の天下のおさめぶりは。すべてを適任者にゆだねて、みずから手をくだすことはなかった。

子曰く、巍巍乎たるかな、舜禹の天下を有てるや。而して与らず。

有能なひとにかぎって得てしてなんでもかんでも自分ひとりで片づけようとしがちである。自分ひとりがガンバるというのは、これまた一歩まちがうと、他人を信頼していないということになりかねない。

いにしえの聖人は、まさに君臨すれども統治せずといった感じで、すぐれた部下にまかせきりであった。それにひきかえわしはこんな説教までせにゃならん、と孔子はグチっていた(18)。グチりたい気持もわかるけど、口さがない弟子なら「先生、それってご自身にかえってきやしませんか」というかも。舜や禹のもとには優秀な部下がいたのに、孔子のもとにはボンクラの弟子ばっかりだとすれば、それは上にたつものの差っていうことになりかねない。ひょっとして墓穴を掘ってしまったってことはないだろうか。

20

偉大だなあ堯(ぎょう)は。立派だよ、ひたすら天を偉大であるとし、堯のみが天を体現することができた。悠々たるもんだよ、人民が(天の存在を意識できないように、堯の偉大さを)言葉であらわすこともできないというのは。堂々たるもんだよ、その為政の見事さたるや。赫々(かっかく)たるもんだよ、その文化の華やかさたるや。

子曰く、大なるかな、堯(ぎょう)の君為(た)るや。巍巍乎(ぎぎこ)たるかな、唯(た)だ天のみ大と為(な)し、唯だ堯のみ之(これ)に則(のっと)る。蕩蕩乎(とうとうこ)として民能(よ)く名づくること無し。巍巍乎として其(そ)れ成功有り。煥乎(かんこ)として其れ文章有り。

上にたつものは、ただオーラを発散するのみで、いちいち細かいことに口出ししない。だから下々のものは、その恩恵をこうむっていることが自覚できない。周の泰伯が「三回も権力の座をゆずりながら、ちっとも評判にならなかった」（1）みたいに俗情と隔絶した気高さは下々には気づかれない。

よけいなことをしないというのが上にたつものの心得である。おとなしく南面していれば下のものがうごいてくれる。上にたつものがむやみに勤勉だと下々のものはたまったもんじゃない。

美人はだれがみても美人なんだから「あたし美人でしょ」といったりすると美人が台無しだと書いた（12）。偉いひともそうであって、「オレは偉いんだ」とみずからいったりすると、偉ければ偉いほど鼻もちならなくなる。おのれの偉さに気づかれないようにするのがホントに偉いひとである。

21

舜には五人のすぐれた臣下があり、それで天下がおさまった。
周の武王は「わたくしには頼りになる臣下が十人いる」といった。
「人材は得がたいというが、まったくだ。堯・舜・禹のころから周のはじめにかけては人材豊富な時代だった。（そうはいっても武王の臣下十人のうち）婦人が一人いたので（その内助の功をのぞけ

舜、臣五人有りて天下治まる。武王曰く、予れに乱臣十人有り。孔子曰く、才難し、其れ然らずや。唐虞の際、斯に於いて盛んなりと為す。婦人有り。九人のみ。天下を三分して其の二を有

ば）九人にすぎない（から人材は得がたいといってよい）。周は天下の三分の二を掌握しながらなお殷につかえた。周の徳こそは最高といってよかろう」。

ち、以て殷に服事す。周の徳、其れ至徳と謂う可きのみ。

22

徳のあるものは、自分からジタバタしなくても、他人にちゃんと助けてもらえる。頼れる他人を得られるかどうかは、そのものに徳があるかどうかにかかる。

「ひと」さえいれば、上のものはよけいなことをせず、有能な下のものにまかせておればよい。肝腎なのは、重責をゆだねるに足るような下のものを得られるかどうかってことであるが、そのためには徳のある上のものがいなければならない。

禹は非の打ちどころがない。飲食をきりつめて祖先への供物を手厚くし、普段着をみすぼらしくして祭祀の礼服をはなやかにし、住まいをつつましくして灌漑事業に力をそそいだ。禹は非の打ちどころがない。

子曰く、禹は吾れ間然すること無し。飲食を菲くして孝を鬼神に致し、衣服を悪しくして美を黻冕に致し、宮室を卑くして力を溝洫に尽くす。禹は吾れ間然すること無し。

自分（私）のことはあとまわしにし、そのぶん他人（公）のために労を惜しまない。私には質素であり、公には太っ腹である。もし私において傲慢であり、公において吝嗇（りんしょく）であれば、上にたつものの失格である。

禹は「情けは人の為ならず」などと功利的に考えているわけじゃない。他人の生を豊かにすることが、とりもなおさず自分の生を豊かにすることなのである。まさに徳のあるものといえよう。

子罕（しかん）第九

日常生活におけるこころがけ

1

一　先生は利得・天命・慈愛についてはめったに語られなかった。

一　子、罕（まれ）に利と命（めい）と仁とを言う。

営　利や運命といった人為（じんい）の沙汰を超えたことについて、いちいち言葉で語ることはできない。語りえぬものについては沈黙せねばならない。相手の身になって考えるということについてはどうか。それもまた言葉でもって語るべきものではない。身をもって生きるべきことである。

2

一　達巷（たつこう）の村人がいう「偉いねえ孔先生は、あんなに博学でありなが

一　達巷（たつこう）の党人曰く、大なるかな孔

ら（ひとつのことの専門家として）有名にならない」。先生はこれを聞くと門人にむかって「なにを専門にしようか、御者かな、射手かな、そうだ御者にしよう」。

子、博く学びて名を成す所無し。子、之を聞き、門弟子に謂いて曰く、吾れ何をか執らん、御を執らんか、射を執らんか、吾れ御を執らん。

とてつもなく博学なんだけど、「何々屋である」という看板をかかげないもんだから、ちっとも有名にならない。「君子は器ならず」（為政12）をおもいだす。博学はややもすれば雑学とみなされる。その道一筋のほうがカッコいい。とはいえ、専門家というものは得てしてそのことの腕利きとして役にたつだけであって、人間性そのものが度外視されがちである。学者というと聞こえはよいが、頭でっかちの専門バカになってもしょうがない。それくらいなら御者であれ射手であれ、身をもってはたらくものでありたい。

3

（礼装としては）麻の冠が礼にかなっている。ちかごろ絹糸にしているのは倹約になっている。わたくしも絹糸にしよう。（君主に礼拝するときには）堂の下におりてお辞儀をするのが礼にかなっ

子曰く、麻冕は礼なり。今や純なるは倹なり。吾れ衆に従わん。下に拝するは礼なり。今上に拝

ている。このごろ堂の上でお辞儀をするのは増長している。大勢に逆らうことになろうとも、わたくしは堂の下におりることにしたい。

するは泰（たい）なり。衆に違（たが）うと雖（いえど）も、吾（わ）れ下に従わん。

礼をまもることは大事である。しかしながら礼とは世間にひろく流通している「ならわし」である。身をもってふるまうべき現場にあっては、よろしく臨機応変であるべし。孔子はたんなる守旧派ではない。礼にかんしても、流行にしたがう場合もあれば、したがわない場合もある。質素にするというなら流行にしたがう。傲慢になるようなら流行にはしたがわない。

ひとは信ずべきことを信ずるのではない。信じやすいことを信ずるのである。孔子はいう。「ひとつ」になるな、「ひとり」であれ、と。

4

先生はつぎの四つのことにつとめられた。よけいな気をまわさない。こうだと決めてかからない。かたくなに固執しない。自分をひけらかさない。

子、四（し）を絶（た）つ。意なる毋（な）かれ。必（ひつ）なる毋かれ。固（こ）なる毋かれ。我（が）なる毋かれ。

一所懸命にやるのだが、うまくゆかない。でもガンバりつづける。「ガンバるべきだ」という考えにこだわると、明らかに無理っぽくても、やめるにやめられなくなり、そんな自分をもてあまし、やがて煮詰まってしまう。「こうであらねばならん」と決めつけると身うごきがつかなくなる。

おのれの考えにこだわると（意）それをとおそうと意地になって（必）どうしても無理強いしたくなり（固）、すると今度はそうする自分を正当化しなくちゃならなくなる（我）。これらはたがいに連関している。ひとつにこだわると、おぞましい悪循環におちいってしまう。

オトナのぼくは子どものころには考えられなかったことを考えることができる。逆に子どものときには考えられたことをもはや考えられなくなっている。要するに、ぼくは変化している。そういう自分の「変化そのもの」について語ることはできない。けれども、のべつ変化しつつ、ひたすら語りつづけることはできる。

現に生きていながら「生きている」という当のことの全体を対象化するのは無理である。生きてゆく可能性の外部にあって生きうる可能性の全体を対象化するなんて、どう考えてもできっこない。だから人生というものは「全体としては」なんの意味もないんだけど、そのつどの部分については「なんの意味もない」なんていうものはひとつもない。子どもは子どもなりに、オトナはオトナなりに、自分のありかたは「こうであらねばならん」と決めてかからず、そのつど「意・必・固・我」にならないように気をつけて生きてゆけばよい。

5

匡の地で危機におちいったとき、「周の文王はとうに亡くなられたが、その文化はわが身にこうして伝わっている。天がこの文化をほろぼそうとしているならば、わが身はこの文化を継ぐことはできないはずである（が現にこうして継いでいる）。天がこの文化をほろぼそうとしないからには、匡の連中ごときにわが身をどうすることもできはせぬ」。

子、匡に畏る。曰く、文王既に没すれども、文茲に在らずや。天の将に斯の文を喪ぼさんとするや、後死の者、斯の文に与るを得ざるなり。天の未だ斯の文を喪ぼさざるや、匡人其れ予を如何。

文化が伝承されるかどうかは、およそ人知のおよぶところではない。ほろびるべきものであれば、ほろびるであろう。そのことの是非をあげつらってみても詮ないことである。文化をこの身に体して生きてゆくのみ。

6

ある宰相が子貢にたずねる「おまえの先生は聖人なのだろうか。それにしては俗事に通じておるようだが」。

太宰、子貢に問うて曰く、夫子は聖者か。何ぞ其れ多能なるや。

「仰せのとおり先生は天にみとめられた聖人に近いおひとなのですが、そうでありながら俗事に通じてもおられるのです」。先生はこれを聞いて「宰相はよくご存じだ。わたくしは若いころ貧しかった。だから俗事に通じておる。ひとの上にたつものは卑しいことに通じているべきだろうか。いや、その必要はない」。

子貢曰く、固より天の縦せる将に聖たらんとせるものにして、又た多能なり。子、之を聞きて曰く、太宰、我れを知れるか。吾れ少くして賤し。故に鄙事に多能なり。君子、多ならんや。多ならざるなり。

孔子は下世話なことに通じており、なにかの専門家として名を馳せることはなかった。そこをイヤ味ったらしく指摘され、孔子はジッと手を見る。良家のボンボンには無縁のことにも手を染めざるをえなかったもんで、知らなくてもよいことまで知っておりますよ、と。これはたんなる自嘲の言であろうか。

7

琴牢がいう「なかなか職を得られなかったので、いきおい多藝多能にならざるをえなかった、と先生からうかがったことがある」。

牢曰く、子云く、吾れ試いられず、故に藝あり、と。

仕事をするためには実力がなければならない。しかし、はじめから実力がそなわっているわけではない。実力とは仕事をこなすうちにすこしづつ身についてくるものである。だれにだって修業時代はある。

スペシャリストという生きかたはカッコいい。しかし「それ以外」の生きかたもまたあってよい。「それ以外」という選択肢のない社会は息苦しい。

だれかの勝ちは自分の負けではない。だれかの得は自分の損ではない。他人と自分とをくらべてもしようがない。あんなひとになりたいと努力するのもよいが、自分が自分であることを受けいれることも大事である。

8

わたくしはもの知りだろうか。いや、もの知りではない。ものを知らない人間が問うてきても、わたくしはカラッポでなんにも教えてやれない。ただし、なんとかして知ろうとしてジタバタするすべなら、わたくしは知っているかぎりの手をつくして教えてやれる。

子曰く、吾(わ)れ知ること有らんや、知ること無きなり。鄙夫(ひふ)有りて、来たりて我れに問う、空空如(こうこうじょ)たり。我れ其(そ)の両端を叩いて竭(つ)くす。

世のなかには「もの知り」という人種がいて、「そんなこと知っててどうすんの」というような重箱の隅的なことまで知っている。もの知りはしばしば自分はなんでも知っていると勘ちがいしがちであるが、じっさいは知らなくてもよいことを知っているだけだったりする。

ネットでおびただしい知識を仕入れても頭でっかちになるのがオチである。それよりも「知るべきことを知るすべ」を身につけているほうがよい。知っていること自体はさほど価値をもたない。どうやったらもっと知ることができるか、そうやって知ったことをどう使うか、というメタ知識のほうが有用である。

メタ知識とは、知っていることを「生」の全体的な文脈のなかにどう位置づけるのかを知るといった態度決定にかかわる知識である。そういうメタ知識はネットには見つからない。

9

鳳凰は飛んでこないし、黄河（こうが）から神秘の図もでてこない。もはやこれまでか。

子曰く、鳳鳥（ほうちょう）至らず、河（か）、図（と）を出（い）ださず。吾（わ）れ已（や）んぬるかな。

孔子だって落ちこむときはある。「天道、是か非か」とボヤきたくなるときもある。頭では「やるべきこと」がわかっていても、現実のありさまをみると、この身がうごかない。孔子はわが身をなげいているのではない。世のなかをうれえている。

10

先生は、喪服のひと、礼服のひと、目の不自由なひとを見かけると、それがどんなに若輩であろうとも、かならず座からたちあがり、そのそばをとおるときには歩幅をせまくした。

子、斉衰の者と冕衣裳の者と瞽者とを見れば、之を見て少しと雖も必ず作ち、之を過ぐれば必ず趨る。

こころに浮かんだことは身をもってあらわす。それが礼だからではない。それが人間だからである。

11

顔淵は「ふぅ」と溜息をついて「仰げば仰ぐほど高く、斬りこめば斬りこむほど堅い。まえかとおもえば、たちまちうしろ。丁寧にみちびき、知識をほどこし、教養をさずけてくださるので、学

顔淵、喟然として歎じて曰く、之を仰げば弥いよ高く、之を鑚れば弥いよ堅し。之を瞻れば前

ぶのをやめようにもやめられない。全力をだしきったつもりでも、はるか彼方におられる。是が非でもついてゆきたいのだけれども」。

に在り、忽焉として後に在り。夫子、循循然として善く人を誘く。我れを博むるに文を以てし、我れを約するに礼を以てす。罷まんと欲すれども能わず。既に吾が才を竭くせるも、立つ所有りて卓爾たるが如し。之に従わんと欲すと雖も由末きのみ。

教育の現場における「権威の不在」ということは、ややもすれば命取りになりかねない。もちろん悪しき権威主義はよろしくない。しかし教育における「正当な権威」の必要性は自明である。権威の必要性について口を閉ざしながら、したり顔で教育を論ずるのは、おそろしく欺瞞的である。

教師が教える相手にたいして確乎たる権威を示しえなければ教育は骨抜きになる。教師がはなから権威を放棄して「なにごとも学生の自主性による」といった立場をとったりすると、その教室には無責任の風が吹きすさぶ。責任の所在が不明のままにものごとが語られ、それが民主的なありかたの自然な流露であるかのように演出されるとき、そこはすでに教育の場ではない。学生の自主性を尊重するという大義名分のもとに権威を放棄し、たんに話のわかるオトナとしてふるまうとき、かれはもはや教師ではない。

じゃあ然るべき教師が然るべく教えれば学生は自動的に学ぶかというと、そうは問屋がおろさない。「教えられること」と「学ぶこと」とはかならずしも同時には成りたたない。教師が「あんなに一所懸命に教えたのにテストをしたら全然できない」と腹をたてるのは勘ちがいしている。教えられることと学ぶことは異質の出来事なのである。顔淵が「一を聞いて以て十を知る」（公冶長9）という秀才だったということが、教えられることと学ぶこととは別物だっていう証拠である。

教員に研修を課すことに端的にあらわれているように、昨今教えることばかりが槍玉にあげられる風潮がある。研修を課すことの背景には「教師がうまく教えさえすれば学生はよく学ぶようになるはずである」という迷信がある。これのなにがダメって「学生とは主体性のない受動的な存在でしかない」と認識しているところである。肝腎の学生の主体性を信用しないというのではどうしようもない。大切なのは学ぶもの自身の学ぶ力である。学ぶ力のないものにどんなに立派な教師をあてがってみても効果はない。

学ぶとは「楽しさは自分の外にあるのではなく、自分の内にしか見つけられない」と気づくことである。「教えてちょうだい」と受動的に待っているだけなのと「学ぶぞ」と能動的に身構えるのとでは雲泥の差がある。顔淵は「学ぶのをやめようにもやめられない」という。こういう学ぶものの学びたがる力をバカにしちゃいけない。「こうしてやんないと学ばないからさ」と世話を焼いてやればやるほど、かれらは学べない人間になってゆく。

12

先生の病が重くなる。子路は（師をみとるべく）門人たちを家来に仕立てる。病状が小康を得ると「子路のやつ、またデタラメをやりおって。家来などいないのに家来がいるかのようにしつらえるとは。それで世間の目はダマせても、お天道さまはお見通しだろう。まやかしの家来にかこまれて死ぬよりも、おまえたちにみとられて死にたい。たとえ豪勢な葬儀はやれないにせよ、まさか道ばたで野垂れ死にするわけでもあるまい」。

子、疾い病なり。子路、門人をして臣為らしむ。病、間なると曰く、久しいかな、由の詐りを行うや。臣無くして臣有りと為す。吾れ誰をか欺かん。天を欺かんか。且つ予れ其の臣の手に死なんよりは、無寧ろ二三子の手に死なん。且つ予れ縦い大葬を得ずとも、予れ道路に死せんや。

人間は失敗する生きものである。どうせ失敗するなら、薄情なせいでするよりも仁愛のゆえにするほうがマシである。たとえ仁愛のゆえの失敗であっても失敗は失敗であるが、失敗にはそのひとの人間性があらわれる（里仁7）。

師のことをおもったらジッとしていられないのが子路である。たしかに勇み足ではあるけれども、そこが子路の魅力である。短所と長所とは裏表である。人間はたいていその長所において失敗をやらかす。

師をおもうあまり、子路はニセモノの家来を仕込むという愚行をやらかす。なるほど愚行ではあるけれども、その師をおもうこころはホンモノである。「おまえたちにみとられて死にたい」というおまえたちの筆頭にいるのは、きっと子路である。

13

子貢（しこう）がいう「うつくしい宝石があるとして、箱にしまっておきましょうか、それとも売りましょうか」。「売ろう、売ろう。よい買い手があるとよいのだが」。

子貢（しこう）曰く、斯（ここ）に美玉有らば、匱（ひつ）に韞（おさ）めて諸（これ）を蔵（おさ）めんか、善賈（ぜんこ）を求めて諸（これ）を沽（う）らんか。子曰く、之（これ）を沽らんかな、之を沽らんかな。我れは賈（こ）を待つ者なり。

孔子は「わたくしは人間のほかに生きてゆくべき仲間をもたない」（微子6）という。ひとは人間社会のなかで生きる。人間社会のなかで生きるとは他人のリクエストにこたえるということである。「売ろうよ、売ろうよ」とは他人のリクエストにこたえる気があるということであり、「よい買い手がいるといいのだが」とは他人のリクエストにこたえることを自分の生きかたの実現とみなすということである。

14

子、九夷に居らんと欲す。或ひと曰く、陋しきこと之を如何せん。子曰く、君子、之に居らば、何の陋しきことか之有らん。

先生が田舎で暮らそうとする。
「むさくるしいですよ」。
「ちゃんとした人間にとって、むさくるしい土地なんてないよ」。

さっきは買い手をもとめていた孔子だが、ここでは都落ちを口走っている。意に反する就職をして不本意な仕事をするよりも、未開の地にあって存分に腕をふるうほうが、むしろ自分の理想を実現できるとおもったのかもしれない。デカルトはフランス語で『方法叙説』を書いた。ラテン語の世界に絶望してフランス語の世界に希望を託した。そういうおもむきが孔子にもあったのかもしれない。

むさくるしいかどうかは頭で決めることではない。身をもってする生きかたによって、それはさだまってくる。ぼくは「金がかからず、他者を必要としない」ような趣味をもつことが、こころ豊かに生きるコツだとおもっている。こころ豊かに生きるためには、むしろ田舎に暮らすほうがよいのかもしれない。

15

わたくしが衛から魯にもどり、みだれていた音楽はようやく正しくなり、『詩経』の雅も頌もあるべき場所におちついた。

子曰く、吾れ衛より魯に反り、然る後に楽正しく、雅頌各おの其の所を得たり。

孔子は六十八歳のときに郷里にもどり、七十三歳で没するまで経典の編纂と弟子の教育とにいそしんだ。学ぶことと教えることとが、孔子にとっては身をもってなすべき本務であった。

16

外では公や卿という身分の高いひとにつかえ、家では父や兄という目上のひとにつかえる。葬儀のさいは丁重に礼をつくす。酒席では酔って不始末をしでかさない。なんとかやれないものだろうか。

子曰く、出でては則ち公卿に事え、入りては則ち父兄に事う。喪の事は敢えて勉めずんばあらず。酒の困れを為さず。何ぞ我れに有らんや。

学ぶことと教えることとが身をもってなすべき本務ではあるが、日常生活における心得として、いくつか常識的な処世についてものべておこう。これら四つのことが、はたして自分にできているだろうか。むつかしいことではあるが、やってやれないことではないし、やらねばならない。

17

「流れてゆくよ、昼となく、夜となく」。

子、川の上（ほとり）に在りて曰く、逝（ゆ）く者は斯（か）くの如（ごと）きか。昼夜を舎（お）かず。

時の流れは川の流れのごとく不断であり不可逆である。そのことをどうとらえるかは頭で決めることではない。身をもってする生きかたによって、それはさだまってくる。

川のほとりにたたずんで、孔子はなにをおもっているのだろうか。

ぼくは「いま」を生きていて、そこから過去や未来をおもっている。昨日「食べた」と過去形でいったり、明日「食べよう」と未来形でおもったりというふうに、ぼくは「いま」にあって過去や未来を言語的につむいでいる。「もう」ない過去と「まだ」ない未来とは「いま」の表象にとりこまれている。「いま・いま・いま」と不断に変化しているのであって、過去というものが現在になり、現在というものが未来になるわけじゃない。そういう特権的な「いま」にあって、孔子は川の流れをながめている。孔子は川の一点を見ているのではない。位置のみがあって大きさをもたない一点が「流れてゆく」ことはない。上流から流れてくるものと、下流へと流れてゆくものと、その一切をふくんだ流れのすべてを、孔子は一挙に見ている。川の流れを見るとはそういうことだろう。

見ている孔子も見られている川も、一切合財、時間とともに流れている。そういう時間の流れそれ自体をすでに流れている当のものが知ることはできない。ものごころついたときには、ぼくは時間とともに流れている世界のうちにほうりこまれていた。時間とともに流れつつ生きているという状況にありながら、その状況をもたらしている条件である時間そのものについて語るためには、その世界からいったん身をひきはがして時間の流れないところにたち、そこから時間について語らねばならない。が、そんなことはできっこない。

この場をかりて、ぼくの青臭い妄想をのべてみたい。

ぼくは「時は未来から過去へと流れる」とおもっている。未来はまだ来ていない。いつしか現在にいたり、やがて過去へと去ってゆく。まだ無いものがやってきて、いま有るものになり、いま有るものが無くなって、もう無いものになる。

川岸で見ていると、水は上流から下流へと流れる。ふつうの感覚だと、上流が過去で下流が未来だろう。しかし下流に未来をイメージすることに、ぼくは違和感をおぼえる。上流に船が見える。まだやってきていないが、遠くに見えている。やがてやってきて、去ってゆく。船だとそれが自然なのに、どうして時の場合は未来から過去へと流れるとイメージしにくいのだろう?

昨日の日記はすでに書かれている。明日の日記はまだ書かれていない。日記をもう書いてしまった昨日、現に書いている今日、まだ書いていない明日、カレンダーの日付をたどるように、この順で時は流れてゆくような感じがする。すでに書いてある黒いページから、現に書いている「いま」を経て、まだ書いていない白いページへと、紙を繰るように時が流れるように感じられる——そういう常識的な時間意識を、ぼくはしりぞけたい。「過去の現在」であったものが「現在の現在」になり、やがて「未来の現在」になるのではない。そのつど現在は永遠である。そのつど「いま」が生成し、消滅するだけである。ぼくは不生不滅の「いま」を生きている。時間は「過去から現在へ、そして未来へ」と流れるのではなく、「まだない」未来から現在が生成してきて、「すでにない」過去へと消滅してゆくのである。

人間、歳をとると「過去のひと」になる。歳をとるというのは、これまでのありかたが過去へと去ってしまうことじゃないだろうか。子どもの時が去り、やがてオトナの時がやってくる。オトナである現在、子どもであった時はとうに過去へと流れ去り、もはや帰ってこない。オトナの時もやがて過ぎ去り、死ぬ時がくる。ぼくが死ねば、ぼくの存在そのものが過去のものになる。いいひとだったけどねえ、と。

時は「まだない」時から「もうない」時へと流れる。子どもの時であれ、オトナの時であれ、死ぬ時であれ、そのつどの「いま」は固有のありかたをしている。その時々の固有のありかたが未来からやってきて、それを「いま」として生き、それは過去へと流れてゆく。

18

内面のうつくしさを愛することが外形のうつくしさを愛するほどであるようなひとにはお目にかかったことがない。

子曰く、吾れ未だ徳を好むこと色を好むが如くする者を見ざるなり。

徳をもとめることよりも美をもとめることのほうが、どうしてもリアリティーをもちがちである。それはやむをえぬ仕儀ではあるが、どう生きるかということは頭だけで決められることではない。身をもってする生きかたによって、それはさだまってくる。

「やは肌のあつき血潮にふれも見でさびしからずや道を説く君」と与謝野晶子にうたわれるまでもなく、だれだって「道」よりも「やは肌」のほうがよい。徳を好むこと色を好むがごとくせよと無茶をいわれてもねえ（と、もう無茶と決めてかかっているのである）。

またまた妄想だが、前章と本章とは相俟ってひとつのことを教えているっていうことはないかなあ。川は低いほうへと流れる。それが自然である。ほうっておいても水はそうである。道徳をおさめるよりも美女とつきあうほうが好もしい。それが自然である。ほうっておいても男はそうである。だが、それではイカンよ、と孔子はいいたかったりして。不自然ではあるけれども、低いほうから高いほうへと逆流するように、あえて美女よりも道徳をもとめよ、と。つねに道徳的に向上しようとせよ、と。

19

土を盛るさい、あとスコップ一杯だけで完成するというとき、そこでやめたら、やめたのは自分がやめたのだ（そしてそれっきりだ）。地を平らにならすさい、たとえスコップ一杯の土をまいただけでも、やったのは自分がやったのだ（すべてはそこからはじまる）。

子曰く、譬えば山を為るが如し。未だ成らざること一簣なるも、止むは吾が止むなり。譬えば地を平らかにするが如し。一簣を覆すと雖も、進むは吾が往くなり。

あと一歩で完成というところまでこぎつけても、そこでやめてしまえば、それは未完成である（もう絶対に完成しない）。たった一歩だけ前進したにすぎなくても、たしかに一歩ぶんだけの進歩はあったのだ（そのうち完成するかもしれない）。やめるのも、すすむのも、だれでもない自分がそうするのである。

孔子はつねに途上にあるひとである。一歩一歩の過程を大切にする。完成することよりも向上することのほうを大事にする。そしてその絶えざる歩みは、まずは「だれか」がはじめねばならない。そのだれかとは、いつだって自分である。

「やるからには結果がでなきゃ」とは考えないほうがよい。やれるだけやったのなら、それで御の字である。「もうちょっとやれば結果がでたかもしれないのに、ここまでしかやれなかった」としたら、そこまでが能力の限度だったわけで、それが自分なのである。

途中の結果ですべてが決まってしまうわけじゃない。とりあえず限界とおもえるところまではやったと実感することは、それなりの重みをもっている。「やれるだけやった」とおもえれば、「よし、つぎ」と歩きだせる。

20

子曰く、之に語りて惰らざる者は、其れ回なるか。

——教えたことをサボらずにやるのは、顔淵だね。

21

顔淵

淵もまた途上にあるひとである。絶えず努力しつづけ、そうやって途上にありつづけることを大事にするひとである。

頭だけで理解するのではなく、身をもって体得しようとする。そのことを身につけようとして努力しつづけること自体に価値を見いだせるひと、それが顔淵である。

顔淵を評して「まったく残念だよ。かれがすすむのは見たけれども、かれがとまるのは見たことがなかった」。

子、顔淵を謂いて曰く、惜しいかな。吾れ其の進むを見るも、未だ其の止むを見ざるなり。

いまだかつてすすんだおぼえはないけれども、かといってとまっているつもりもない。どこかにはむかっているはずだけど、いまだに行きさきはわからない。ただ、どんなに前途が多難であろうとも、よいことは「未来にあって、過去にはない」ということだけは信じている。

22

せっかく植えた苗のなかには枯れてしまって花の咲かないものもある。花が咲いたとおもっても実の熟さないものもある。

子曰く、苗にして秀でざる者有らん。秀づれども実らざる者有らん。

成功したとしても、それは偶然の所産かもしれない（から過信してはならない）。失敗したとしても、それは成功へのキッカケかもしれない（から悲観することもない）。所期のことに手がとどくかどうかは、しばしば偶然に左右される。もとめさえすれば手にはいるというものではないけれども、もとめつづけることはできる。現世での成功を得られるかどうかは運であるとしても、それをもとめて生きることは偶然的なことではない。

孔子のこころには顔淵のことがある。顔淵が夭折(ようせつ)したのは寿命である。早世(そうせい)したことを悔やんでみてもしょうがない。孔子のような師にめぐまれ、学びつづけることができたのである。仕合わせな一生だったんじゃないだろうか。

23

若者に期待しようじゃないか。よい若者がどうして年寄りの後塵(こうじん)を拝しておれようか。もっとも、四十五十になっても鳴かず飛ばずなら、これはもう期待できないが。

子曰く、後生(こうせい)畏(おそ)る可(べ)し。焉(いず)くんぞ来者(らいしゃ)の今に如(し)かざるを知らんや。四十五十にして聞こゆること無くんば、斯(こ)れ亦(ま)た畏るるに足らざるのみ。

教師の仕事のひとつに学生を評価することがある。これが苦手なんだよなあ。目先の問題にかんして○×を判定してみたところで、それがなんになるというのだろう。私淑する内藤湖南もこう書いている。

曾て聞く小学教育の科、人物査定なる者あり、其の業卒ふるに当りて、其の人物を査定して優劣証書を与ふ、亦甚だ僭せりと云ふべし。渠ぞ知らん、其の今日に於て劣等の証書を受くる者、異日出類絶倫の偉業を成す者にあらざるを、烘冬夫子、豈尽く世の英物を認知せんや。知らず此等の児戯、今尚ほ存するや否や。（『内藤湖南全集』第一巻・筑摩書房・三二六頁）

「今尚ほ存する」んですよ、湖南先生。若者を査定しているヒマがあったら、むしろ若者と切磋琢磨していたいんですけどねえ。

24

子曰く、法語の言は、能く従うこと無からんや。之を改むるを貴しと為す。巽与の言は、能く説ぶこと無からんや。之を繹ぬるを貴しと為す。説びて繹ねず、従いて改めずんば、吾れ之を如何ともする末きのみ。

きびしい顔で注意されればドキッとして反省する。だが肝腎なのは、その正面からの言葉を受けとめて、おのれの行動をあらためるかどうかっていうことだ。やさしい顔で助言されればホッと安堵をおぼえる。だが重要なのは、その遠まわしの言葉をききとって、秘められた真意をくみとれるかどうかっていうことだ。安堵するだけでくみとろうとせず、反省するだけであらためようとしないようでは、わたくしもお手上げだ。

せっかく教えられても、頭で理解するだけにとどまって、身をもって体得しようとしなければ、教えられたことはムダになる。教師の教えを生かすも殺すも、しょせん学生次第である。「後生畏る可し」（23）とおもえばこそ、きびしく叱るのである。叱られたら、「なにくそ」と奮起してほしい。叱られないところに避難し、そこに安住するのは、ぼくのような年寄りになってからでよい。

25

ひとかどの人物に親炙し、そのひとを見習うようにこころがけ、つまらない連中とツルんだりしないようにせよ。ただし自分のほうに見そこないがあればグズグズせずにあらためるべし。

子曰く、忠信を主とし、己に如かざる者を友とする無かれ。過ちては則ち改むるを憚ること勿かれ。

学而8におなじ文がある。

ところで「己に如かざる者を友とする無かれ」という教えだが、もし相手もこの原則にのっとっているとすれば、自分より優れたものは友になってくれないし、自分より劣ったものとは友にならないのだから、自分とおなじレベルのものとしか友だちになれないっていうことになる。類をもってあつまるというけど、似たものどうしでベタついていてもしょうがない。

また「過(あやま)ちては則ち改むるを憚(はばか)ること勿(な)かれ」だが、はたしてこれは「しくじったら、さっさとあらためりゃいいんだよ」といっているのだろうか？

過ちを改るに、自ら過つたとさへ思ひ付かば、夫(そ)れにて善し、其事(そのこと)をば棄て顧(かえり)みず、直(ただち)に一歩踏出す可(べ)し。過を悔しく思ひ、取繕(とりつくろ)はんと心配するは、譬(たと)へば茶碗を割り、其欠(そのかけ)けを集め合せ見るも同にて、詮(せん)もなきこと也。（『西郷南洲遺訓』岩波文庫・一四頁）

しくじったという自覚さえあればそれでよし、と西郷はいう。甘いというひともあるだろうが、ぼくは見識だとおもう。西郷の言葉にはドジってしまったものへの「おもいやり」がある。やってしまったことをクヨクヨと気に病んだりせずに「直に一歩踏出す可し」といってやるのは、すこぶる実際的な助言である。

26

子曰く、三軍も帥(すい)を奪う可(べ)きなり。匹夫(ひっぷ)も志を奪う可からざるなり。

どんなに強大な軍隊にまもられていても、その総大将をつかまえることはできるが、いったん決心したならば、ひとりの人間の「こころ」を腕力によってつぶすことはできない。

27

エドモン・ロスタン『シラノ・ド・ベルジュラック』のラスト・シーン、いまわのきわのシラノは「私の羽根飾だ」とつぶやいて事切れる（辰野隆・鈴木信太郎訳・岩波文庫）。羽根飾には「こころいき」とルビがふられている。

心意気とはギブ・アンド・テイクという料簡をもたないっていうことじゃないだろうか。心意気あるものは計算しないでうごく。だから損をする。「ほんとにバカね」といいながら、それを評価してくれる女性がいるっていうのは、じつは男の夢かもしれない。

「自ら反(かえり)みて縮(なお)くんば、千万人と雖(いえど)も吾(わ)れ往(ゆ)かん」（『孟子』公孫丑篇上）という言葉もあるように、「吾れ往かん」とおもいつめたものの志をうばうことはできない。織田信長だったら「じゃあ、殺してしまえ」というかもしれない。だが、たとえ殺されても、その志をうばうことはできない。志はうばう対象になりえない。内心に秘められたものを、他人がどうこうすることはできない。

おのれの「こころ」を他人にうばわれることはない。ところが、ひとは往々にして自分でつぶしてしまいがちである。自分の「こころ」にとっていちばんの敵はしばしば他人ではなく自分である。

ここからしばらく「自分をつらぬいて生きる」という話題がつづく。主人公は、男一匹、われらが子(し)路(ろ)である。

ボロボロの綿入れをひっかけてオシャレな毛皮をまとったセレブの横にたっても気おくれせずにおれるのは、まあ子路だな。

子曰く。敝れたる縕袍を衣、狐貉を衣たる者と立ちて恥じざる者は、其れ由か。

28

子路は、まわりがどうであろうとも、あるがままの自分を大切にする。「いま・ここ」にいる自分とちがう自分をもとめて、かけがえのない「この」自分をないがしろにするのは愚かしい。孔子は「相手の身になって考えるという生きかたをもとめながら、粗末な着るものや質素な食いものを恥ずかしがるようでは、ともに語るに足りない」（里仁9）といっていたが、子路こそはまさに「ともに語るに足り」る男である。

『詩経』邶風「雄雉」に「ひとの悪口をいわず、ひとに要求もしなければ、わるいことは起こらない」とある。子路は死ぬまでこの詩句を口ずさんでいた。「それだけで万事うまくゆくわけじゃないけどね」。

忮なわず求めず、何を用てか臧からざらん。子路、終身、之を誦す。子曰く、是の道や、何ぞ以て臧しとするに足らん。

ひとに迷惑をかけず、ひとに援助をもとめなければ、なるほど厄介なことは起こるまい。いかにも子路らしいマッチョな考えかたではあるけれども、それが無難をもとめることになってしまうと、子路には似合わない。たまには面倒なことのひとつも起こってくれないと、せっかくの子路の腕の見せどころがない。

29

寒くなってはじめて松や柏が葉っぱを落とさないことを知る。

子曰く。歳寒くして、然る後に松柏の後れて彫るるを知るなり。

子路という男がどんな状況になろうとも変節しないことにはみな気づいている。だれもみな「ああ、子路ならそうだろう」と頭ではわかっている。そして自分が「そうだろうね」などと涼しい顔をしておれなくなったとき、子路が相変わらずそうであるのを見て、あらためて「ああ、子路はそうなのだ」と身にしみて知る。

自分のルールの正しさについて雄弁に語るのは恥ずかしい。自分のルールの愚かしさを吟味するのも、それとおなじくらい恥ずかしい。どんなに批判されても、子路は自分のルールを自分で批判したりしない（そもそもルールを自覚しているかどうかもあやしい）。あらゆる言説はあらゆる批判にたいしてひらかれていなくてはならないが、自分のルールにたいする批判は自分には封印しておきたい。

自分の人生は自分のものである。だから自分がそうしたいなら、自分の人生を他人のために使ってもよい。子路はそういう男である。そのように生きることはむつかしくても、そのような生きかたをこころざすことはできる。

30

知識人はウジウジせず、人格者はクヨクヨせず、勇者はビクビクしない。

子曰く、知者は惑わず、仁者は憂えず、勇者は懼れず。

賢いひとは、ものごとの機微がわかるから迷わずに判断できる。優しいひとは、ひとの身になって考えるから悩まずに奉仕できる。勇ましいひとは、こうと決断することができるから恐れずに行動できる。そのように生きることはむつかしくても、そのような生きかたをこころざすことはできる。

31

ともに学ぶことはできても、ともに歩むことができるとはかぎらない。ともに歩むことはできても、ともに立つことができるとはかぎらない。ともに立つことはできても、ともに生きることができるとはかぎらない。

子曰く、与に共に学ぶ可きも、未だ与に道に適く可からず。与に道に適く可きも、未だ与に立つ可からず。与に立つ可きも、未だ与に権る可からず。

32

他

人を自分のおもいどおりにしようとしても無理である。他人と自分とはおなじでないのだから。でも、おたがいリスペクトしあえないわけではない。「肝胆相照らす」というのは、べつにおなじであるということではない。

自分は自分、他人は他人である。しかし自分とは「他人の他人」である。他人とともにあることによって、はじめて自分になれる。他人のために生きることはむつかしくても、そのような生きかたをこころざすことはできる。

――ニワザクラ、花びらひらひら舞いおどる。おまえ恋しとおもっち――

唐棣の華、偏として其れ反せり。

ゃいるが、なにぶんおうちが遠すぎる（という民謡がある）。「まだまだ恋する想いが足りないねえ。惚れてかよえば千里も一里さ」。

豈に爾を思わざらんや、室是れ遠ければなり。子曰く、未だ之を思わざるなり。夫れ何の遠きことか之れ有らん。

自分は自分、他人は他人である。しかし自分とは「他人の他人」である。他人とともにありたいとおもうならば、どんなにはなれていても遠すぎるということはありえない。自分の人生を愛するひとのために使ってもよい。そのように生きることがむつかしいとすれば、それは「まだまだ恋する想いが足りない」にちがいない。

郷党第十

他人とのまじわりのありかた

1

孔子、郷党に於いては恂恂如たり。言う能わざる者に似たり。其の宗廟・朝廷に在りては、便便として言う。唯だ謹むのみ。

町内のあつまりでは、ひかえめである。おとなしくて、まるで口がきけないかのよう。ところが宗廟や朝廷にあっては、すらすらと立て板に水。つつしみをうしなうことはないけれども。

近所の寄り合いで孔子のような大物がズケズケものをいうとまわりは迷惑する。偉がるつもりはなくても偉そうにしているかのように見えてしまう。宗廟や朝廷にいるときは別である。公益のために弁ずるさいは説くべきことを説かねばならない。

私的なあつまりでは、めだたない。公的な場では、弁舌さわやか。公私の別をわきまえ、その場にふさわしくふるまう。他人とのちょっとした距離のとりかた、そこに礼の本質がある。

2

朝廷にあって下級の大夫と語るときは、なごやかである。上級の大夫と語るときは、おもねらない。君主がおでましのときは、かしこまるがシャチホコばらない。

朝にして下大夫と言えば侃侃如たり。上大夫と言えば誾誾如たり。君在ませば踧踖如たり、与与如たり。

目下のものとしゃべるときは物腰やわらかく、目上のひととしゃべるときは筋道をとおす。トップにたいしてはリスペクトしつつも媚びない。他人とのちょっとした距離のとりかた、そこに礼の本質がある。

3

君主に召されて客の接待役を命ぜられれば（客を出迎えるさいの）顔つきは緊張をただよわせ、足どりは歩幅せまくなる。同役に会

君、召して擯たらしむれば、色勃如たり、足躩如たり。与に立

釈するときは、組んだ手を左に右にとふりむけ、腰をかがめるたびに着物の裾さばきがうつくしい。（客を先導するさいに）小走りにゆくさまは鳥がはばたくように端正である。客人が帰ってゆくのを見とどけると、かならず「お客さまはふりかえられませんでした」と報告する。

つ所を揖すれば、手を左右にし、衣の前後、襜如たり。趨り進むには翼如たり。賓退けば必ず復命して曰く、賓顧みずと。

4 客

人はあくまでも主人の客である。主人をさしおいて接待役が客人に感謝されるようであってはならない。「お客さまはふりかえられませんでした」と報告するのは、ちょっとした気づかいだが、それが接待役の心得である。主人とのちょっとした距離のとりかたに宮仕えの本質がある。

宮城の門をくぐるときは背をまるくかがめ、まるで身が門をくぐりかねるかのよう。門の中央にはたたず、門の敷居はふまない。君主の席のまえをとおるときは（君主がそこに臨席するかのように）顔つきは緊張をただよわせ、足どりも歩幅せまくなる。口をきくにも言葉すくない。裾をからげて堂にのぼるときは背をまる

公門に入るに鞠躬如たり。容れられざるが如くす。立つに門に中せず、行くに閾を履まず。位を過ぐるには、色勃如たり、足躩如たり。其の言うこと足らざる者に似たり。斉を摂げて堂

くかがめる。息をひそめて呼吸をとめているかのよう。しりぞいて堂の階段をくだるにつれて顔つきはほぐれて晴れやかに。階段をおりきって小走りにゆくさまは鳥がはばたくように端正。自分の席にもどると行儀よくかしこまる。

に升(のぼ)るには鞠躬如(きくきゅうじょ)たり。気を屏(おさ)めて息せざる者に似たり。出(い)でて一等を降(くだ)れば、顔色を逞(はな)ちて怡怡如(いいじょ)たり。階を没(つく)せば趨(はし)り進むこと翼如(よくじょ)たり。其の位に復(かえ)れば踧踖如(しゅくせきじょ)たり。

5

公の場における一挙手一投足がことごとく礼にかなない、その仕草のひとつひとつがメッセージになっている。

(使者の証(あかし)である)圭(けい)をささげもつときは背をまるくかがめる。落っことさぬように用心。(圭を)あげるときはお辞儀をするようにし、さげるときは手わたすようにする。おももちは緊張しておののかんばかり。足はしずしずと摺(す)り足。(挨拶がすんで土産をわたす)儀式のときになると顔つきはなごやか。(公式の儀式のあとの)宴席ではくつろいで楽しそう。

圭(けい)を執(と)れば鞠躬如(きくきゅうじょ)たり。勝(た)えざるが如(ごと)し。上(あ)ぐるには揖(ゆう)するが如く、下(さ)ぐるには授(さず)くるが如し。勃如(ぼつじょ)として戦(おのの)く色あり。足は蹜蹜如(しゅくしゅくじょ)として循(したが)うこと有り。享礼(きょうれい)には容色有り。私覿(してき)には愉愉如(ゆゆじょ)たり。

使者として他国におもむいたさいも、一挙手一投足がことごとく礼にかない、そのひとつひとつがメッセージになっている。

6

君子たるもの（祭祀用の）紺色や茶褐色で襟や袖をふちどらない。赤や紫で普段着をつくらない。暑いときは麻の単衣でよいが（肌が透けないように）上着をはおって外出する。（寒いときの）黒い上着のしたには子羊の毛皮を着こみ、白い上着のしたには子鹿の毛皮を、黄色い上着のしたには狐の毛皮を着こむ。普段着の皮ごろもは丈をながめに仕立て（動きやすいように）右の袂をみじかくする。寝間着のながさは身の丈とさらに半分。狐や狢の厚い毛皮をしいて坐る。喪に服しているとき以外は飾りものを帯につける。礼服・祭服でなければ袴の裾は寸法をきりつめる。子羊の皮ごろもと黒い絹の冠をつけて弔問にはゆかない。月の朔日にはかならず正装して朝廷に参内する。斎戒沐浴するときの浴衣の生地は麻布。

君子は紺緅を以て飾らず。紅紫は以て褻服と為さず。暑に当たりては縝の絺綌、必ず表して出づ。緇衣には羔裘、素衣には麑裘、黄衣には狐裘。褻裘は長く、右の袂を短くす。必ず寝衣有り、長け一身有半。狐貉の厚きを以て居る。喪を去れば佩びざる所無し。帷裳に非ざれば必ず之を殺す。羔裘玄冠しては以て弔せず。吉月には必ず朝服して朝す。斉すれば必ず明衣有り、布なり。

7 着

衣の作法はことごとく礼にかなない、その身だしなみがメッセージになっている。

「ものいみ」のときは食事をかえ（て精進し、休息のさいも）居場所もうつす。ご飯は精白した上等のもの。ナマスは細かくきざんだもの。ご飯の汗をかいたのや魚のくずれたのや肉のただれたのは食べない。色のわるいもの臭(にお)いのわるいものも食べない。調理のわるいもの季節はずれのものも食べない。切りかたの正しくないものタレの合わないものも食べない。肉がいっぱいあっても、ごはんの量よりも食べすぎない。ただ酒だけは量をかぎらないが、みだれるまでは飲まない。市販の酒や干し肉は口にしない（で自家製でまかなう）。肉に添えられたショウガは捨てずに食べるが、たくさんは食べない。公式の祭祀でいただいた肉は宵越しさせないで始末する。（自家の）祭祀のお供えの肉も三日を越えないようにする。三日を越えたら食べない。食べるときには雑談をひか

斉(ものいみ)すれば必ず食(し)を変え、居(きよ)は必ず坐を遷(うつ)す。食は精(しらげ)きを厭(いと)わず。膾(なます)は細かきを厭わず。食の饐(い)して餲(あい)せる、魚の餒(たい)せる、肉の敗(やぶ)れたるは食(く)らわず。色の悪(あ)しきは食らわず。臭(におい)の悪しきは食らわず。飪(じん)を失いたるは食らわず。時ならざるは食らわず。割(さ)くこと正しからざれば食らわず。その醬(しょう)を得ざれば食らわず。肉は多しと雖(いえど)も食(し)の気に勝たしめず。唯(た)だ酒は量無けれども乱に及ばず。沽酒(こしゅ)と市脯(しほ)とは食らわず。薑(はじかみ)を撤(す)てずして食らうも、多くは食らわず。公に祭れ

え、寝るときにも会話をつつしむ。雑穀のご飯・野菜の汁・ウリのようなものであっても祭るときはかしこまってお供えする。

ば肉を宿めず。祭りの肉は三日を出ださず。三日を出づれば之を食らわず。食らうには語らず、寝ぬるには言わず。疏食・菜羹・瓜と雖も、祭れば必ず斉如たり。

「もののいみ」のときの食事はことごとく礼にかない、ふだんの食生活もまた見事にメッセージになっている。

いったい飲み食いの席において、ひとは本性をさらけだす。他人のことを考えないで好き勝手に食べるひと。ヘンに遠慮して食べようとしないひと。まずそうに食べるひと。食べるよりしゃべるほうが忙しいひと。おそろしいくらい人間性があらわれる。

8

— 座布団のむきをきちんとなおしてから坐る。

— 席は正さざれば坐せず。

坐るときには座布団のむきをきちんとなおす。ちょっとした心構えをもつだけで、ずいぶんちがってくる。他人の見る目がちがってくるわけじゃない。自分の気持がちがってくるのである。たかが敷物のむきであっても、礼にかなうようにととのえる。ちょっとした所作がメッセージになっている。

9

郷人の飲酒には、杖つく者出づれば斯ち出づ。郷人の儺には、朝服して阼階に立つ。

郷里のひとびとと酒盛りをするときは、杖をついた老人が退席するのを待ち、それから退出する。郷里のひとびとが鬼やらいをするときは、礼服に身をかため、家廟の階段のところにたって待ちうける。

宴会のとき、年寄りがひきあげてから席をたつ。祭りのとき、行事にはきちんと対応する。そういう気くばりをもつだけで万事がちがってくる。他人の見る目がちがってくるわけじゃない。自分の気持がちがってくるのである。

ふだんの生活の折々におけるちょっとした気づかいに、おそろしいくらい人間性があらわれる。

10

他国の友人のところに使者をつかわすときは、使者に二度お辞儀をして見送る。

人を他邦に問わしむれば、再拝して之を送る。

二度もお辞儀をするのは、使者にたいして敬意をはらうだけではなく、はるかな友人にたいしても敬意をはらっているのである。使者において遠くの友人を見ているのである。ちょっとした気づかいであるが、こういう心構えをもつかどうかで万事ちがってくる。

11

魯の季康子が薬を贈ってくる。お辞儀をして受けとると「この薬について不案内ですので、いますぐ服用するのはご容赦いただきます」。

康子、薬を饋る。拝して之を受けて曰く、丘未だ達せざれば、敢えて嘗めず。

んごとなき身分のひとからの贈りものであれば無下にあつかうわけにもゆかない。好意を無にせぬよう、礼をいい、ありがたく受けとる。そのうえで「この薬の効用について心得ておりま

せんでのちほどいただきます」とそれとなく附言する。他人とのちょっとした距離のとりかた、そこに礼の本質がある。

12

馬小屋が焼けた。先生は役所から帰ってこられると「だれもケガをしなかったか」とだけたずね、馬のことはおっしゃらなかった。

厩(うまや)、焚(や)けたり。子、朝(ちょう)より退きて曰く、人を傷(そこな)えるか。馬を問わず。

孔子は「だれもケガをしなかったか」と問うた。それだけの話である。記録者の「馬のことはおっしゃらなかった」という附記はよけいである。おかげで孔子は痛くもない腹をさぐられる羽目になる。馬小屋につながれた馬は火事になっても逃げられない。人間はスタコラさっさと逃げられる。だったらまず馬の安否をこそ問うべきではなかろうか、と。

馬小屋が火事になれば、馬小屋ではたらいていたひとや火事を消そうとしたひとなどにケガはなかったかとたずねるのは当然のことである。ふつうの気づかいであって、ことさら美談というにはあたらない。とはいえ古代中国における社会構造をふまえて考えると、このことは美談でありうる。宮崎市定「中国史」(『宮崎市定全集』第一巻・岩波書店)によれば当時の身分制度はつぎのようであったらしい。

中国古代の都市国家において、それが成長して大きくなると、その内部には、階級の別が生じた。それは姓を有して、同時に完全なる市民権を有する士と、姓を有せず、また完全なる市民権を有しない庶民との間の階級的対立である（八九頁）

都市国家時代の社会には、士族と庶民との階級対立があった外に、奴隷も存在した（九三頁）

孔子は「士」である。馬小屋ではたらくひとは「奴隷」でなくとも「庶民」ではあるだろう。士が庶民の身を、ましてや奴隷の身を、気づかうことはない。馬小屋が焼けたと聞けば馬のことを心配するだろう。ところが孔子はひとの安否をたずねた。もっとも、孔子にしてみれば美談でもなんでもなくて、いやしくも政治にたずさわるからにはどうしたって人間のことを第一に考えざるをえなかったのであろう。

13

君主より食べものをいただけば、ちゃんと敷物をととのえてから味見をする。君主より生肉をいただけば、ちゃんと調理してから祖先にお供えする。君主より生きた動物をいただけば、ちゃんと

君、食を賜えば、必ず席を正して先ず之を嘗む。君、腥きを賜えば、必ず熟して之を薦む。

大事に飼育する。

君、生けるを賜えば、必ず之を畜（か）う。

いぶんものをくれる君主である。臣下にしてみれば、ありがた迷惑である。勘弁してほしいが、もらってしまったものは粗末にできない。「しきたり」にしたがって、きちんと処置せねばならない。

噴飯ものの妄想をおさえきれない。

「生きた動物」をくれるというのは、祭祀のためのいけにえをくれたのだろう。むざむざ殺すわけにもゆかず、しょうがなく飼うことになる。で、もし孔子の住まいが火事になったら、君主はだれの安否を問うのだろうか。時こそ至れり。君主は孔子の家族の安否のみを問い、あたえた動物の安否は問わないことによって、あっぱれ名君という評判を得る。前章はそのための伏線であった（なんちゃって）。

冗談はさておき、君主からものをもらえば粗末にすることはできない。どんなものであれ、ちゃんとあつかわねばならない。ものとのちゃんとした距離のとりかた、そこに礼の本質がある。

14

君主にお相伴（しょうばん）するときは、君主がまずは初穂（はつほ）を神前にささげ、

君に侍食（じしょく）するに、君祭れば先（ま）

――それから臣下が箸をつける。

――ず飯(はん)す。

以下しばらく臣下としての「しきたり」の事例があげられる。君主にお相伴するさい、君主が食事のまえの儀式をおこない、それから臣下が毒見をする、という段取りがパターン化されている。形式化された手順はちゃんとまもらねばならない。

15

――君主が見舞いにやってくれれば、東枕にして寝て、夜具のうえに礼服と帯とをおく。

――疾(しつ)あるに、君之(これ)を視(み)れば、東首(とうしゅ)し、朝服(ちょうふく)を加え、紳(しん)を拖(ひ)く。

君主に病気見舞いにこられても、あわてずさわがず「しきたり」どおりにやればよい。東枕で寝て君主が「南面」するようにし、かけ布団のうえに礼服と帯とをおいて正装をよそおうというふうに、とりあえず形式的に礼をととのえる。

16

君主からお召しがあれば、車に馬をつなぐのを待たず、ただちに駆けだす。

君、命じて召せば、駕(が)を俟(ま)たずして行く。

お召しがあるや否や、おっとり刀で駆けだす。とるものもとりあえず走っていると、そのうち馬車が追いついてくる。けっきょく馬車に乗るわけで、そういう機械的なふるまいを目(ま)のあたりにすればバカげて見えるだろう。しかし、それが「しきたり」である。たとえ形式的ではあっても、ちょっとしたパフォーマンスに礼の本質がある。

17

大廟(たいびょう)にあっては式次第をいちいち確認する。

大廟(たいびょう)に入りて、事毎(ごと)に問う。

八佾15におなじ文が見える。わかっていてもあえて問うのが「しきたり」なのである。ちょっとした気づかいに礼の本質がある。

18

亡き友に身寄りがないと聞いて、「うちに棺桶をおきなさい」。

朋友死して帰する所無し。曰く、我れに於いて殯せよ。

孔

子は「わたくしが野辺おくりをしよう」と亡骸を引き受ける。「しきたり」のやり手がいなければ、だれかが代行せねばならない。たとえ形式的にではあれ、だれかが「しきたり」をまもらねばならない。

19

友からの贈りものは、たとえ車や馬といった高価なものであろうとも、べつに祭祀にお供えした肉のお裾分けではないので、わざわざ「拝」というお辞儀はしない。

朋友の饋りものは、車馬と雖も、祭りの肉に非ざれば、拝せず。

車

や馬をくれるとはずいぶん気前のよい友だちだが、しょせん人間からのプレゼントにすぎない。それにひきかえ、たかが肉であろうともひとたび祭壇に供えた肉であれば、「しきたり」にしたがって然るべくあつかわねばならない。神にむけた「拝」という特別のお辞儀をせねばならない。礼をまもることと世俗におけるものの値打ちとはまた別である。

20

寝ぬるに尸せず。居るに容づくらず。

ひとが見ていないところでもだらしなくしない。ひとが見ているところでも堅苦しくならない。

死体のようにコチコチにならず、寝相のことなんか気にせず、リラックスしてぐっすり眠ればよい。これはたんに眠るときの姿勢のことだけをいっているのではない。ふだんの行動のことをいっている。旅の恥は掻き捨てとばかり、ひとが見ていないところでは見苦しいことをしても平気というようじゃいけない。それとは逆に、ひとが見ているからといって不自然にかしこまったりするのも感心しない。

ひとが見ていようと見ていなかろうと「しきたり」にしたがって然るべくふるまうべし。礼をまもることと人目の有無とはまた別である。

21

身内を喪くしたひとにであえば、気をおけない間柄でもかならず居ずまいを正す。冕の冠をかぶった官吏や盲目の楽師にであえば、親しい仲間でもかならず身づくろいをする。喪服を着たひとを見れば、車の横木に手を添えてお辞儀をする。戸籍簿を背負っているひとにもおなじようにお辞儀をする。こころづくしのご馳走をふるまわれたら、顔に謝意をあらわしてたちあがる。雷雨や台風のときには緊張感をただよわせる。

斉衰の者を見ては、狎れたりと雖も必ず変ず。冕者と瞽者とを見ては、褻と雖も必ず貌を以てす。凶服の者には之に式す。負版の者に式す。盛饌有れば必ず色を変じて作つ。迅雷風烈には必ず変ず。

そのつどの出来事に応じて、それにふさわしい態度をとる。身ぶり顔つきなどちょっとした仕草によってこころをあらわすこと、そこに礼の本質がある。

ひとづきあいにおいて「見かけ」のありかたって意外と大事である。喪服を着たひと、身分の高いひと、障碍のあるひと、こういう非常のひとに遭遇したら、さりげなく居ずまいを正す。ご馳走をふるまわれるという尋常ならざる接待をこうむったら、つつしんで謝意をあらわす。そういうちょっとした見かけの仕草をととのえることが、社会にあっては大切である。

「雷雨や台風のときには緊張感をただよわせる」というのがおもしろい。臆病なわけじゃない。対人関係のみならず自然現象にたいしても孔子は敏感でありかつ敬虔である。

22

車に乗りこむときは、まっすぐたって手すりにつかまる。車のなかにいるときは、外をキョロキョロとながめず、外にむかってペチャクチャとしゃべったり指さししたりしない。

車に升りては、必ず正しく立ちて綏を執る。車の中にして内顧せず、疾言せず、親指せず。

車に乗るというだけですでに偉そうなのである。いたずらに反感を買わぬよう、よほど礼をわきまえねばならない。車のなかから外をジロジロながめたり、ギャアギャアわめいたり、まして車外のひとを指さすなんてもってのほか。そういうのは「しきたり」以前の問題である。

23

パッと飛びたつと、しばし様子をうかがってから木にとまる。「橋のところにメス雉がいる。つかまえるチャンスだ」。子路がつかまえようと近づくと、メス雉はパタパタと飛び去って

色みて斯に挙がり、翔りて後に集まる。曰く、山梁の雌雉、時なるかな、時なるかな。子路、

—しまう。

—之(これ)に共(きょう)す。三(み)たび嗅(か)ぎて作(た)つ。

このメス雉、じつに用心ぶかい。危害をくわえる気があるかどうかしっかり観察し、木にとまってからも警戒をおこたらず、あたりの気配をうかがっている。ひとの気配を敏感に察知し、まことに出処進退のよろしきを心得ている。人間とちゃんと然るべき距離をとっている。不器用な子路につかまえられようはずもない。

蕪村に「むくと起て雉追ふ犬や宝でら」という句がある。宝寺のひっそりとした境内に犬がのんびり寝そべっている。飛んできた雉の羽音に犬はむくっと起きあがり、まっしぐらに追いかけてゆく。この雉には警戒心がない。犬のほうも本気で追いかけているわけじゃない。のどかな光景である。

ちょっと一息 4

「このさい中国でつくられた注釈書も読んでみたい」という奇特な方には、ひとまず下記の書をおすすめしておく。ここにおさめられる、魏・何晏(かあん)の「集解」、南宋・朱熹(しゅき)の「集注」、このふたつの注釈をじっくり読みこめば、『論語』をひもとく醍醐味を得られるであろう。

◆ 程樹徳撰『論語集釈』新編諸子集成・中華書局　1990 年

◆ 黄懐信主撰『論語彙校集釈』中華要籍集釈叢書・上海古籍出版社　2008 年

朱熹の「集注」については、最近、つぎの書が上梓された。

◆ 朱熹・土田健次郎訳註『論語集注 1 ～ 4』平凡社東洋文庫　2013 ～ 2015 年

江戸時代に書かれた注釈書としては、伊藤仁斎『論語古義』と荻生徂徠(おぎゅうそらい)『論語徴』とが有名だが、後者はわりと手にいれやすい。

◆ 荻生徂徠・小川環樹訳注『論語徴』平凡社東洋文庫　1994 年

先進第十一

孔門の弟子たちの才学徳行

1

子曰く、先進の礼楽に於けるや野人なり。後進の礼楽に於けるや君子なり。如し之を用うれば、則ち吾れは先進に従わん。

むかしの礼楽は無骨であった。いまの礼楽は洗練されている。どっちをとるかといわれたら、わたくしは昔風にやりたい。

むかしの礼は「こころ」のあらわれであった。いまの礼は「かたち」をととのえようとするばかり。

「君子」の語がめずらしくネガティブに使われている。「野人」は田舎流で飾りがなく骨っぽい。「君子」は都会式に上品だがいささか気取っている。ガサツな田夫野人がよいわけでもないが、寸分のスキもない紳士っていうのもいただけない。「やっこさんは君子だから」というのはしばしば皮肉になる。礼もいたずらに洗練されすぎると、たんなる礼のための礼になってしまう。「しきたり」もこだわりすぎると、なんのためのならわしかわからなくなる。

「芋の煮えたもご存じない」という言葉がある。世間知らずでなにかにつけてボンヤリしていることである。米は炊くと飯に変身する（名前もコメからメシに変わる）。しかし芋は煮えても芋のままである。冴えないともいえるが節操があるともいえる。イモっぽい人間はそうそう変節しないのである。それにひきかえ似而非君子（スノッブ）はあきれるほど変わり身がはやい。

2

陳・蔡についてきてくれたものたちは、みんなどこかにいってしまった。

子曰く、我れに陳・蔡に従える者は、皆な門に及ばざるなり。

むかしの弟子たちも、いまや散りぢり。仕官するなり、早世するなり、身近にいなくなってしまった。すがたかたちは見えないけれども、こころはつながっている。「申し訳ないことに、みんな出世を棒にふったね」という読みも捨てがたいが、孔子に自虐趣味は似合わない。

3

人柄なら、顔淵・閔子騫・冉伯牛・仲弓。弁舌なら、宰我・子貢。政治手腕なら、冉有・季路。学識文才なら、子游・子夏。

徳行には、顔淵・閔子騫・冉伯牛・仲弓。言語には、宰我・子貢。政事には、冉有・季路。文学には、子游・子夏。

むかしからの弟子たちは、顔かたちがちがうようにそれぞれ得意はちがうけれども、みなひとかどの人物である。綺羅、星のごとく俊才がそろっていたということである。いったい集団とは、その成員が多様かつ不均質であればあるほど高いパフォーマンスを発揮する。

4

顔淵はわたくしの助けにならない。わたくしの言葉をすんなり受けいれてしまうから。

子曰く、回や我れを助くる者に非ざるなり。吾が言に於いて説ばざる所無し。

にせ「一を聞いて十を知る」(公冶長9)という大秀才である。師の話を耳にするそばからスラスラと真意を理解できるからいちいち質問する必要もない。ホレボレするほど優秀な弟子に師はご満悦である。と、顔淵にたいする「ひとひねりした讃辞」として読むのが正しいのだろう。が、ひねらずに読んでおきたい。

ぼくの授業は「教師がしゃべるのを学生がだまって聴いている」という独演会ではない。しょっちゅう質問する。質問された学生はだまっていることはゆるされない。どんなにアホなことでもよいから、なにか発言しなければならない。アホな発言は大歓迎である。正解なんてつまらない。「ハイ、そうです」でおしまい。突拍子もない珍答がでると授業は盛りあがる。どうせまちがうなら、だれも考えつかないような派手なまちがいのほうがよい。ぼくが「ふうん、そんなふうに考えるんだ」とアホな答えに感心していると、それ触発されてか輪をかけてアホなことを口走るお調子ものがでてくる。

優等生による正解はややもすれば教室の空気をシラけさせる。話の流れをふまえてだれもがそう考えるだろうことを答えられてもおもしろくない。そこへゆくと落ちこぼれはなにせ話の流れが読めないもんだから突拍子もないことをいう。劣等生のズッコケ発言は、たいていカラぶりなんだけど、たまにホームランのこともある(百回に一回くらい)。

顔淵は非の打ちどころのない優等生である。「顔淵としゃべっていると、反論ひとつせずにうなづくばかりで、なんにも考えていないみたいだ」(為政9)とあったように、優等生はよけいなことをいわない。ヘンテコなことが頭に浮かんでも、「話の流れをこわしちゃいかん」と気をまわして、せっかくのアイデアを呑みこんでしまう。ひょっとすると顔淵はいささか安全志向の強い優等生だったのかもしれない。

5

孝行息子だなあ閔子騫は。だれもかれの父母や兄弟の悪口をいうものがいない。

子曰く、孝なるかな、閔子騫。人其の父母昆弟を間するの言あらず。

なにせ閔子騫が立派な人間なもんで、かれの身内のものが非常識なことをしでかしても「あの閔子騫のうちのものがやることだからまちがいなかろう」と斟酌してくれて、だれも問題にしないのである。閔子騫の人柄のおかげで一族郎党がみんな悪口をいわれないというのは、たしかに孝行者といえるだろう。

金で買えるような「かたち」あるものをプレゼントするよりも、ひとに好もしくおもわれるという「こころ」をもたらすほうが、よほど親孝行であるにちがいない。

6

南容は「白圭」の詩句をつねに拳拳服膺していた。孔子は兄の娘をとつがせる。

南容、白圭を三復す。孔子、其の兄の子を以て之に妻あわす。

南容は『詩経』大雅「抑」の「白き圭の玷けたるは　尚お磨くべきなり　斯の言の玷けたるは　為すべからざるなり」という詩句をくりかえし口ずさんでいる。「玉のキズはけずって消せるが、失言はとりかえしがつかない」という意味である。南容は発言に慎重であったということだろう。そこを見込んで孔子は兄の娘をとつがせた。

かたちあるもののキズはなおせるが、こころのキズは消せない。つくづく発言には慎重でありたい。

7

魯の季康子がたずねる「弟子のなかでだれが学問好きかな」。「顔淵というものが学問好きでした。気の毒にも若死にして、いまはこの世におりません」。

季康子問う、弟子、孰か学を好むと為す。孔子対えて曰く、顔回なる者有り、学を好む。不幸、短命にして死せり。今や則ち亡し。

魯の哀公にもおなじように答えていた（雍也3）。

ぼくのモットーは「一に健康、二に仕事」である。健康が仕事をもたらすことはあっても、その逆はまずない。もっとも、このモットーはもっぱら凡人御用達である。天才はどんなに不健康でもすばらしい仕事をする。現実の問題としてぼくは天才じゃないので、なにはさておき健康第一である。

8

顔淵が死んだ。その父の顔路に先生の車をゆずりうけて外棺をつくりたいといわれて、「できがよかろうがわるかろうが、わが子であることにちがいはない。せがれの鯉が死んだときも内棺だけで外棺はなかった。徒歩になるまでして外棺をつくるわけにもゆくまい。これでも大夫の末席につらなる身、徒歩で参内するわけにもゆかん」。

顔淵死す。顔路、子の車を請いて以て之が椁を為らんとす。子曰く、才も不才も亦た各おの其の子と言うなり。鯉や死すも、棺有りて椁無し。吾れ徒行して以て之が椁を為らず。吾が大夫の後えに従いて徒行す可からざるを以てなり。

礼は「こころ」のあらわれであって「かたち」をととのえることではない。

孔子に先だって亡くなった鯉は、どちらかというと凡庸な息子であった。「顔淵みたいな麒麟児も、うちのせがれのようなボンクラも、わが子はわが子、親にしてみればかわいいのだ」とは親ならではのセリフである。親子という間柄はとうてい理屈では律しきれない。親は子をえらべず、子もまた親をえらべない。その不可思議を引き受けざるをえぬがゆえに親子のきづなは強い。孔子のふるまいを不人情ときめつけてよいものだろうか。

9

顔淵が死んだ。「ああ、天はわれを見捨てた、天はわれを見捨てた」。

顔淵死す。子曰く、噫、天予れを喪ぼせり、天予れを喪ぼせり。

「天がわたくしにこの器量をさずけたのだ。桓魋ごときにわが身に手出しができようか」（述而22）「天がこの文化をほろぼそうとしないからには、匡の連中ごときにわが身をどうすることもできはせぬ」（子罕5）「そうやって生きてきたことを天だけはわかってくれるだろう」（憲問36）と天を信ずることのあつい孔子ではあるが、こと顔淵の死にかんしては、これが天のおぼしめしなのかとこころの叫びをぶつけている。

「あふ事のたえてしなくは中々に人をも身をもうらみざらまし」（『拾遺和歌集』巻第十一）という中納言朝忠の歌をおもいだす。はじめからであうことがなければ、たしかに別れの切なさにあうこともないけれども、それでは人生はさびしい。掌中の珠をうしなって天に恨みたらたらの孔子、とても人間くさくて好もしい。

十字架につけられたイエスも天にむかって悲痛な叫び声をあげていた(「マタイ伝福音書」第二十七章)。

三時ごろイエス大声に叫びて『エリ・エリ・レマ・サバクタニ』と言ひ給ふ。わが神、わが神、なんぞ我を見棄て給ひしとの意なり。

イエスは罪なくして十字架につけられる。これは罪ある人間にたいする神の愛の表現だったわけで、神といえどもどうすることもできない。イエスの叫びは神の愛にこたえる声である。だから臭い田舎芝居であってはならない。こころからの叫びでなければ人間の罪の償いにならないし、神の愛にもならない。救済を前提とするような殉教は殉教でない。殉教はただ殉教であるべきである。

このイエスの言葉は、はたして問いなのだろうか? 問いのかたちをとっているけれども、およそ答えをもとめていない。その声はおのれの宿命を嚙みしめるものだったんじゃないかなあ。十字架につけられた身に、救済の手は人間の側からではなく神の側からさしのべられる。「天を恨むな、恨むなら自分を恨め」と冷たい世間はいう。しかし孔子やイエスにたいして世間はそんなふうにいう口をもっているのだろうか。

10

顔淵が死んだ。先生は身もだえして号泣する。従者がいう「とりみだしておられましたね」。

「とりみだしもするさ。かれのために泣かずして、だれのために泣くというのだ」。

顔淵死す。子、之を哭して慟す。従者曰く、子慟せり。曰く、慟する有るか。夫の人の為に慟するに非ずして、誰が為に慟せん。

孔

子ともあろうものが、衆人環視のなか、身もだえし、声をあげて泣きくずれた。弔問に随行した従者にそのことを指摘された孔子は、わるびれることなく「泣きたいように泣かせてくれ」とみずからさだめた礼の「かたち」をふみはずす。礼は「こころ」のあらわれである。たんに「かたち」をととのえればよいというものではない。

11

顔淵が死んだ。門人たちに派手に葬式をやりたいといわれ、「それはいけない」といったが、門人たちは盛大な葬式をやってしまう。

顔淵死す。門人、厚く之を葬らんと欲す。子曰く、不可なり。門人、厚く之を葬る。子曰く、

「顔淵はわたくしのことを実の父のようにおもってくれた。ところがわが子のようにしてやれなかった。わたくしのせいではない。あの連中が勝手にやったのだ」。

回や予れを視ること猶お父のごとし。予れは視ること猶お子のごとくすることを得ず。我れに非ざるなり。夫の二三子なり。

12

「派手であるよりも質素でありなさい。体裁をととのえるよりも内実をこめなさい」（八佾4）というように、礼とは「こころ」のあらわれであって、たんに「かたち」をととのえることではない。

子路がたずねる「死者の霊につかえるにはどうすればよいでしょうか」。

「生きている人間にもろくにつかえられないのに、どうして死者の霊につかえられようか」。

「ぶしつけな質問ですが、死とはなんでしょうか」。

「生きるとはどういうことかもわからないのに、死ぬとはどうい

季路、鬼神に事うることを問う。子曰く、未だ人に事うる能わずんば、焉くんぞ能く鬼に事えんや。曰く、敢えて死を問う。曰く、未だ生を知らず、焉くんぞ死を知らん。

うことかがわかるはずもない」。

ひとは主体的に生きているかぎりみずからの死を経験しない。死んでしまえば経験の主体は無に帰し、経験するということ自体が成りたたない。しょせん死のなんたるかを知ることは不可能なんだから、現にこうして生きている時間を大切にしたほうがよい。

孔子は人間中心主義である。「死者の霊につかえる」という超自然のことをたずねる子路にたいして、あの世よりも現世だよ、と孔子はさとす。先祖の霊をあがめるのもよいが、それよりも生きている両親を大事にせよ、と。まえにも「知っていることは知っているとし、知らないことは知らないとする、これがホントに知るということだ」（為政17）といわれたのに、子路ったら懲りないなあ。「未だ生を知らず、焉くんぞ死を知らん」とたしなめられることを覚悟で、ぼくも懲りずに生と死とについて考えてみたい。

現に生きていながら自分の死を考えてみたって、それは生きている世界にあってフィクションをつづっているにすぎない。自分の死んだあとの世界を考えるのは、夢から覚めたっていう夢を見ているようなものである。だとすると人生とはついに覚めることのない夢のようなものっていうことになるのだろうか？

ぼくは死ぬのが怖い。どうして怖いのかなあ（まだ死んだこともないのに）。たしかに死ぬというのは、すべてが理不尽にも消え去ってしまうことである。しかし生まれてきたことだって同じくらい理不尽である。頼みもしないのにぼくはこの世界にほうりこまれ、いくら頼んだところでぼくはこの世界から追いだされてしまう。目のまえでワインを飲んでいる妻も、寝そべってテレビを観ている娘も、いつの日かぼくは見ることができなくなる。

ぼくにとって死とは、ぼく自身が無に帰するということよりも、コミュニケーションの相手と別れてしまうことのようである。死という不可避のものとむきあうことによって、ひとは自分のかけがえのないコミュニケーションの相手を見つめなおす。そして現に生きているときのコミュニケーションをより豊かなものにしようとする。

13

先生のそばにあるとき、閔子騫はおだやかである。子路はいかめしい。冉有と子貢とはくつろいでいる。先生は楽しそうである。「子路はおそらく畳のうえでは死ねんだろう」。

閔子騫、側に侍す、誾誾如たり。子路、行行如たり。冉子・子貢、侃侃如たり。子楽しむ。由が若きや其の死を得ざらん。

閔

子騫は行儀よくチンと澄ましている。子路は肩肘張ってキッとかまえている。冉有と子貢とはノビノビと談笑している。

孔子は座の雰囲気を楽しんでいたが、ふと眉をくもらせて「天寿をまっとうできまい」とつぶやく。子路はこころをセーブできない男である。非難しているのではない。心配しているのである。

14

魯が倉庫を建てなおそうとする。閔子騫がいう「むかしからので間に合わせたらどうだろう。べつに建てなおさなくてもよいのに」。「あいつは口数がすくないが、しゃべれば的を射る」。

魯人、長府を為る。閔子騫曰く、旧貫に仍らば之を如何。何ぞ必ずしも改め作らん。子曰く、夫の人は言わず。言えば必ず中ること有り。

こころに浮かんだことを口にせずにおれない子路とちがって、閔子騫はここぞというときにしか口をひらかない。ふだん無口なやつがたまに口をきくと効果てきめんである。たいへん効率がよろしい。だが、たまに漏らした一言でものごとが決まってしまうというのも、けっこう怖いことではある。

15

子曰く、由の瑟、奚為れぞ丘の門に於いてせん。門人、子路を敬せず。子曰く、由や堂に升れり。未だ室に入らざるなり。


「子路の瑟の弾きぶりときたらヘタクソもいいところだ。孔門の風上にもおけんな」。

門人たちは子路をバカにしだした。

「子路の腕は水準以上ではある。ただ奥義に達しておらんというだけだ」。


じゃあ子路はダメなやつかっていうと、とんでもない。いったい子路のほかに先生からこんなふうに愛情たっぷりにからかってもらえる弟子がどれくらいいるだろう。もともと無頼の徒だった子路が瑟を弾くまでになったことを孔子はよろこんでいる。子路の節くれだった指は楽器をかなでるよりも武器をふりまわすほうが似合っている。さぞかしヘタクソだったのだろう。しかしそのヘタクソさこそが、むしろ子路の取柄である。ひたむきに稽古する子路の無骨きわまりない人柄を、「孔門の風上にもおけんな」と揶揄めいた口調でホメているのである。

音楽にかんして孔子はプロはだしである。なにせ「舜をたたえた韶の曲を数ヶ月にわたって聴きつづけ、そのあいだずっと食べものの味もわからないほど夢中に」なった（述而13）という筋金入りの音楽好きである。そんな孔子のまえで子路がボロンボロンとやったもんだから、「よりによってわたくしのまえで弾かんでもよかろう」とボヤいてみせたわけだが、その真情は「技術的には聴くにたえんが、精神的にはこれこそが音楽である」というものであったにちがいない。

16

子貢がたずねる「子張と子夏とではどっちがすぐれていますか」。
「子張は余っている。子夏は足りない」。
「では子張のほうがすぐれているのですか」。
「余るのは足りないのといっしょだ」。

子貢問う、師と商と孰れか賢れる。子曰く、師や過ぎたり。商や及ばず。曰く、然らば則ち師愈れるか。子曰く、過ぎたるは猶お及ばざるがごとし。

善は悪と悪との中間にある（勇気が臆病と無謀との中間にあるように）。善という一は、悪という多のあいだに、かろうじて存立しているにすぎない。

悪とはバランスが欠けていることである。その欠けかたはさまざまだから、善を否定すれば悪になるけれども、悪を否定しても善になるとはかぎらない。だからむやみに善をもとめちゃいけない。パーフェクトをめざしたりせず腹八分目で手を打つべし。

なにごとも「いい加減」がよいのだが、そのことを身にしみて実感するのはむつかしい。いくら経験をかさねてもそう簡単には身につかない（人間はなかなか経験から学べないということを、ぼくは経験から学んでいる)。

「余るのは足りないのといっしょだ」と孔子はいう。過剰も不足もともに中庸を得ていないという点ではほとんどおなじである。なんでもできることは、なんにもできないことにかぎりなく似ている。ぼくも妻にいっている。「いくら痩せたくても大エットはいけない。中エットくらいにしておきなさい」。

17

季氏は魯の祖先の周公よりも金持ちである。それなのに冉有は季氏のために税をとりたてて、その財産をふやそうとする。「われわれの同志ではない。皆の衆、陣太鼓を打ち鳴らして攻めたてるがよい」。

季氏、周公より富めり。而して求や之が為に聚斂して之に附益す。子曰く、吾が徒に非ざるなり。小子、鼓を鳴らして之を攻めて可なり。

泥

棒に追い銭みたいなマネはするな、と孔子はえらい剣幕で叱りつける。冉有としても、宮仕えの身のつらさ、やむをえない事情があったのだろうが。

冉有はおのれの行為がわるいとわかってやっている。わるいことをやっているという意識は「こころ」に刻まれる。で、わるいことをやってまでして得たものは、どれほどの仕合わせを冉有にもたらしたのだろう。なかなかできない「わるいこと」をやっているということで、なにか自慢するような気持にでもなれたのかなあ。おのれのゆく道を汚しているのだから、わざわざ攻めたてるまでもなく、きっと仕合わせであることのさまたげになっているにちがいない。

18

高柴（こうさい）はおろか。曾子（そうし）はにぶい。子張（しちょう）はいこじ。子路（しろ）はがさつ。

子曰く、柴（さい）や愚（ぐ）、参（しん）や魯（ろ）、師や辟（へき）、由（ゆう）や喭（がん）。

高柴はお人好し。曾子は気がきかない。子張はひとりよがり。子路は荒っぽい。一言でバッサリと斬っている。じつに小気味よい。

口では忌憚（きたん）なく批判してみせながら、たぶん顔はニコニコしていたんじゃないだろうか。「うちの弟子たちは、それぞれ優秀なんだけど、おのおの欠点をもっていて、それが教育者としてのわたくしを鍛えてくれたのだよ」とユーモラスに語っているのだとおもう。

おろかだけど朴訥（ぼくとつ）、にぶいけど篤実（とくじつ）、いこじだけど聡明、がさつだけど正直、それが人間である。ただし、だれであろうとも裏切ってはならない「こころ」があり、それはだれもが有している。

19

顔淵(がんえん)は天命どおりの生きかたをしている。ただし財布はカラッポ。子貢(しこう)は天命そっちのけで金もうけにいそしんでいる。ただし目端(めはし)がきく。

子曰く、回(かい)や其(そ)れ庶(ちか)きか。屢(しば)しば空(むな)し。賜(し)は命(めい)を受けずして貨(か)殖(しょく)す。憶(おも)んぱかれば則(すなわ)ち屢しば中(あた)る。

20

顔淵と子貢とは好一対である。片や誠実に生きているにもかかわらず、いつも貧乏にさいなまれている。片やうまくたちまわっているつもりはないのに、どういうわけか羽ぶりがよい。人生いろいろ。

貧しいことはなんら恥ずべきことではない。金をもうけることもべつに卑しいことではない。顔淵は子貢にジェラシーをおぼえることはないし、子貢が顔淵にコンプレックスをいだくこともない。「富むも貴きもままならぬ」（顔淵5）ものであって、貧乏であるか裕福であるかはその人間の価値とは関係ない。ただし、だれであろうともふみはずしてはならない「こころ」がある。

子張に善人という生きかたについてたずねられて、「善人っていうのはまわりの状況をふまえて要領よくたちまわることをしないから派手な成功とはついに無縁なのだよ」。

子張、善人の道を問う。子曰く、迹を践まざれば、亦た室に入らず。

「あのひとは善人だから」というのは「あいつはお人好しだ」というのと似たり寄ったりである。根っからの善人はどうしても微温的なところがあって、批判的になれずに「お説ごもっとも」と鵜呑みにしてしまう。そういう善人が際立った成果をあげられるほど世のなかは甘くない。生粋の善人にとって、善であることは唯一の、ただし致命的な弱点なのかもしれない。

善人はヘンなところでガンコなもんだから、ガンバるわりにはうまくゆかない。もっとも、そうやって不器用に生きるのもまた乙なもんである。善人として生きることは、ちっとも成功していないようで、じつは成功しているのかもしれない。

21

弁論の立派さだけを高く買うようでは、真の善人か善人もどきかは見分けられない。

子曰く、論の篤きに是れ与すれば、君子者か、色荘者か。

「口がうまく愛想がよい、そういうのに相手の身になって考えるひとはすくない」（学而3・陽貨16）というが、弁論にたけたものに相手の身になって考えるひとは「すくない」といっているだけであって、如在ないのに相手の身になって考えられるものだっているかもしれない。しかし「猫なで声でお世辞をいったり、揉み手をしてご機嫌をとったり、バカ丁寧に腰をひくくすることは、左丘明はこれを恥じた。わたくしもまた恥じる」（公冶長25）というように、やたらと慇懃なものはたいてい「かたち」に「こころ」がともなっていないから、まず善人ではありえない。

「いっていること」を聴くだけでなく「やっていること」も見ないと真の人格者（君子者）か似而非人格者（色荘者）かの区別はつかない。それはそうだとしても、訥々としゃべるからといって君子者であるとはかぎるまい（といいたくなるのは色荘者のヒガミだろうか）。

22

子路がたずねる「耳にしたことはすぐに実行してもよいでしょうか」。

「父兄の意見を聴いてからでも遅くない。耳にしたことをすぐに実行することはない」。

冉有がたずねる「耳にしたことはすぐに実行してもよいでしょう

子路問う、聞かば斯ち諸を行なわんか。子曰く、父兄の在すこと有り、之を如何ぞ。其れ聞かば斯ち之を行なわんや。冉有問う、聞かば斯ち諸を行なわんか。子曰く、聞かば斯ち之を行なえ。

か」。
「耳にしたことはすぐに実行しなさい」。
公西華がたずねる「子路が耳にしたことはすぐに実行してもよいでしょうかと問うたとき、先生は父兄の意見を聴いてからでも遅くないと答えられました。冉有が耳にしたことはすぐに実行してもよいでしょうかと問うたとき、先生は耳にしたことはすぐに実行しなさいと答えられました。なんだか頭がこんがらかります」。
「冉有はひっこみ思案だ。だから背中を押してやった。子路はガムシャラだ。だから手綱をひきしめてやった」。

公西華曰く、由や問う、聞かば斯ち諸を行なわんかと。子曰く、父兄の在すこと有りと。求や問う、聞かば斯ち諸を行なわんかと。子曰く、聞かば斯ち之を行なえと。赤や惑う。敢えて問う。子曰く、求や退く。故に之を進む。由や人を兼ぬ。故に之を退く。

アドバイスは相対的なものである。三日でやめるやつには「あきらめないことが大事だぞ」という。三年間ガンバっても芽がでないものには「あきらめることも大事だよ」という。ところがどっこい、三日坊主のものは「あきらめるのも大事」という誤ったアドバイスをひろって自分は正しいとおもう。過労死しそうなほうは「あきらめないのが大事」という誤ったアドバイスをひろって自分は正しいとおもう。両者にそれぞれ逆のアドバイスをひろってほしいのに、そうはならない。

師たるもの、弟子の「かたち」にあらわれたキャラを見るのではなく、その「こころ」にひそむ性根をとらえ、骨身にしみるアドバイスをしてやらねばならない。それにしてもこういう教師の手管を孔子はどうして公西華の見ているところでやったのだろう？　なにかしら公西華にたいする教育的な思惑があったのかなあ。

23

孔子は匡の土地であぶない目にあう。はぐれた顔淵があとから追いつくと「てっきり死んだとばかりおもったよ」。「先生がご存命なのに、どうして死なれましょう」。

子、匡に畏る。顔淵後れたり。子曰く、吾れ女を以て死せりと為す。曰く、子在すに、回何ぞ敢えて死せん。

うるわしい師弟愛のようだが、ここでの主役はあくまでも顔淵であって孔子は脇役にすぎない。顔淵がいかに師を敬慕しているかということを示すために、あえて孔子に素っ気ないセリフをいわせているような気配すらある。

「天がこの文化をほろぼそうとしないからには、匡の連中ごときにわが身をどうすることもできはせぬ」（子罕5）とうそぶくように、孔子は自分には天命があるから死ぬわけがないとおもっている。そのくせ顔淵に「てっきり死んだとばかりおもったよ」というのは、絶望の裏返しの表現、望外のよろこびの表現だとしても、いまひとつスッキリしない。うれしさのあまりの言かもしれないが、なんとなく薄情な感じである。

24

魯の季子然がたずねる「子路や冉有は大臣の器だろうか」。

「もっと大事なことかとおもったら、なんのことはない子路や冉有についてのおたずねですか。大臣の役目とは、正しい道理でもって主君におつかえし、その道理がとおらないときにはすっぱりと身をひくことです。いまのところ子路や冉有はせいぜい頭数をそろえるだけの臣下といったところでしょうな」。

「ではかれらは主君のいいなりってことかな」。

「父親や主君を殺そうなどという段になれば、けっしていいなりにはなりますまい」。

季子然問う、仲由・冉求は大臣と謂う可きか。子曰く、吾れ子を以て異なるを之れ問うと為すも、曾ち由と求とを之れ問うか。所謂大臣とは、道を以て君に事え、不可なれば則ち止む。今、由と求とは具臣と謂う可し。曰く、然らば則ち之に従う者か。子曰く、父と君とを弑せんには、亦た従わざるなり。

孔

子はここでも奥歯にものがはさまったような物言いをしている。「これは異なことをおたずねになる」「子路や冉有は並みの役人でしかござらん」というのは、ボンクラの殿さまにつかえながら身をひかずにいるようでは大臣の器とは申せませんなといっているようなニュアンスをおぼえる。

主君をしのぐ権勢をほこっている季孫氏(きそんし)につかえて「すっぱりと身をひくこと」をしない子路や冉有のことを「せいぜい頭数をそろえるだけの臣下」とケナしておきながら、「あなたが自分の父親や主君を殺そうとすれば、かれらだって唯唯諾諾(いいだくだく)としたがうことはないでしょう」とチクリと刺す。あなどるがゆえの言かもしれないが、あからさまに皮肉な感じである。

25

子路(しろ)、子羔(しこう)をして費(ひ)の宰為(さいた)らしむ。子曰く、夫(か)の人の子を賊(そこな)わん。子路曰く、民人(みんじん)有り、社(しゃ)稷(しょく)有り。何ぞ必ずしも書を読みて然(しか)る後(のち)に学びたりと為(な)さん。子曰く、是(こ)の故に夫(か)の佞者(ねいじゃ)を悪(にく)む。

子路(しろ)が高柴(こうさい)を費(ひ)の代官に推挙する。

「ちょっと荷が重いんじゃないかな」。

「費の地にゆけば、おさめるべき人間がおり、まもるべき土地があります。実地に学べばよいでしょう。本を読むだけが勉強でもありますまい」。

「まったく口のへらんやつだ」。

「本を読むだけが勉強でもありますまい」というセリフ、裏表のない子路がいっただけに孔子の痛いところをついた。「理屈ではなんとでもいえる。いいたい放題にいいおって」と苦笑。

たしかに現場で「からだ」におぼえさせるべきことはある。しかし現場での経験を受けとめる素地としての「こころ」を豊かにしておかなければ、なんにも身につかない。

頭でっかちの本の虫はいただけないが、額に汗してうごきさえすればよいっていうもんでもない。本を読むことによって、ひとは自分「である」ことから脱して自分「であろうとする」ことができる。本を読むことによっていろんな可能性が見えてくる。本を読み、新しい可能性にであうとき、ひとはじつは身をもってうごいてもいる。

子路の議論は個別論を一般論のなかに解消したものであり、地に足が着いていない。案の定、孔子にきつくお灸をすえられた。でも、こんなふうに孔子にむかって食いついてゆけるのはひとり子路のみである。顔淵のような出木杉くんよりも、オッチョコチョイの子路のほうが、孔子も気がおけなかったんだとおもう。ふむ。そう考えるとこれもまた師と弟子との仕合わせな関係をえがいた章のひとつなのかもしれない。

26

子路、曾皙、冉有、公西華がおそばにはべっている。
「わたくしがすこしばかり年上だからといって遠慮することはない。どうやら常日頃からだれも自分のことを知ってくれないと不平をこぼしておるようだが、もし知ってくれるものがあったらど

子路、曾皙、冉有、公西華、侍坐す。子曰く、吾れ一日爾より長ぜるを以て、吾れを以てすること無かれ。居れば則ち曰く、吾れを知らざるなりと。如し爾

うしたいとおもっておるのかな」。

子路が待ってましたとばかりに口をひらき「戦車千輛をもつくらいの国が、大国のあいだにはさまれ、のべつ戦禍にさらされ、おまけに飢饉に見舞われているとして、わたくしがその国をおさめたら、三年もあればその国民が勇気をもてるようにし、さらに節度をわきまえさせることができます」。

先生は笑われた。

「冉有よ、おまえはどうだ」。

「六、七十里四方、いや五、六十里四方の小国であれば、わたくしがこれをおさめれば、三年くらいでなんとか生活だけは安定させられましょう。ただし礼楽といった高尚なことは然るべきひとにおまかせします」。

「公西華よ、おまえはどうだ」。

「できるというのではありませんが、ひとつ勉強してみたいことがございます。宗廟における祭礼や外交における会合のさい、然るべきいでたちで下っ端の介添え役をやってみとうございます」。

「曾皙よ、おまえはどうだ」。


を知るもの或らば、則ち何を以てせんや。子路、率爾として対えて曰く、千乗の国、大国の間に摂まれ、之に加うるに師旅を以てし、之に因るに飢饉を以てするに、由や之を為め、三年に及ぶ比おい、勇有りて且つ方を知らしむ可きなり。夫子、之を哂う。求、爾は何如。対えて曰く、方六七十、如しくは五六十、求や之を為め、三年に及ぶ比おい、民を足らしむ可きなり。其の礼楽の如きは、以て君子に俟たん。赤、爾は何如。対えて曰く、之を能くすと曰うには非ず。願わくは学ばん。宗廟の事、如しくは会同には、端章甫して、願わくは小相為らん。点、爾は何如。瑟を鼓くこと希なり。鏗爾として瑟を舎きて作ち、対えて曰く、三子者の撰に異なり。

瑟を爪弾いていた手をおくと、居ずまいを正して「さきの三人のような気のきいたことは申せませんが」。

「なにも気にすることはない。おのおの抱負をのべておるだけだ」。

「春も暮れかけのころ、仕立ておろしの春の服を着て、若い友だち五六人、子ども六七人とつれだって、沂水のほとりで水遊びをし、舞雩の雨乞いの舞台のうえで夕涼みをしたら、のんびり歌をうたいながら家路につきたいとおもいます」。

先生は溜息をついて「わたくしもその仲間にはいりたい」。

三人が退出する。あとにのこった曾晳が「あの三人の言葉はどうだったのですか」。

「おのおの抱負をのべたまでだ」。

「先生はどうして子路のことを笑われたのですか」。

「国をおさめるには礼によらねばならぬ。（そもそも礼の本質は謙虚ということにあるのに）子路の言葉はひどく威勢がよかったから、つい笑ってしまったのさ」。

「冉有もまた国政のことを申しておりましたが」。

「六、七十里四方、五、六十里四方であろうとも、いっぱしの国

子曰く、何ぞ傷まんや。亦た各おの其の志を言うなり。曰く、莫春には春服既に成り、冠者五六人、童子六七人、沂に浴し、舞雩に風し、詠じて帰らん。夫子、喟然として歎じて曰く、吾れは点に与せん。三子者出づ。曾晳後る。曾晳曰く、夫の三子者の言は何如。子曰く、亦た各おの其の志を言うのみ。曰く、夫子、何ぞ由を哂うや。子曰く、邦を為むるには礼を以てす。其の言譲らず。是の故に之を哂う。唯だ求は則ち邦に非ざるか。安くんぞ方六七十如しくは五六十にして邦に非ざるを見ん。唯だ赤は則ち邦に非ざるか。宗廟会同、諸侯に非ずして之を如何。赤や之が小相為らば、孰か能く之が大為らん。

だ（が、かれは謙遜ということを心得ておった）」。「公西華もまた国政のことでしたが」。「宗廟での祭礼や外交での会合ということは、諸侯国レベルのこと以外のなにものでもない（が、かれの場合はいささか謙遜しすぎだ）。公西華ほどのものに末席の介添え役をやられたら、いったいだれが上席にあって差配できようか」。

先進22でも子路・冉有・公西華の三人がでていた。そこでは「冉有はひっこみ思案」「子路はガムシャラ」と評されていた。案の定、子路はまっさきに口火をきって「大国でもドンとこい」と胸をはり、冉有は「小国だったらなんとか」と肩をすぼめ、それを見た公西華は「儀式の進行係くらいでしたら」と師の顔色をうかがう。ジャンケンは後出しのほうが有利である。

子路・冉有・公西華、そろってみな曾皙のひきたて役（孔子すら進行係にすぎない）。曾皙の語るところは、大方のひとの理想とする生きかただろう。おろしたての春の服をまとい、気のおけない友だちや無邪気な子どもたちとつれだって、夕暮れどき、歌を口ずさみながらそぞろ歩きする。夢見るように平和な情景である。孔子は「わたくしもその仲間にはいりたい」という。うん。たしかに共鳴しているにはちがいない。でも、孔子はもろ手をあげて賛成しているのかなあ。孔子は曾皙のように楽天的にはなれない。「それがゆるされるものなら、わたくしだって仲間にはいりたいよ」と微苦笑をもらしつつ、しかし希望をこめて、曾皙の言葉を肯定したんじゃないだろうか。

子路・冉有・公西華が公的な職場における「かたち」のありかたへの抱負をのべたのにたいして、曾皙は私的な生活における「こころ」のありかたへの願望をのべている。孔子はえらく共感しているようだが、曾皙のいうところは「自分のことを知ってくれるひとがあったらどうしたいか」という問いの答えにはなっていない。

顔淵第十二

人間関係の基本的ありかた

1

顔淵、仁を問う。子曰く、己に克ちて礼に復るを仁と為す。一日己に克ちて礼に復らば、天下仁に帰せん。仁を為すは己に由るものにして、人に由らんや。顔淵曰く、請う其の目を問わん。子曰く、礼に非ざれば視ること勿かれ、礼に非ざれば聴くこと勿かれ、礼に非ざれば言うこと勿かれ、礼に非ざれば動くこと勿かれ。顔淵曰く、回、不敏な

顔淵に相手の身になって考えるという生きかたについてたずねられて、「おのれの欲にうちかち、ひとに優しくすることが相手の身になって考えるという生きかただ。一日だけでも相手の身になって考えるという生きかたをこころがければ、生きている世界そのものが優しさにあふれたものになる。相手の身になって考えるという生きかたをすることは、あくまでも自分のやることであって他人にやってもらうことではない」。

「それをやるコツをお教えください」。

「優しさをそこなうものは見ようとせず、優しさをそこなうもの

は聴こうとせず、優しさをそこなうことは言おうとせず、優しさをそこなって動こうとしないことだ」。
「できないかもしれませんが、せいぜいやってみます」。

りと雖（いえど）も、請（こ）う斯（こ）の語を事（こと）とせん。

たった一日だけ相手の身になって考えるという生きかたをしたくらいで、そんなに影響力があったりするものだろうか？　カリスマ的なリーダーによる薫陶・感化のこととしてみたり、為政者のありかたにひとびとが帰服することとしてみたり、先学もいろいろと工夫しているが、いまひとつピンとこない。

一個人のやったことの影響が天下におよぶという発想がたぶんミスリーディングの原因である。そんなふうに大上段にふりかぶっているのではなく、とりあえず一人一人がさしあたり一日だけでも相手の身になって考えるという生きかたをやってみるべきであって、それがなければなんにもはじまらないといっているんじゃないだろうか。各人がすこしづつでもそういう生きかたにつとめていれば、やがて世のなかの空気もそうなってくるだろうといった感じだとおもう。

相手の身になって考えるという生きかたをすることは、やろうとおもえばいつでもできる。できないのは、やろうとしないからである。たしかに相手の身になって考えるという生きかたをしようとしても身のまわりにはおびただしい誘惑がある。とはいえ誘惑に抵抗するためには一切の感覚を閉ざして「見ざる・聴かざる・言わざる・動かざる」に徹するしかないのだろうか？　まさか。そんな窮屈千万なありかたを孔子がすすめるはずがない。

なにかを見るときはなるべく相手の身になって考えながら見るという見方をせよ、と読むことはゆるされないだろうか。相手の身になって考えて生きるというのは、「こういうのが相手の身になって考えるという生きかたである」という見本があって、その許容範囲内でやるというような窮屈なことではない。そのつど相手の身になって考えるということの中身はダイナミックに変わってくる。見るにしても、聴くにしても、言うにしても、動くにしても、すべて相手がある。相手があれば、その相手に応じたやりかたがある。相手に応じたやりかたこそが、すなわち相手の身になって考えることにかなったやりかたである。

　こういうときにはこうするというのが世間の作法であっても、「このひとはこうしてほしいんだろうな」とおもえば、そうしてやるのが相手の身になって考えるという生きかたにかなっている。「己に克（か）つ」とは「こうしたい」という自分の欲にうちかつことであり、「礼に復（かえ）る」とは「こうしてあげよう」と相手の身になることである。そういうのが優しさのある生きかたである。

　おのれの欲にうちかち、ひとに優しくする。いうは易く、おこなうは難し。さすがの顔淵もビビり気味だけれども、ホントにそうだろうか？　こころに優しさがあれば、ひとに優しくすることはいたって自然にできるはずである。

2

仲弓に相手の身になって考えるという生きかたについてたずねられて、「家の外にいるとき、ひとと接するさいは大切な客にあうかのような気持でつきあい、ひとを使うさいには大事な祭りをとりおこなうかのような気持でやる。自分がイヤだとおもうことは他人にしないようにする。（そういう心構えでいれば家の外にいるとき）ひとからウラまれることはないし（家のなかでも）家族からイヤがられることはない」。

「不束者ではございますが、仰せのとおりに精進したく存じます」。

仲弓、仁を問う。子曰く、門を出でては大賓を見るが如く、民を使うには大祭に承うるが如くす。己の欲せざる所は、人に施すこと勿かれ。邦に在りては怨み無く、家に在りても怨み無し。仲弓曰く、雍、不敏なりと雖も、請う斯の語を事とせん。

相

手の身になって考えるという生きかたについて問われ、顔淵にはひどく抽象的な答えかたをしていたが、仲弓にはいくらか具体的に答えている。

いったい「自分がやられてイヤなことは他人にやらない」というのはむつかしいことだろうか？　どう考えてもむつかしいことだとはおもえない。自分がやられたくないことをわざわざ他人にやることのほうが、よほどエネルギーを要する。

「自分のイヤだとおもうことは他人にもしないようにする」の対偶をとれば「他人にしてやるなら自分

がイヤだとおもわないことをやれ」となる。「やってやりたいけど、オレが欲していないんだよ。この苦しみ、わかる?」という感じだったりして。

3

司馬牛に相手の身になって考えるという生きかたについてたずねられて、「相手の身になって考えるものは口が重い」。「口が重ければ、それだけで相手の身になって考えるという生きかたといえるのですか」。「そのように生きることは至難のわざだ。相手の身になって考えるという生きかたについて口にしようとすれば、どうしたっていいよどまざるをえんじゃないか」。

司馬牛、仁を問う。子曰く、仁者は其の言うや訒なり。曰く、其の言うや訒なれば、斯ち之を仁と謂うか。子曰く、之を為すこと難し。之を言うに訒なること無きを得んや。

相手の身になって考えるという生きかたとは、口でしゃべることではなく身をもってなすべきことである。身をもってなすべきことを、あえて口でしゃべろうとしても、うまく言葉になってくれない。うまく言葉になってくれなくても身をもってなしさえすればよい。

ここからたてつづけに三章、司馬牛がでてくる。はじめの二章は孔子との問答だが、どちらも似たような構成である。司馬牛が問い、孔子が答え、さらに司馬牛が問いをかさねるんだけど、その司馬牛の問いのかさねかたがヒネクレているというか、なんとも偏執狂的なのである。

相手の身になって考えるものはウソをつかない。ウソをつかないものは発言が慎重である。おのれの言葉に誠実であろうとすれば、いきおい寡黙にならざるをえない。ところが司馬牛はことがらを言葉づかいのレベルだけでとらえて「いいよどむくらいで相手の身になって考えているといえるんですか」といぶかしむ。それにたいして孔子は「おいおい、口でいうのは簡単だが、それを実行するのはむつかしい。現におまえはいいよどんでおらんじゃないか」という。この孔子の答えには「そういうふうなことを軽くしゃべれるっていうこと自体、すでに相手の身になって考えることが身についておらん証拠じゃな」というニュアンスをおぼえる。

ぼくのアキレス腱はおしゃべりな口である（ふつうアキレス腱は足にあるのだが、ぼくの場合は口にあるのである）。妻にも「いい歳こいておしゃべりは恥ずかしい」と叱られる。いい歳こかないうちに寡黙になる練習をしておけばよかった（しかしもういい歳こいてしまったのである）。

4

司馬牛に腹のすわった人間についてたずねられて、「腹のすわった人間は、クヨクヨ悩んだり、ビクビク恐れたりしない」。

司馬牛、君子を問う。子曰く、君子は憂えず懼れず。曰く、憂

「悩んだり恐れたりしなければそれだけで腹のすわった人間といってよいのですか」。
「おのれの内面をかえりみて微塵もやましいところのない人間であって、はじめて悩みも恐れもせずにおれるのだ」。

えず懼れずんば、斯ち之を君子と謂うか。子曰く、内に省みて疚しからずんば、夫れ何をか憂え何をか懼れん。

内にかえりみて微塵もやましいところがなければ（そんな人間がいればの話だが）悩んだり恐れたりしようがない。悩んだり恐れたりしようがないということについて悩んだり恐れたりしてみてもしょうがない。

ひとは自分自身のありかたには目をつむりがちである。「われわれはあまりにも他人の目に自分を偽装することに慣れきって、ついには自分自身にも自分を偽装するに至るのである」（二宮フサ訳『ラ・ロシュフコー箴言集』岩波文庫・四二頁）とイヤ味をいいたくなるくらい、自分のありかたについては自覚をもちにくい。「おのれの欲にうちかち、ひとに優しくすることが相手の身になって考えるという生きかただ」（1）といわれても、わが身を意志的にかえりみるということは容易でない。せいぜい「やましい気持」をもつようにするくらいが精一杯である。

一点のうしろめたさもなければ煩悶すべきことも恐怖すべきこともなにひとつないだろう。が、そんな人間はいない。やましいことがあれば（あるにきまってるんだけど）それを自覚しよう。ヨクバリな自分、ナマケモノの自分、イジワルな自分、それをそっくりそのまま引き受けてしまおう。そうすれば

「自分がわるいのだ」とあきらめもつく。

5

司馬牛(しばぎゅう)が暗い顔をして「ひとにはみな兄弟があるのに、わたくしにだけはいない」。
子夏(しか)がいう「死ぬも生きるもさだめあり、富むも貴きもままならぬ、というじゃないか。ことを処するに慎重で、ひとと接するに謙虚であれば、世のなかすべて兄弟のようなものさ。兄弟がいないからって落ちこむことはないよ」。

司馬牛、憂えて曰く、人皆な兄弟(けいてい)有るに、我れ独(ひと)り亡(な)し。子夏(しか)曰く、商(しょう)、之(これ)を聞く、死生、命(めい)有り、富貴、天に在り。君子、敬して失(しつ)無く、人と恭(うやうや)しくして礼有らば、四海(しかい)の内、皆な兄弟なり。君子何ぞ兄弟無きを患(うれ)えんや。

「口が重ければそれだけでいいんですか」「悩んだり怯えたりしなければそれだけでいいんですか」とほざいていた司馬牛だが、ここでは「ボクだけ兄弟がいないんです」とショボクレている。じつは司馬牛、深刻な事情をかかえている。述而22にでてきた悪人、孔子を害せんとした司馬桓魋(かんたい)が兄貴である。まことに肩身がせまい。そういう仔細もあって、さっきまで虚勢をはっていたのかもしれない。気の毒にも「やましい」ところだらけの身の上なもんで、かえって大口をたたいてしまったのだろう。

司馬牛には内にかえりみてやましいところがバッチリある。しかし案ずるにはおよばない。おのれの欲にうちかち、ひとへの優しさにつとめるとき、そこには血よりも濃いつながりが生まれる。

さきほどの司馬牛にたいする孔子の教えは、発言においてひかえめであれ、憂いや恐れをいだくな、というものであった。いまにしておもえば、あれは司馬牛にたいする孔子の個人的なメッセージだったんじゃないだろうか。できもしないことを乱暴にいってしまったり、むやみに憂えたり恐れたりするというふうに、司馬牛が情緒不安定である背景として、けしからん兄貴のことが負い目になっていた。世のなかには「できること」と「できないこと」とがある。「できること」をしているなら、「できないこと」ができないからといって、なにも気にすることはない。ただし、できもしないことを口にしちゃいけない。

問題は「できること」と「できないこと」との区別ができるかどうかっていうことである。「できること」はすべてやったといえる根拠はなんだろう。じつは話が逆なのかもしれない。気がかりがのこるのは、「できること」をきちんとやっていないからである。だから司馬牛はいくら孔子にさとされても兄貴のことが気になる。そこで子夏の登場となる。

死生や富貴が天命であるように、兄弟のことも人間の力じゃどうしようもない。どうにもならないことをウジウジと悩んでいると、できることもできなくなってしまう。できることをやっておればみんな兄弟だよ、と子夏はいう。できることをやっておれば、できないことができないからといって、なにも憂えたり恐れたりすることはないよ、と。

「ただのなぐさめでしかない」といういいかたがある。なぐさめではなにも解決しないっていうことだろう。そうかもしれない。でもすぐに解決できることでないとすれば、なぐさめる以上のことができるのかなあ。ただのなぐさめにすぎないにせよ、「いま」このときこころをあたためてくれることがありがたい。

子夏の言葉はもちろん口先だけのなぐさめではなかろう。だが、たとえその場かぎりのなぐさめであったとしても、それはそれでよい。無責任なぐさめはいうもんじゃないという立場もあるだろうが、その場かぎりだからいえるなぐさめっていうものもあって、そういうなぐさめによって救われることもあるんじゃないだろうか。

6

子張に聡明さについてたずねられて、「内がわにジワジワと染みこんでくる悪口、うわっつらをチクチクと刺してくる告げ口、そういう巧妙なやりかたにダマされないようなら、ものごとを見抜けるもの、ものごとを見通せるものといってよい」。

子張、明を問う。子曰く、浸潤の譖り、膚受の愬え、行なわれざる、明と謂う可きのみ。浸潤の譖り、膚受の愬え、行なわれざる、遠と謂う可きのみ。

水が染みこむように、ねっとりと陰湿に食いこんでくる誹謗（ひぼう）、そういうものに洗脳されないなら、見抜く力（明）がある。トゲが刺さるように執拗にまとわりついてくる中傷、そういうものに誘導されないなら、見通す力（遠）がある。下心のある人間は、一見してそれと知れるような見え見えのことはやらない。情実をからめて、いつのまにかダマしてくる。曇りのない目をもっていれば、それに毒されずにすむ。

うかうかとダマされるのは感心しないが、もちろんダマすほうが絶対にわるい。とりわけダマされやすいひとをダマすやつはゆるせない（年寄りをネラった詐欺とか）。人間、正直に生きたいものである。正直に生きるというのはむつかしいことだろうか？　どう考えてもむつかしいとはおもえない。わざわざひとをダマすほうがよほどエネルギーを要する。

「バカ正直」という言葉がある。「正直すぎて気がきかないこと。また、そういう人。愚直」といった意味である（『広辞苑』第七版）。けっきょく正直者がバカをみるということだろう。でも、そうかなあ。「バカでなければ正直という徳はもてっこない」という機微もあるんじゃないだろうか。バカをバカにしちゃいけない。

7

—— 子貢（しこう）に政治の心得をたずねられて、「食糧を確保し、軍隊を整備

—— 子貢（しこう）、政を問う。子曰く、食（しょく）を

し、人民を信頼させることだ」。
「よんどころない事情によってあとまわしにするならどれでしょうか」。
「軍隊だな」。
「よんどころない事情によってさらにあとまわしにするならどれでしょうか」。
「食糧だな。食べなければ死ぬが、人間どうせいつかは死ぬのだ。人民の信頼がなければ国家そのものが成りたたない」。

足らしめ、民をして之(これ)を信ぜしむ。子貢曰く、必ず已(や)むを得ずして去らば、斯(こ)の三者に於(お)いて何(いず)れをか先にせん。曰く、兵を去らん。曰く、必ず已むを得ずして去らば、斯の二者に於いて何れをか先にせん。曰く、食を去らん。古(いにしえ)自(よ)り皆な死有り。民、信無くんば立たず。

戦争で殺されたり饑饉(ききん)で飢えたりして命をうしなうのは悲惨である。しかし「からだ」は遅かれ早かれほろびる。おのれの欲にうちかち、ひとへの優しさにつとめるとき、そこに「こころ」のつながりが生まれる。こころのつながりが疎遠なままに生きているのは、生きていないも同然である。

孔子の「人間どうせいつかは死ぬのだ」という言葉はカッコいい。命あっての物種だが、命があればいいってもんじゃない。食えるし、また食いたくても、あえて食わないことだってないとはかぎらない。そういう覚悟をなくしたら、どこまでも卑しくなってしまうような気がする。

ひとびとが価値ありとみなしているものについて「それは自分にとってはどうでもよい」といえることが、そこが健全な社会であるための要件である。為政者が「これが正しい生きかたである」という価値観をかかげ、それを人民に押しつけるような社会はよろしくない。国が戦争をおっぱじめると国民の命は戦争遂行のための手段となる。「戦争はイヤだ」という人間に「おまえに生きる値打ちはない」という烙印がおされるようになると、そういうもの（非国民）の範囲はひろがってゆく。人間の生きる意味を為政者に決めさせてはならない。為政者がこころがけるべきなのは「ひとびとがふつうに生きることを尊重する」ということであり、それに尽きる。

8

衛の棘子成がいう「人間は中身だけでよい。見た目はどうでもよい」。

子貢がいう「残念だなあ、あのひとの人間論は。馬車も失言には追いつけない（わたくしの耳にまでとどいたよ）。見た目は中身のようなものだし、中身は見た目のようなものだ。うつくしい毛を抜いてしまったら虎や豹のなめし革も犬や羊のなめし革もいっしょだ」。

棘子成曰く、君子は質のみ。何ぞ文を以て為さん。子貢曰く、惜しいかな、夫子の君子を説くや。駟も舌に及ばず。文は猶お質のごとく、質は猶お文のごとし。虎豹の鞹は猶お犬羊の鞹のごとし。

せっかくの虎や豹の毛皮も毛を抜いてしまったら犬や羊の皮と区別がつかない。中身があるものはそれにふさわしい外見をもつべきだという前提があるのかもしれない。「らしくあれ」っていうことである。

もちろん中身（こころ）は大切である。しかし外見（からだ）だって大事である。しょせん飾りだからといって外見をないがしろにしちゃいけない。外見がみっともなければ、せっかくの中身も活かされない。

9

魯の哀公が有若にたずねる「凶作で年貢が足りんのだがどうしたらよかろう」。

「税を一割にしたらいかがでしょう」。

「二割でも足りんのにどうして一割にできようか」。

「民草が豊かならどうして君主が貧しいことがありましょう。民草が貧しいならどうして君主が豊かでありえましょう」。


哀公、有若に問うて曰く、年饑えて用足らず、之を如何せん。有若対えて曰く、盍ぞ徹せざる。曰く、二にして吾れ猶お足らず、之を如何ぞ其れ徹せんや。対えて曰く、百姓足らば、君孰と与にか足らざらん。百姓足らずんば、君孰と与にか足らん。

財政が赤字であるなら、いっそのこと減税したらどうでしょう、と有若は進言する。ひとびとの暮らしに余裕があること、それが国の財源にほかならない、と。有若の建言が経済学的に正しいのかどうかは知らない。だが「年貢（ねんぐ）をへらすことによって下々がハッピーになるなら、お上になんの不足もないでしょ」という発想は、下々には呑みこみやすい。

もちろん国家財政（からだ）は大切である。しかし国民生活（こころ）のほうがもっと大事である。国民生活がたちゆかなければ国家財政もへったくれもない。

10

子張（しちょう）にものごとの善悪や是非をわきまえることについてたずねられて、「まず誠実であることをこころがけ、だんだん正義へとうつってゆく、これが善悪をわきまえることだ。愛するものには生きていてほしいとおもい、憎いものは死ねばよいとおもうのは人情ではあるが、生きていてほしいとおもったり死ねばよいとおもったりするというのでは是非をわきまえないといわれても仕方がないね」。

子張（しちょう）、徳を崇（たか）くし惑（まど）いを弁ぜんことを問う。子曰く、忠信を主として義に従（うつ）るは、徳を崇くするなり。之（これ）を愛しては其の生を欲し、之を悪（にく）んでは其の死を欲す。既に其の生を欲して、又（ま）た其の死を欲するは、是（こ）れ惑いなり。

愛憎を超えよ、と孔子はいう。ただし、ものごとには順序がある。なにはさておき誠実であらねばならない。お偉いさんにペコペコしたり、身内だけをヒイキするのではなく、みんなに平等に接する。そうやって誠実をこころがけていれば、やがて善悪や是非をわきまえるようになり、ついには愛憎を超えることができるであろう。

11

斉の景公に政治についてたずねられて、「君主は臣下をいつくしみ、臣下は君主をうやまい、父は子をいつくしみ、子は父をうやまうことです」。「なるほど。じっさい君主が君主らしくなく、臣下が臣下らしくなく、父が父らしくなく、子が子らしくなければ、いくら食いものがあっても、おちおち食っておれんからな」。

斉の景公、政を孔子に問う。孔子対えて曰く、君、君たり、臣、臣たり、父、父たり、子、子たり。公曰く、善いかな。信に如し君、君たらず、臣、臣たらず、父、父たらず、子、子たらずんば、粟有りと雖も、吾れ得て諸を食らわんや。

「君主は君主らしく、臣下は臣下らしく、父は父らしく、子は子らしく」とは、たんに分限をわきまえるということではない。身を処すさいの原理を優しさにおくということである。政治につ

いて問われ、孔子はひとからひとへという優しさの連鎖をもって答えている。ボンクラ君主の耳に念仏であったとおぼしい。

12

「一言でズバリと判決をくだせるのは、まあ子路(しろ)だろうな」。子路という男はいったん承諾したことを翌日にひきのばすことをしない。

子曰く、片言(へんげん)以て獄(うった)えを折(さだ)む可(べ)き者は、其(そ)れ由(ゆう)なるか。子路(しろ)、諾(だく)を宿(とど)むること無し。

子路には決断する力がある。スッキリと決められるのは、「おのれの欲にうちかち、ひとへの優しさにつとめる」という生きかたをつらぬいているからである。

決断力があるのと無鉄砲なのとは紙一重だが、なまじ思慮分別があったりするとなにも裁決できない。

ぼくは試験で赤点をとったやつを落とすだけでもビビッてしまう。とうてい裁判官はつとまりそうもない。

13

決めることでは、わたくしも人並みでしかない。ただし、もめごとそれ自体がそもそも起こらないようにしたいとおもっている。

子曰、訟えを聴くは、吾れ猶お人のごときなり。必ずや訟え無からしめんか。

一寸見には、まえの子路の男らしい気骨に対するイヤ味のようにも読めるが、じつは子路のことをうらやんでいるのかもしれない。わたくしは子路とちがって白黒つけるのが苦手なんだよ、と。そもそも優柔不断だから、はなから裁判沙汰にならないようにするよ、と。

ひとを裁くのはイヤだ、と孔子はいう。同感である。裁き裁かれることのない世のなかのほうがよい。一人一人が「おのれの欲にうちかち、ひとへの優しさにつとめる」ような生きかたをしていれば、はなからもめごとなど起こらないはずである。

14

子張に政治についてたずねられて、「やるべきことを自覚し、やるからには実行する」。

子張、政を問う。子曰く、之に居りて倦むこと無く、之を行なうに忠を以てす。

政治家の「やるべきこと」とはなにか。「おのれの欲にうちかち、ひとへの優しさにつとめる」という姿勢でもって為政にたずさわることである。ただし、やるからには投げやりにならず、粘りづよくやるべしというのは、これもまた子路の果断ぶりが脳裏にあっての言かもしれない。

15

書物を読むことによって知識をおさめ、そうやって得られたものを礼の実践によってまとめるなら、道理からはずれることはないだろう。

子曰く、博(ひろ)く文を学び、之(これ)を約(やく)するに礼を以(もっ)てせば、亦(ま)た以て畔(そむ)かざる可(べ)きか。

雍也27とおなじ文である。

16

相手の身になって考えるという生きかたをするものは、ひとのよいところを見たら、それをホメてやるけれども、わるいところに

子曰く、君子は人の美を成し、人の悪を成さず。小人(しょうじん)は之(これ)に

気がついても、なるべく目をつむってやる。相手の身になって考えない生きかたをしているものは、それと逆のことをやる。

反す。

「おのれの欲にうちかち、ひとへの優しさにつとめる」とは「ひとのよろこびを、おのれのよろこびとする」ことである。とりわけ教師はそういうメンタリティーをもっているべし。もっとも、教師は超能力者ではない。ひとの長所をホメることはできても、短所を「なくす」ことなどできっこない。かといって、わるいところを助長しないといったことなら、やれる自信があるというよりも、やるのが当たり前である。

「人の悪を成さず」は、ダメところに気がついても、なるべく目をつむってやる、と読んでおきたい。そう読んでよいという自信はない。でも現実には、ダメなところは責めたてず、それとなく反省をうながすくらいが、教師にできる精一杯のことじゃないだろうか。

17

魯の季康子に政治についてたずねられて、「政治の政とは、正すということです。あなたが先頭にたって正しくふるまえば、だれが不正をおこないましょうか」。

季康子、政を孔子に問う。孔子対えて曰く、政とは正なり。子帥いて正しければ、孰か敢えて正しからざらん。

為

政者が「おのれの欲にうちかち、ひとへの優しさにつとめる」という姿勢で為政にたずさわりさえすれば、ひとびとは不正をはたらかない。為政者たるもの、ひとびとの手本たるべし。

「政」の意味を同音の「正」で説いている。いわゆる声訓（同音または近似の音によって字義を説く方法）である。「正」という字は「一＋止」である。止は足である。足が一直線に「まっすぐ」すすんでゆくというイメージである。「お上がみずから身を正しく律すれば、いちいち命令せずとも下々はちゃんとする」（子路6）とあるように、為政者は「まっすぐ」であるべし。

18

魯の季康子に泥棒の横行をうれえて相談されて、「あなたが無欲であれば、たとえ盗みを推奨したところで、だれも盗みますまい」。

季康子、盗を患えて孔子に問う。孔子対えて曰く、苟くも子の欲せざれば、之を賞すと雖も窃まざらん。

為

政者が「おのれの欲にうちかち、ひとへの優しさにつとめる」という姿勢で為政にたずさわりさえすれば、ひとびとは盗みをはたらかない。為政者たるもの、ひとびとの手本たるべし。

季康子にたいして「政とは正なり」ということについて具体的に説きなおしている。上にたつものがまっすぐであれば、下々はちゃんとしますよ、と。あとは季康子がこの言葉をちゃんと肝に銘じられるかどうか次第なのだが、やりとりがさらにつづくところから推すに、どうも蛙のつらに水であったような気配である。

19

季康子、政を孔子に問いて曰く、如し無道を殺して以て有道を就さば何如。孔子対えて曰く、子、政を為すに、焉くんぞ殺を用いん。子、善を欲すれば、民善なり。君子の徳は風なり。小人の徳は草なり。草、之に風を上うれば必ず偃す。

魯の季康子がたずねる「道理にはずれた悪人を皆殺しにして、道理をまもる善人だけにすればどうだろうか」。

「政治をするのにどうして殺す必要がありましょう。あなたがよくなろうとすれば、ひとびともよくなります。上にたつものの本質は風です。下にあるものの本質は草です。風が吹けば草はなびきます」。

風

がゆるやかに吹けば草はおだやかにゆれる。風がはげしく吹けば草はちぎれる。孔子の言葉は季康子にはとどかない。利益誘導（アメ）と厳罰主義（ムチ）とで人間関係をとらえている為政者にとって、大衆とはコントロールする対象でしかない。

政治という権力ゲームでは「なにが真実か」よりも「なにが真実ということになっているか」のほうが重要である。だからといって「なにが真実ということになったか」にかんしては責任をなすりつけ、「そういう真実の形成になぜ自分が影響をあたえられなかったか」について知らんぷりをされるのは、じつに不愉快である。そういうのって空き巣ねらいがさんざん部屋を荒らしたあとで「土足でゴメン」と詫びるみたいなもんだろう。

季康子にくりかえし諫言しているように、孔子の立場は徳治主義である。悪人を皆殺しにして善人だけにするというのは法治主義をよそおった恐怖政治である。わるい連中をつかまえて根絶やしにするまで粛清してゆこうものなら、国中が収容所群島になってしまう（ぼくも収監されるにちがいない）。罪をおかしたものも、はじめから凶悪なわけじゃない。さまざまの事情によって犯罪者になってしまったのである。その事情から目をそむけるべきではない。甘いかもしれないが、北風よりも太陽のほうがよいとおもう。

20

子張がたずねる「知識人はどういうふうであれば人格者といえるでしょうか」。

「どういうことかな、おまえのいう人格者とは」。

子張問う、士、何如なれば斯ち之を達と謂う可きか。子曰く、何ぞや、爾の所謂達とは。子張

「国中に名が知られ、近隣でも名が知られているということです」。

「それは有名人だというだけで、べつに人格者ではない。人格者は、こころがまっすぐで、正しくふるまい、ひとの意見をよくきき、ひとの様子に気をつけ、慎重であり、謙虚である。国家にあっても自由にやり、家庭にいても自由にやれる。名が知られるというのは、優しさがあるように見せかけているが、その行動は優しいというにはほど遠く、そのくせニセモノだという自覚もない。そういう手合いがむしろ国中に名が知られ、近所でも名が知られるのだよ」。

対えて曰く、邦に在りても必ず聞こえ、家に在りても必ず聞こゆ。子曰く、是れ聞なり。達に非ざるなり。夫れ達せる者は、質直にして義を好み、言を察して色を観、慮って以て人に下る。邦に在りても必ず達し、家に在りても必ず達す。夫れ聞こゆる者は、色に仁を取りて行ないは違い、之に居りて疑わず。邦に在りても必ず聞こえ、家に在りても必ず聞こゆ。

人格者は「おのれの欲にうちかち、ひとへの優しさにつとめる」という姿勢で生きている。そのことは公の場（外）であれ私の場（内）であれゆるがない。それにひきかえ有名人は、公の場であるか私の場であるかで、つまり有名になれるかどうかで、コロコロと態度が変わる。

問題は自分のセコいありかたを問題にしないやつのほうが得てして有名になりがちだっていうことである。有名になれるのは有名になるに値しない生きかたをしているからだと指摘されても、「いいじゃん、有名なんだから」と平気の平左だったりする。

21

樊遅がお供をして雨乞いの舞台のあたりをそぞろ歩きしていた折りにたずねる「人格を向上させ、短所を克服し、是非を分別する。これはどういうことでしょうか」。
「よい問いだ。仕事を熱心にやり、報酬のことはあとまわしにする。これが人格を向上させることじゃないかな。自分のよくないところを反省して、他人のよくないところには寛容である。これが短所を克服することじゃないかな。いっときの怒りに我を忘れ、身近なものまで巻き添えにする。これでは是非の分別があるとはいえまいい」。

樊遅、従いて舞雩の下に遊ぶ。曰く、敢えて徳を崇くし、慝を脩め、惑を弁ぜんことを問う。子曰く、善いかな問いや。事を先にして得ることを後にするは、徳を崇くするに非ずや。其の悪を攻めて人の悪を攻むること無きは、慝を脩むるに非ずや。一朝の忿りに其の身を忘れて以て其の親に及ぼすは、惑いに非ずや。

「おのれの打算でふるまわない」「おのれに厳しくひとには甘い」「おのれの感情をひとにぶつけない」とは、とりもなおさず自己中心的であるなという教えである。自己チューにならないためには、おのれの欲にうちかち、ひとへの優しさにつとめるべし。
これら三つの課題は、実践において分かちがたくつらなっている。孔子が「よい問いだ」とホメる所以である。

22

樊遅に相手の身になって考えるという生きかたについてたずねられて、「ひとを愛することだ」。

知恵のある生きかたについてたずねられて、「ひとを知ることだ」。

樊遅は首をかしげる。

「正直なものをヒネクレたものの上におけばヒネクレたものも正直になってくる」。

樊遅は退出すると子夏にバッタリであい「さっき先生に知恵のある生きかたについてたずねたら、正直なものをヒネクレたものの上におけばヒネクレたものも正直になってくるとおっしゃったが、どういう意味だろうか」。

「なんとも豊かなお言葉だ。舜が天子になったとき、大勢のなかから皐陶をとりたてたら、よからぬ連中は影をひそめた。湯が天子になったとき、大勢のなかから伊尹をとりたてたら、よからぬ手合いは鳴りをしずめた」。

樊遅、仁を問う。子曰く、人を愛す。知を問う。子曰く、人を知る。樊遅、未だ達せず。子曰く、直きを挙げて諸を枉れるに錯けば、能く枉れる者をして直からしむ。樊遅退き、子夏に見えて曰く、嚮に吾れ夫子に見えて知を問うや、子曰く、直きを挙げて諸を枉れるに錯けば、能く枉れる者をして直からしめん、と。何の謂いぞや。子夏曰く、富めるかな言や。舜、天下を有つや、衆より選んで皐陶を挙ぐれば、不仁なる者は遠ざかれり。湯、天下を有つや、衆より選んで伊尹を挙ぐれば、不仁なる者は遠ざかれり。

曲がったものの上に「まっすぐ」なものをおく。すると曲がったものはまっすぐになる。まっすぐなものを上におくことによって曲がったものがまっすぐになるということは、だれもがまっすぐになりうるということである。

愛情と知恵とにもとづいた人事をすることが体制をしっかりさせる要諦(ようてい)である。甘いようにおもえるかもしれないが、現実に打つ手としてはそれ以外にないんじゃないだろうか。ヘタな人事をやると、優秀な人間は逃げてゆく。人事がうまくおこなわれると、その組織は実力以上の成果をだすことができる。

23

子貢(しこう)、友を問う。子曰く、忠告して之(これ)を善道し、不可なれば則(すなわ)ち止(や)む。自ら辱(はずかし)めらるること無かれ。

子貢に友だちづきあいについてたずねられて、「もし友人がわるい道にすすみそうだったら、こころから忠告して、よいほうへとみちびきなさい。受けいれてもらえなければ手をひきなさい。こっちの考えを押しつけようとするとイヤな目にあう」。

友だちがカルト宗教にはまる。「やめなよ」と一度はきちんと忠告してやる。いってもダメなようだったら、ある程度でやめる。いったん説得するとなったら、とことん命がけでやるというのが日本流の美学である。聞きいれられなければ切腹するくらいの覚悟でやるというのが日本人は好きである。しかし聞きいれられる可能性がないなら、切腹したところで犬死である。相手と心中してもよいというのなら話は別だが、それほどでもないなら節度をわきまえよう。

「不可なれば則ち止む」（先進24）。ダメだったらやめておこう。こういう冷静な態度を卑怯だとか不純だとかいうのはキレイごとである。わかるひとには、いわなくてもわかる。わからないひとには、いってもわからない。

いくら注意してもやめないようなら、冷たいようだが友人であることをやめればよい。友人関係はすべからく対等であるべし。「オレが更生させてやる」とか「見捨てるわけにはいかない」とか、上から目線をもたなきゃならないようではすでに友だちじゃないっていうことである。

オトナは「あいつにも事情があるんだろう」と相手のことをおもいやり、「不可なれば則ち止む」とひきさがれる。ガキは「こっちのほうが正しいんだから」と自分のありかたを正当化したがる。たとえ相手がまちがっていたとしても、それを相手に思い知らせることはたいてい不毛な結果をまねく。それは相対的な優劣をハッキリさせたがっているだけである。

相手とホントに理解しあいたいなら「オレは正しい」という態度をとるべきではない。相手には相手の都合がある。自分の考えを一方的に押しつけるのは、相手のことを気にかけているようで、じつは自分のことしか考えていない。

24

曾子はいう。志のある人間は、教養をとおして友とまじわり、たがいに切磋琢磨して人格をみがく。

曾子曰く、君子は文を以て友を会し、友を以て仁を輔く。

他

人とのまじわりは、自分を一方的に押しつけるものであってはならない。たがいに相手の立場をおもいやるとき、そこに豊かなまじわりがはぐくまれる。

たとえば共通の趣味でもよい、なにか語りあえるものをキッカケとして友だちになり、それについて語りあう。自分が語るだけではなく、友だちの語りにも耳をかたむける。他人の感じかたに無関心であってはならない。おなじことについて相手と自分との受けとりかたのちがいにおどろくとき、自分がすこし変わる。いつもの趣味にいままで知らなかった別の意味を発見したとき、そのことによって自分のありかたが変わる。自分ひとりでは自分のありかたは変えられない。

ちょっと一息

5

「本格的な専門書をひもとくのは荷が重いけど、学術的な知見をふまえつつ、しかも気軽に親しめるような解説書を読んでみたい」という方もあろう。そういう書物はおびただしく上梓されており、いちいち紹介する煩に堪えない。たまたま目についたもののみをあげておく。

◆宮崎市定『論語の新しい読み方』岩波現代文庫　2000年
◆橋本秀美『論語　心の鏡』岩波書店　2009年
◆湯浅邦弘『論語　真意を読む』中公新書　2012年
◆井波律子『論語入門』岩波新書　2012年
◆影山輝國（てるくに）『『論語』と孔子の生涯』中公叢書　2016年

子路第十三

治国修身の基本的ありかた

1

子路、政を問う。子曰く、之に先んじ、之を労す。益さんことを請う。曰く、倦むこと無かれ。

子路に政治についてたずねられて、「みずから率先してやり、それから慰労してやりなさい」。子路は物足りない顔をする。「それをつづけるのだよ」。

侠気あふれた子路のこと、やるとなればガムシャラにやるし、しかも親分肌だから自分だけ高みの見物をきめこむようなことはない。ただオッチョコチョイだから、たまに「ご苦労さん」とねぎらうことを忘れることがあったのかもしれない。

弟子を知るに師に如くはなし。子路がやるべきことは率先してやるし、いたわるべきものは懇切にいたわることなど、孔子には痛いくらいわかっている。と同時に子路が飽きっぽいこともよく知っている。悪気はないのだが、ながつづきしない。孔子が「継続は力なりだよ」とさとしているのは、おのれのこころに正直に生きればよいのだが、それでおしまいというんじゃなく、そこからさらに人間としてのつきあいを深めてゆきなさいという親身のアドバイスである。

2

季氏の代官となった仲弓に政治についてたずねられて、「役人にはきちんと仕事をさせねばならんが、ささいなミスはゆるしてやり、有能なものは抜擢してやりなさい」。「どうすれば有能なものを抜擢することができましょうか」。「とりあえず目についたものを抜擢すればよい。おまえの見つけられないものについては、まわりがほうっておかんだろう」。

仲弓、季氏の宰と為りて政を問う。子曰く、有司を先にし、小過を赦し、賢才を挙げよ。曰く、焉くんぞ賢才を知りて之を挙げん。曰く、爾の知る所を挙げよ。爾の知らざる所、人其れ諸れを舎てんや。

とりあえず目についたものをひきたてる。すると「ああいうのでもひきたててくれるんだ」という情報が伝わり、ほうっておいても人事がうごきだす。ただし人事は公平でなければならない。まずは目についたものをひきたてるとしても、その愛は愛憎の愛ではなく普遍的な愛でなければならない。

政治は人事である。だれをひきたてるかは、おのれのこころに正直にやればよい。ただし、ひきたてるべきものを公平にひきたてるべし。そうしていると人材は自然にあつまってくる。

3

子路がたずねる「もし衛君に政治をまかせられたとしたら、先生はまずなにから手をつけられますか」。

「言葉の使いかたを正しくする」。

「まだるっこしいですねえ、言葉の使いかたを正しくするなんて」。

「相変わらずガサツなやつだ。おまえもひとの上にたつほどの人間だったら、よく知らないことについては口をつつしむがよい。言葉の使いかたが正しくなければ、その言葉は信じられない。言葉が信じられなければ、ものごとは成りたたない。ものごとが成りたたなければ、文化は盛んにならない。文化が盛んにならなければ、刑罰も公正でありえない。刑罰が公正でなければ、ひとびとは安心して暮らせまい。ひとの上にたつものが言葉を口にする

子路曰く、衛君、子を待ちて政を為さば、子将に奚をか先にせん。子曰く、必ずや名を正さんか。子路曰く、是れ有るかな、子の迂なるや。奚ぞ其れ正さんや。子曰く、野なるかな、由や。君子は其の知らざる所に於いては蓋し闕如たらん。名正しからざれば則ち言順われず。言順われざれば則ち事成らず。事成らざれば則ち礼楽興こらず。礼楽興こらざれば則ち刑罰中たらず。刑罰中たらざれば則ち民手足を措く所無し。故に君子は之

からには、言葉を正しく使わねばならん。いったん言葉にしたからには、ちゃんと実行しなければならん。ひとの上にたつものの言葉はアヤフヤであってはならんのだ」。

に名づくれば必ず言う可し。之を言えば必ず行なう可し。君子、其の言に於いて苟くもする所無きのみ。

「名を正す」とは、名と実とを合致させるということである。社長という役名をもつものは、それにふさわしい実力をそなえていなければならない。社長が登場するとき音楽を流すという儀礼があるとする。社長がアホであれば音楽を流してもアホらしいだけである。音楽を流すという儀礼は社長という役名にたいしておこなわれる。その実力がカラッポであれば儀礼はむなしいものになる。

実にふさわしく名をつけることは「定義」であるが、実が名にふさわしくあることは「行為の規範」である。論理の基本である定義と道徳的な規範とが不可分にむすびついているところに「名を正す」という議論のポイントがある。

話を為政にもどせば、君子の名でよばれるものは、あることを口にしたならば、それにふさわしく行為しなければならない。言葉が正しく使われ、正しく伝わる世界、それが住みよい世界である。綸言汗のごとし。言葉をしゃべるからには、おのれのこころに正直にしゃべるべし。

4

樊遅に田づくりを学びたいといわれて、「わたくしはベテランの農夫にはかなわない」。さらに畑づくりを学びたいといわれて、「わたくしはベテランの園藝家にはかなわない」。

樊遅がしりぞく。

「ちっちゃいなあ樊遅は。上のものが礼儀正しければ民はみな尊敬する。上のものが公平であれば民はみな服従する。上のものが誠実であれば民はみな正直になる。そうなればひとびとは子どもを背負ってやってくるさ。どうしてみずから農業を学ぶ必要などあるものか」。

樊遅、稼を学ばんと請う。子曰く、吾れ老農に如かず。圃を為ることを学ばんと請う。子曰く、吾れ老圃に如かず。樊遅出づ。子曰く、小人なるかな樊須や。上礼を好めば則ち民は敢えて敬せざること莫し。上義を好めば則ち民は敢えて服せざること莫し。上信を好めば則ち民は敢えて情を用いざること莫し。夫れ是くの如くんば則ち四方の民は其の子を襁負して至らん。焉くんぞ稼を用いん。

田

畑をつくるという地に足の着いた営みについて質問することによって、先生に「ほお、こいつはただの頭でっかちじゃないんだな」とホメてもらおうとした。ひどく姑息である。目新しい問いかたをして気をひこうという料簡は先生にはお見通し。案の定「ちっちゃいなあ」とバッサリ。

田づくりを学ぶのもよい。畑づくりを学ぶのもよい。ただし学ぶからには本腰をいれて学ぶという覚悟をもつべし。口先だけで問うべからず。ひとの上にたつものがこころがけるべきことは、おのれのこころに正直に生きるということである。

百姓仕事をおぼえなければ百姓をおさめることはできないと樊遅はおもったのかもしれない。たしかにその言い分にも一理ある。だが、そういうことを軽々しく口走ってはならん。言葉は正しく使うべし。

5

たとい『詩経』をすっかり暗誦していたところで、行政をまかせれば満足にやれず、外交をやらせても一人前にできないとすれば、せっかく暗誦した詩も宝のもちぐされだ。

子曰く、詩三百を誦（しょう）するも、之（これ）に授（さず）くるに政を以（もっ）てして達せず、四方に使いして専（ひと）り対（こた）うること能（あた）わざれば、多しと雖（いえど）も亦（ま）た奚（なに）を以て為（な）さんや。

ただ文字づらを暗誦しているだけでは、頭でっかちのガリ勉でしかない。詩のこころが身にしみ、その詩句を正しく使えて、はじめて詩を学んだといえる。言葉は正しく学ぶべし。

世界史の年表よろしく『詩経』の言葉を暗誦していること、そのこと自体に意義があるわけではない。せっかく詩句をおぼえたなら、それを行政や外交の現場において活かさねばならない。孔門における学問は生きた実学であった。

6

お上がみずから身を正しく律すれば、いちいち命令せずとも下々はちゃんとする。お上がみずから身を正しく律しなければ、やかましく命令したところで下々はついてこない。

子曰く、其の身正しければ、令せずして行なわる。其の身正しからざれば、令すと雖も従われず。

身をもって生きかたをあらわせば、いちいち言葉でいわなくたって、ひとには伝わる。言葉をしゃべらなくても、こころは伝わる。言葉は正しく使うべし。

ぼくの教育のポリシーは「背中で教える」である。いちいち「勉強しなさい」などといわなくても、ぼくの研究している背中を見て学生はちゃんと勉強するはずである。学生がちゃんと勉強しないのは、ぼくの研究している背中に力がないということであり、ぼくが「身を正しく律し」ていないという証拠である。このさい学生諸君には是が非でもガンバってもらいたいものである。

7

魯と衛とは根っこはおなじだ。

子曰く、魯衛の政は兄弟なり。

魯の祖である周公旦と衛の祖である康叔とは、ともに周の武王の弟である。ルーツがおなじということは、こころもおなじはずである。にもかかわらず、そろいもそろってこのテイタラクはどうだ。

8

衛の公子の荊を評して「暮らし上手だ。ちょっと蓄えができるとギリギリという。だんだん増えてきたらボチボチという。かなり豊かになってもソコソコという」。

子、衛の公子荊を謂く、善く室に居る。始め有るに曰く、苟か合う。少しく有るに曰く、苟か完し。富んに有るに曰く、苟か美し。

十分であっても、あえて「苟か」と謙遜しておく。たとえ豊かになっても、わざわざ「ひけらかす」ことはない。モノの蓄えができても、こころが豊かでなければしょうがない。言葉は正しく使うべし。

9

衛の国にゆく。御者は冉有である。

「たいへんな人出だね」。

「これだけ人間が多いとなにが必要でしょうか」。

「まずは生活だな」。

「暮らしむきが豊かになったら、そのあとはなにが必要でしょうか」。

「つぎは教育だね」。


子、衛に適く。冉有、僕たり。子曰く、庶きかな。冉有曰く、既に庶し。又た何をか加えん。曰く、之を富まさん。曰く、既に富めり。又た何をか加えん。曰く、之を教えん。

食ってゆくための最低限の「もの」があって、はじめて「こころ」の豊かさをもとめることができる。食えるようになったら、言葉を正しく使えるように学ばねばならない。

子どもを育ててみて、教育にどんなに金がかかるか、つくづく実感した。大学院にまでゆかせてくれた両親にはこころから感謝する。教育というものはけっして贅沢ではない。けれどもそれが無償で手にはいるとおもったら大間違いである。

10

為政をまかせてくれれば、一年でなんとかしよう。三年もあれば仕上げてみせる。

子曰く、苟くも我を用うる者有らば、期月のみにして可ならん。三年にして成すこと有らん。

謙

虚を宗とする孔子ではあるが、経世済民にかんする自負の念を吐露している。まずは食ってゆくための最低限の「もの」がゆきわたるように生活の土台をととのえ、然るのちに「こころ」の豊かさをもとめる学びにいそしめる体制をしつらえる。やるべきことはハッキリしている。そのことをやるのに要する時間のメドはたつ。

11

善人の治世が百年もつづけば、暴力沙汰はへるし人殺しもなくなる。これはウソではない。

子曰く、善人、邦を為むること百年、亦た以て残に勝ちて殺を去る可し。誠なるかな、是の言や。

善政がなされれば、犯罪はへるし、死罪もなくなる。ただし百年かかる。「百年河清(かせい)を俟(ま)つ」という言葉があるが、なんともはや気のながい話である。食ってゆけるような土台をととのえ、学ぶための体制をしつらえれば、たとえ時間はかかろうとも世のなかはかならずよくなってゆく。

12

子曰く、如(も)し王者有らば、必ず世(よ)にして後(のち)に仁ならん。

もし王者があらわれれば、きっと三十年で愛にあふれた世のなかになるだろう。

世に安寧をもたらすのには王者でも三十年かかる。事が事だけに一朝一夕にはゆかない。善人であれば百年かかる。気の遠くなるような話である。ところが孔子なら一年で目鼻がつき、三年もあれば完成する。まことにお買い得である。

孔子はハッタリをかましているのだろうか。否。本音だとおもう。孔子の「髀肉(ひにく)の嘆(たん)」をおもいやるべし。それにしても「苟(いささ)か」お買い得だといっておくべきだったかもしれないが。

10から12までの三章、この順になっているのは構成の妙というべきである。孔子なら一年ないし三年でやれることを、善人では百年かかるし、王者でも三十年かかる。やっぱり孔子だろう、と反省をうながすという寸法である。

孔子は謙虚なひとである。しかし自信がないわけではない。自信とは根拠なくしてもつべきものである。それは結果によってあたえられるものではない。自信が結果をもたらすのである。根拠なくしてもった自信こそが成功や愛をもたらす。然るべき自信をもつことが然るべく存在することを可能にする。

13

わが身を正しくすれば、政治をやるくらい、なんのむつかしいことがあろう。わが身を正しくすることもできないで、他人を正しくさせることなどできっこない。

子曰く、苟（いやし）くも其（そ）の身を正しくせば、政（まつりごと）に従うに於（お）いて何か有らん。其の身を正しくすること能（あた）わざれば、人を正すことを如何（いかん）せん。

いったい「身を正す」とはなにをすることか。下々が身を正したくなるようなありかたを示すということだろう。「名を正す」とは名と実とを合致させることであった。上がその名にふさわしい実をそなえていれば下はついてくる。実があやしければ名もおかしくなる。名がおかしくなれば世はみだれる。上たるもの、すべからく名と実とが合致した「身」であるべし。

世のなかは名でうごいている。下は名に対して敬意をはらう。ただし名には実体がない。だから名にふさわしい実をあらわすべく、上は身を正さねばならない。「苟か正し」などと謙遜している場合じゃない。

上が身を正せば下もおのずから身を正す。上がその名にふさわしい実をそなえていれば下はみだれない。ただし下が身を正すようになるのに、上が善人の名にふさわしい実をもつものでは百年かかり、王者の名にふさわしい実をもつものでも三十年かかる。孔子は自信をいだいている。自信をいだくとは、わが身を正しくすることである。わが身を正しくしていれば、いちいち言葉でいわなくたって、こころは伝わる。

14

冉有が役所から帰ってくる。

「ずいぶん遅かったね」。

「政務がありましたので」。

「事務だろう。もし政務があれば、わたくしは現職でこそないがきっと相談があるはずだ」。


冉子、朝より退く。子曰く、何ぞ晏きや。対えて曰く、政有り。子曰く、其れ事ならん。如し政有らば、吾れを以いずと雖も、吾れ其れ之を与り聞かん。

冉有といえば魯の季孫氏の執事である（八佾6・先進17）。遅れてきた冉有が「政務があって」と言い訳。所用で遅れるのはやむをえない。季孫氏の私用で遅れたにもかかわらず国の公用といつわるのはよろしくない。

孔子は冉有の言い訳にウソがあることを咎める。おのれのこころに正直に生き、言葉は正しく使うべし。安易なウソを黙認してはこの男のためにならない。師ならではの苦言である。

15

魯の定公がたずねる「言葉ひとつで国を繁栄させられるだろうか」。

「言葉はそこまでのものではありませんが、近いものはございます。君主であることは難儀であり、臣下であることも容易でない。君主であることの難儀さをわきまえよという、これなど一言で国を繁栄させる言葉に近いでしょうな」。

「言葉ひとつで国を滅亡させたりするだろうか」。

「言葉はそこまでのものではありませんが、近いものはございます。余は君主であることを楽しむわけではないが、ただ余の言葉にだれも逆らわないというだけだ。（もし君主がそういう言葉をう

定公問う、一言にして以て邦を興こす可きこと諸れ有りや。孔子対えて曰く、言は以て是くの若くなる可からざるも、其れ幾きなり。人の言に曰く、君為ること難し、臣為ること易からず、と。如し君為ることの難きを知らば、一言にして邦を興こすに幾からずや。曰く、一言にして以て邦を喪ぼすこと諸れ有りや。孔子対えて曰く、言は以て是く

そぶくようであれば）その言葉が正しいので逆らうものがないということであればけっこうなことですが、正しくないのに逆らうものがいないのであれば、これなど一言で国を滅亡させる言葉に近いでしょうな」。

の若くなる可からざるも、其れ幾きなり。人の言に曰く、予れ君為ることを楽しむこと無し。唯だ其の言いて予れに違うこと莫きのみなり、と。如し其れ善にして之に違うこと莫くんば、亦た善からずや。如し不善にして之に違うこと莫くんば、一言にして邦を喪ぼすに幾からずや。

言葉そのものが国を盛んにしたり亡ぼしたりするわけではない。君主がわが身を正しくすれば国は盛んになるし、君主がわが身を正しくしなければ国は亡びる。わが身を正しくする君主の言葉は正しく、わが身を正しくしない君主の言葉は正しくない。

殿さまが「自分以外はみんなバカだ」とおもっており、「わしに逆らうものなどおらん」と独善的にうそぶくようでは、その国に自浄作用はない。自浄作用とは自己のうちに外部をもっている組織であってはじめて可能なことである。自浄作用のない国はかならず亡びる。

16

――楚の葉公に政治についてたずねられて、「近くのものがよろこぶようにすれば遠くのものも寄ってきます」。

――葉公、政を問う。子曰く、近き者説べば、遠き者来たる。

ものごとは「近くから遠くへ」というやりかたをすべきである。具体的なことがらを地道にしらべ、そこから基本の原理をみちびく。いわゆる帰納である。失敗するものは身のほど知らずに原理らしきものに飛びつき、そこから強引に結果をひっぱりだそうとする。悪しき演繹である。

「基本がしっかりしてはじめて生きる道はひらけてくる」（学而2）「卑近な現実をおろそかにしないことによって高遠な理想にたどりつこうとしてきた」（憲問36）というように、「下から上へ」「近くから遠くへ」というのが孔子のやりかたである。ただし、ひたすら身近なことだけやっていればよいっていうわけじゃない。「すこしさきのことを考えてやらないと、きっと足をすくわれる」（衛霊公12）から、遠くのことも考えながら近くのことをやらねばならない。

17

――莒父の代官となった子夏に政治についてたずねられて、「せっか

――子夏、莒父の宰と為りて政を問

ちに成果をもとめるな。ちっぽけな目先の利益にとらわれるな。あわてると途中で転ぶ。セコいとケチくさくなる」。

う。子曰く、速やかならんと欲すること毋かれ。小利を見ること毋かれ。速やかならんと欲すれば則ち達せず。小利を見れば則ち大事成らず。

長期的な展望をもち、腰をすえてじっくりやる。功をあせると息切れする。ちっぽけな利益に目をうばわれると、でっかい事業は成しとげられない。成功するものは「近くから遠くへ」というやりかたをするのだが、その眼差しはつねに近くにそそがれながら遠くへもむけられている。近くにある成果をもとめようとすると小利しか見えなくなる。そんなんじゃあ大事はおぼつかない。とはいえ「大事が大事なのさ」と小利をパスしていればよいかっていうとそうでもない。小利を積みあげて大事にいたるということもある。いちばんダメなのは「あれは大きいからやって、これは小さいからよそう」とケチくさく計算することである。

18

楚の葉公がいう「わしのところに正直な人間がおる。父親がヒツジを盗んだのを、その子どもが証言しおった」。

葉公、孔子に語りて曰く、吾が党に直躬なる者有り。其の

「わたくしどもの正直な人間はそれとはちがいます。父親は子どもをかばい、子どもは父親をかばいます。正直とはそういうものでしょう」。

父は子をかばい、子は父をかばう。それが人情である。そういう人情のなかにしか正直という徳はありえない。おのれのこころに正直に生きるべし。

さっきも葉公に「近くのものがよろこぶようにすれば遠くのものも寄ってきます」といっていたが、法律によってビシビシとりしまるのではなく人情によって感化すれば、ひとびとは慕い寄ってくる。

父、羊を攘み、子、之を証す。孔子曰く、吾が党の直き者は是に異なる。父は子の為に隠し、子は父の為に隠す。直きこと其の中に在り。

19

樊遅に相手の身になって考えるという生きかたについてたずねられて、「家庭でくつろいでいるときは慎重にやり、職場ではたらいているときは行儀よくし、他人とまじわるときは誠実であるというふうであれば、どんな土地にゆこうとも愛されないということはあるまい」。

樊遅、仁を問う。子曰く、処に居りて恭、事を執りて敬、人に与して忠ならば、夷狄に之くと雖も、棄つ可からざるなり。

20 相

手が弱いから、貧しいからといって、とたんに横柄になるやつがいる。相手がだれであろうとも、どこの土地にゆこうとも、おのれのこころに正直に生きるべし。人間らしい自然さを身にあらわしておれば、どこにゆこうとも縁を切られることはない。


子貢がたずねる「どういうふうだと一人前といえるでしょうか」。

「おのれの行為に責任をもち、どこに使いにだされても恥ずかしくないようなら、一人前といってよかろう」。

「そのつぎというと」。

「身内からは孝行だといわれ、近所では謙虚だといわれるものだ」。

「そのつぎというと」。

「ウソをつかず、やることをやるものは、いささか融通はきかないが、まああだ」。

「いまどき政治家はどうでしょうか」。

「どいつもこいつもおよびでない」。


子貢問うて曰く、何如なるをか斯ち之を士と謂う可き。子曰く、己を行なうに恥有り、四方に使いして君命を辱めざる、士と謂う可し。曰く、敢えて其の次を問う。曰く、宗族、孝と称し、郷党、弟と称す。曰く、敢えて其の次を問う。曰く、言えば必ず信、行なえば必ず果、硜硜然たる小人なるかな。抑も亦た以て次と為す可し。曰く、今の政に従う者は何如。子曰く、噫、斗筲の人、何ぞ算うるに足らんや。

国家・親族・近隣・個人、ふるまいの範囲はどんどん縮小されてゆくが、そこに一貫しているものは、おのれのこころに正直にふるまうという生きかたである。

21

ほどよくやれるひとと組めないなら、ロマンチシストかリアリストだな。ロマンチシストはなにかをつかむし、リアリストはやりすぎない。

子曰く、中行(ちゅうこう)を得て之(これ)に与(くみ)せずんば、必ずや狂狷(きょうけん)か。狂者は進みて取り、狷者は為(な)さざる所有り。

中庸のひとと組めるのがいちばんだが、それが無理だったら、せめてロマンチシストもしくはリアリストという両極端のひとと組みたい。かれらは極端ではあるけれども、おのれのこころに正直に生きているから。

ロマンチシストはいったん「やる」といったらやる。のべつ夢見ているようであぶなっかしいが、情熱をもってぶつかってゆくから、なにかしら成しとげる。いささか常軌を逸しているが枠を越えてゆくパワーがある。

リアリストはひとたび「やらない」となったらやらない。ヘソが曲がっていてあつかいにくいが、とりあえず節義をまもるから、まず汚いことはしない。ひどく偏屈だけれども欲にふりまわされたりもしない。

どっちも一癖あるタイプである。ロマンチシストは浮ついているし、リアリストはガンコで融通がきかない。どっちもかたよっている。バランスのとれた「中庸」のひととやれないのであれば、まだしも「自分」があるロマンチシストやリアリストとつきあいなさいというのは、まさに交友というものの本質をうがった教えだとおもう。

22

南方のひとは「根っからフラフラしているやつは、占い師も医者もどうしようもない」というが、まったくそのとおりだ。『易』にも「やることに筋がとおっていないときっと恥をかく」とあるが、いまさら占うまでもない。

子曰く、南人、言えること有り。曰く、人にして恒無くんば、以て巫医を作す可からず、と。善いかな。其の徳を恒にせざれば、或いは之れが羞を承けん。子曰く、占わざるのみ。

こっちの易者が甲といえば甲だとおもい、あっちの医者に乙といわれれば乙だとおもう。そういう「自分」がない手合いは、易者も医者も、もちろん教師も、お手上げである。おのれのこころに正直に生きようとしないものは、およそ手のほどこしようがない。

23

自立した人間は、なかよくはするが一味にはならない。甘ったれた人間は、グルになりたがるが自分というものがない。

子曰く、君子は和(わ)して同(どう)ぜず。小人(しょうじん)は同じて和せず。

おのれのこころに正直に生きるものは、よろこびを分かちあうけれども、おのれを売りはしない。だから調和はするが同調はしない。おのれのこころに正直に生きようとしないものは、ひとの顔色をうかがうばかりで、よろこびを分かちあおうとしない。だから同調はしても調和できない。

ひとづきあいの基本は、まずは平等な信頼関係である。どちらかが相手に依存しはじめると、とたんに関係がおかしくなる。ツーカーの仲間と群れてばかりいると、だんだん依存的な体質になってしまう。依存から信頼は生まれてこない。

自分を大切にできないようでは、相手を大事にすることもできない。自分にとって自分が特別であるように、相手にとっても自分は特別なのである。おのれの自分によって相手の自分をコントロールしようとするのは自己チューである。おたがい自分の足でたちながら「ぼくは自由にやらせてもらうかわりに、きみの自由もちゃんと尊重するよ」という対等なつきあいかたをすること、それが「和」である。

自分がシッカリしていると、相手の立場をおもいやり自分のことを横においておける。自分がグラグラしていると、自分の料簡にしがみつき相手のことを決めつけてしまう。心構えひとつで、ひとは相手のことを考えて生きることができる。そのように生きることは容易でないけれども、そのように生きようとすることは可能である。

24

子貢がたずねる「だれにでも好かれるような人物はどうでしょう」。

「まだまだだな」。

「だれからも嫌われるような人物はどうでしょう」。

「まだまだだな。よいひとには好かれ、わるいやつには嫌われるようでなけりゃ」。


子貢問うて曰く、郷人皆な之を好まば何如。子曰く、未だ可ならざるなり。郷人皆な之を悪まば何如。子曰く、未だ可ならざるなり。郷人の善き者の之を好み、其の善からざる者の之を悪むには如かざるなり。

だれとでも如在なく調子を合わせられるというのは、ひとつの才能である。いつも不機嫌なやつよりはよほどマシだけど、その愛想のよさは、おのれのこころに正直に生きているのではなく、得てして安全志向にもとづいている。相手を気持よくしておいたほうが無難だという計算がある。若い身空でそういう太鼓もちめいた気くばりをするようでは、おさき真っ暗である。鷗外の『栗山大膳』にこんな文章がある。

既に国郡が手に入ったら、人物を鑑識して任用しなくてはならぬ。用に立つ人物は、十人の内六人誉め四人誹るものである。十人が十人誉めるものは佞奸である。

だれからも好かれるものは、よほど人心掌握にたけているのである。「だれからも善人だとホメられるような手合いはむしろ善をスポイルするものだ」（陽貨12）というように、万人にホメられるものには用心すべきである。ぼくのように六四で嫌われているような人間がじつは意外と信用できるのである。

25

まともな上司のもとでは、はたらきやすい。が、気にいられるのはむつかしい。正しいやりかたで成果をあげないと気にいってくれない。（そのかわり）ひとを使うときには適材適所をこころがけてくれる。くだらん上司のもとでは、はたらきにくい。が、気にいられるのは簡単だ。正しいやりかたによらないでスタンドプレ

子曰く、君子は事え易くして説ばしめ難し。之を説ばしむるに道を以てせざれば説ばざるなり。其の人を器にす。小人は事え難くして説ばしめ易し。之を説ばし

ーをしても気にいってくれる。（そのかわり）ひとを使うさいにパーフェクトをもとめてくる。

むるに道を以てせずと雖も説ぶなり。其の人を使うに及びては備わらんことを求む。

26

まともな上司は、はたらくものがおのれのこころに正直に生きることによって成長することをもとめる。だからはたらき甲斐がある。くだらん上司は、ちょいとワイロを贈っただけで気にいってくれる。くだらん上司にとって自分の値打ちはワイロなみでしかないってことである。

それはまあそうだろうが、でもこれって自分が「まとも」であることを前提にした、えらく上から目線の発言である。その前提がグラついたとき、ひどく悩むことになりかねない。まともな上司がちっとも使ってくれないと、「オレってまともじゃないのか」と悶々としなければならない。逆にくだらん上司に妙に気にいられたりすると、それはそれで気が滅入ってくる。

覚悟のある人間は、地に足が着いていて、つねに腰をひくくしている。自信のない人間は、ヘンに背のびしていて、そのくせ落ち着きがない。

子曰く、君子は泰にして驕らず、小人は驕りて泰ならず。

「オレって、ちっぽけな人間だよな」と自覚すれば、自分をネタにして笑うこともできる。自分を笑っているとき、ひとは落ち着いている。笑われまいとすると態度がぎこちなくなる。笑われたっていい、否、むしろ笑ってもらおうじゃないかという姿勢でいると、自分もまわりもリラックスしていられる。

笑わせていたつもりで、じっさいは笑われていたという場合もあるだろう。それでもかまわない。ひとに笑われることを自分にゆるそう。そのかわりひとをバカにして笑うことはゆるすまい。

ぼくは笑われても平気なほうだが、いくら笑われても痛痒（つうよう）をおぼえないというほどタフなわけでもない。「ひとを笑うくらいなら、ひとに笑われているほうがマシだ」というだけの小心者である。でも、笑う側にたつことによっておのれの自尊心をまもろうとするのってなんかミジメじゃない？　くだらないプライドのために笑われることにおびえながら生きてゆくのって、笑われるよりもカッコわるい。

27

子曰く、剛毅木訥（ごうきぼくとつ）、仁に近し。

無欲・果敢・素朴・寡黙、これらは相手の身になって考えることに近い。

孔子は「巧言令色、鮮(すく)なし仁」(学而3)といい「剛毅木訥(ぼくとつ)、仁に近し」という。むやみに断定しない。少ないけれども、無いわけじゃない。近いけれども、そのものではない。多寡、遠近をいうってことは、相手の身になって考えるということは相対的なありかただっていうことである。だれもみないくらかは相手の身になって考えることはできるのだから、そのようなありかたを多くしようとし、そのようなありかたに近づこうとせよ、と孔子は教える。「仁、遠からんや。我れ仁を欲すれば、斯(ここ)に仁至る」(述而29)というように、欲しさえすれば、そういうこころは多くなり、そういうありかたに近づいていている。

28

子路(しろ)がたずねる「どういうのが一人前の男でしょうか」。「こころから励ましあい、親しみあう、それなら一人前の男といえよう。友人はあたたかく励まし、兄弟とはねんごろに親しみなさい」。

子路(しろ)問うて曰く、何如(いか)なるか斯(こ)れ之(これ)を士と謂(い)う可(べ)き。子曰く、切切(せつせつ)、偲偲(しし)、怡怡如(いいじょ)たる、士と謂う可し。朋友(ほうゆう)には切切、偲偲、兄弟には怡怡たれ。

おのれのこころに正直に生きようとしていれば、もとより他人と励ましあい、親しみあおうとするであろう。

29

善人が七年も教化すれば、戦場におもむかせることさえできる。

子曰く、善人、民を教うること七年、亦(ま)た以(もっ)て戎(じゅう)に即(つ)かしむ可(べ)し。

のれのこころに正直に生きるべし。ひとの上にたつからには気まぐれなことをやってはならない。おのれの行為に責任をもつべし。

30

真実を教えもせずに戦場におもむかせるのは殺されにやるようなものだ。

子曰く、教えざる民を以(もっ)て戦う、是(こ)れ之(これ)を棄(す)つと謂(い)う。

のれのこころに正直に生きるべし。ひとの上にたつからには口からでまかせをいってはならない。おのれの言葉に責任をもつべし。

憲問第十四

身のふるまいの功罪を論ずる

1

憲、恥を問う。子曰く、邦に道有れば穀す。邦に道無きに穀するは、恥なり。

原思に恥についてたずねられて、「国に道理がおこなわれていれば禄を食む。国に道理がおこなわれていないのに禄を食むのは恥である」。

状況を把握していながら、こころを律することができず、おのれの欲をほしいままにして生きるのは恥ずべきことである。

滝川事件をゆくりなくも連想した。京都帝国大学法学部の滝川幸辰教授がその自由主義思想のゆえをもって免官させられたとき、学問の自由と大学の自治とをまもるべく政府当局による処分に抗議して大学を辞めた末川博や恒藤恭などの法学部教員はまさに恥を知るものというべきであろう。

道義がおこなわれていないと自覚していながら、のうのうと現職にありつづけるのは、たしかに無責任である。しかし道義がおこなわれていないと自覚したうえで恥を忍んで現場にとどまり、道義がおこなわれるように正そうとするというのも、ありうる身の処しかたではある。道義がおこなわれないことに加担するのが、ここでいう「恥」だとおもっておきたい。

2

勝ち気・自惚れ・逆恨み・欲張り、これらをおさえられれば人格者といえますかとたずねられて、「むつかしそうだね。人格者といえるかどうかはわからないが」。

克・伐・怨・欲、行なわれざる、以て仁と為す可きか。子曰く、仁は則ち以て難しと為す可し。仁は則ち吾れ知らざるなり。

わが身をかえりみるに「克・伐・怨・欲」どれもみなそんなにたくさんはない。凡人はたいていそんなもんじゃないだろうか。こころを律することができるのはよいことだが、それだけでは人格者とまではいえない。そういったネガティブなものがないというだけではなく、もっと生き生きとした積極性がほしいね、と孔子はいっているのだろう。

3

生活の安定が第一というようではとても一人前とはいえない。

子曰く、士にして居を懐（おも）うは、以（もっ）て士と為（な）すに足らず。

のほほんと腰を落ち着けていられる場所をほしがるのは、しょせん私利私欲のなせるわざである。そんな私的な生活のことばかり気にかけているような料簡では、こころを律することができていないといわざるをえない。

4

国に道理がおこなわれているなら、言葉をきちんとし行動もきちんとせよ。国に道理がおこなわれていないなら、行動はきちんとしても言葉はおだやかにせよ。

子曰く、邦（くに）に道有れば、言を危（はげ）しくし、行を危しくす。邦に道無ければ、行は危しくするも、言は孫（したが）う。

道理がとおるなら、ズバズバいい、バリバリやる。道理がとおらぬなら、バリバリやっても、ズバズバいわない。状況をしっかり判断することは、おのれの欲をほしいままにして生きることとはちがう。

トバッチリをこうむらないように気をくばるべし。ながいものには巻かれろっていうわけじゃない。無用のゴタゴタはさけよというのである。もっとも、おのれの生きかたを外の状況からチョイスしようとするばかりではいけない。おのれらしさを内からクリエイトすることに妥協があってはならない。ゆずれないものはゆずれない。

5

品性のすぐれた人間の言葉はかならず立派である。立派なことを口にするものが品性がすぐれているとはかぎらない。愛情にあふれたものはかならず勇気がある。勇気のあるものが愛情にあふれているとはかぎらない。

子曰く、徳有る者、必ず言有り。言有る者、必ずしも徳有らず。仁なる者、必ず勇有り。勇なる者、必ずしも仁有らず。

定言命題の主語と述語とをいれかえる操作を「換位（かんい）」という。全称肯定命題「すべての人格者は勇気があるものである」が真であるとする。これを換位すると「すべての勇気があるものは人格者である」になるが、これはかならずしも真ではない。全称肯定命題は可換的でない。主語と述語をいれかえると真理値は変わりうる。勇気はあるが人格者でないものがいたって矛盾しない。

逆かならずしも真ならず。「PならばQ」と「QならばP」とは論理的同値ではないということである。妻はズボンのことをパンツという。じゃあパンツのことはズボンというのかとたずねたら、無視された。

6

南容がいう。「羿はすばらしい弓の名手であり、奡は舟をうごかすほどの怪力でしたが、どちらも畳のうえで死ねませんでした。それにひきかえ禹や稷はせっせと農耕にいそしみながら、けっきょく天下を平らげましたね」。

先生はだまったまま。南容はでてゆく。

「なかなかの人物だな、あのひとは。見る目があるよ、あのひとは」。

南宮适、孔子に問うて曰く、羿は射を善くし、奡は舟を盪かす。倶に其の死然を得ず。禹と稷とは躬ら稼して天下を有つ。夫子、答えず。南宮适、出づ。子曰く、君子なるかな、若くのごとき人。徳を尚べるかな、若くのごとき人。

南容は孔子の生きかたを暗にホメている。素直によろこべばよいのに、孔子はうれしさを噛み殺してだまったまま。だまっているのは、わが意を得たりということだろう。こころをおさえきれずによろこぶのが恥ずかしいのだろう。ひどく人間くさい孔子がここにいる。

たいていの人間はヨイショに弱い。ただしヨイショする場所をまちがえるとえらいことになる。リスクも大きい。南容の場合、ヨイショするだけしてさっさと消えるあたり水際立っている。

7

ひとかどの人物なのに人間味にとぼしいということはあるだろう。まったくの俗物で人間味があるということはありえない。

子曰く、君子にして不仁（ふじん）なる者有り。未（いま）だ小人（しょうじん）にして仁なる者有らざるなり。

自分のこころを律することができても他人への優しさにあふれているとはかぎらない。自分のこころを律することのできないものが他人への優しさにあふれているということはありえない。

ぼくは自分のこころを律することができていない。しかし他人への優しさをもちたいとおもっている。自分がそう「おもう」ならば、そのように生きようとすればよい。それをしなければ、おもうように生きられなかった言い訳だらけの人生になる。

ホントに幸せだとおもえるのは、それをだれかと分かちあえたときである。そうおもえるなら、そのように生きようとすればよい。そのように生きようとすることについて、孔子は「ありえない」とはいうまい。たとえ「ひとかどの人物」でなくても、しゅっちゅう転んで、泥だらけになりながらも変わろうとしていれば、いつのまにか変わっているものである。

8

大切におもっているものを励まさずにおれようか。ガンバっているものに教えずにおれようか。

子曰く、之(これ)を愛して能(よ)く労すること勿(な)からんや。忠にして能く誨(おし)うること勿からんや。

おのれの欲をほしいままにして生きるのではなく、ひとへの優しさをもって生きる。ひとへの優しさをもって生きることを、おのれの欲として生きたいものである。

優しさと親切とはちがう。親切の逆はイジワル。イジワルはどんな場合でもよいことはない。優しさの逆は厳しさ。厳しさはつねにわるいとはかぎらない。ときには厳しくすることが親切でありうる。相手を愛すればこそ厳しく接するということもある。

9

鄭(てい)では外交文書をつくるさい、卑諶(ひじん)がまずは起草し、世叔(せいしゅく)がそれを添削し、外交官の子羽(しう)がさらに推敲し、東里(とうり)に住まう子産(しさん)が最終的に仕上げた。

子曰く、命(めい)を為(つく)るに、卑諶(ひじん)、之(これ)を草創(そうそう)し、世叔(せいしゅく)、之を討論し、行人子羽(こうじんしう)、之を脩飾(しゅうしょく)し、東里(とうり)の子産(しさん)、之を潤色(じゅんしょく)す。

卑諶が書き、世叔が練り、子羽が磨き、子産が飾る、という入念なプロセスをふむ。ひとりで全部をやらないようなシステムになっていたのである。

ひとりで背負いこむのではなく、みんなで助けあう。ひとりであることと孤独であることとはちがう。孤独であるというのは、だれとも助けあわないことである。ひとりであるというのは、この世界のなかに個人として実存していることであり、むしろ孤独の反対である。

10

子産(しさん)についてたずねられて、「情けぶかいひとだ」。
子西(しせい)についてたずねられて、「ああ、あいつね」。

或(ある)ひと子産を問う。子曰く、恵(けい)人(じん)なり。子西(しせい)を問う。曰く、彼管仲（かんちゅう）についてたずねられて、「公平なひとだ。伯氏（はくし）は三百戸の駢（べん）という村をめしあげられたが、食うや食わずのまま死ぬまで恨（うら）み言（ごと）をいわなかった」。

をや、彼をや。管仲（かんちゅう）を問う。曰く、人なり。伯氏（はくし）の駢邑（べんゆう）三百を奪うも、疏食（そし）を飯（く）らいて、歯（よわい）を没するまで怨言（えんげん）無し。

11

たとい苛酷な処分をなされても、それが私利私欲からするものでなければ、ひとは恨むことはない。領地を没収されながら文句をいわなかったのも、だれの目にも管仲の処置は公正であると映ったので伯氏も納得せざるをえなかったのだろう。そのことによって管仲の偉さを示唆している。うん。理屈はわかる。が、ひどく屈折したホメかたである。これって本心からホメているんだろうか？

イジメっ子がいる。いくらイジメてもだれにも恨み言をいわれない。たしかにそのイジメっ子は只者（ただもの）じゃなさそうである。でも、たとえ恨み言をいわれなくたって、そもそもイジメちゃいかんだろう。イジメられっ子が恨み言をいわないのは仕返しが怖いだけかもしれない。恨み言はいわないが、恨みはいだいている。その恨みはいつ蒸しかえされるかわからない。ひとをイジメるのは借金をするようなものである。

貧乏なのにグチをこぼさないのはむつかしいが、裕福でいて偉そうにしないのはどうってことはない。

子曰く、貧にして怨むこと無きは難く、富みて驕ること無きは易し。

貧乏であれば欲の満たしようがなく、いきおいグチのひとつもこぼしたくなる。裕福であれば欲をほしいままにできるから、のべつご機嫌でいられる。ひとは境遇によって品行が左右されがちである。

「貧すれば鈍する」という。貧乏なのに不平をいわないのはむつかしい。ついヒガんでしまう。「金持ちケンカせず」という。裕福でありながら偉そうにしないのは簡単である。ぼくも偉そうにしない自信はある（いっぺん金持ちになってみたいものである）。

12

魯の孟公綽は、趙や魏のような大国のお偉いさんならつとまるが、滕や薛のような小国の切り盛りはできない。

子曰く、孟公綽、趙魏の老と為らば則ち優なり。以て滕薛の大夫と為る可からず。

大船に乗って野放図にやることはできても、小舟の舵をとって骨を折ることにはむいていない。「牛後」をソツなくこなせるからといって「鶏口」がつとまるとはかぎらない。ひとは境遇によって処世が左右されがちである。

孟公綽は「公綽の不欲」（13）といわれるように良家のボンボンである。おっとりと上品にやるのは似合うが、貧乏ヒマなしと細かく気くばりするのにはむいていない。

13

子路に頼れる男についてたずねられて、「臧武仲の知恵、公綽の無欲、卞荘子の勇気、冉求の才能があるうえに、さらに礼楽の教養によってみがきをかければ、まあ頼りになるといえるだろう。もっとも、ちかごろの頼れる男とはそんな贅沢はいっておれんらしいな。うまい汁をすえそうなときには正しいかどうかを吟味でき、まさかの危機にさいしたときにも命をかえりみずに行動でき、むかしの約束を忘れないようであれば、ひとまず頼れる男といってよかろう」。

子路、成人を問う。子曰く、臧武仲の知、公綽の不欲、卞荘子の勇、冉求の藝の若きあり、之を文るに礼楽を以てせば、亦た以て成人と為す可し。曰く、今の成人は何ぞ必ずしも然らん。利を見ては義を思い、危うきを見ては命を授け、久要は平生の言を忘れざれば、亦た以て成人と為す可し。

知恵・無欲・勇気・才能があり、くわえて教養もある。そういうのが頼りになる男であるって、そりゃあ頼りになるだろうが、いくらなんでも無茶だろう。そんな出木杉くんはめったにいない。「ひとりの人間になにもかも要求してはならん」（微子10）。欲望にまどわされず、危険をかえりみず、約束をやぶらない。うん。これくらいでもう十分に頼れる男である。

14

先生が衛の公叔文子について公明賈にたずねる「ホントですかな、言わず笑わず受けとらずだっていう評判は」。

「ちょっとちがいます。いうべきときにいうので、そのいうことが気にされず、笑うべきときに笑うので、その笑うことが気にされず、受けるべきものを受けるので、その受けることが気にされないってだけです」。

「なるほど。しかしホントですかな」。

子、公叔文子を公明賈に問うて曰く、信なるか、夫子の言わず、笑わず、取らずとは。公明賈対えて曰く、以て告げし者の過つなり。夫子は時にして然る後に言う。人其の言うを厭わず。楽しみて然る後に笑う。人其の笑うを厭わず。義にして然る後に取る。人其の取るを厭わず。子曰く、其れ然り。豈に其れ然らんや。

ブリっ子なんだけど、ブリっ子すべきところでブリっ子するので、だれもブリっ子だと気づかない。「あいつはブリっ子だ」とバレるのは、めだってしまっているのである。真のブリっ子はブリっ子だと気づかれない。そういう消息はありがちだが、孔子は「ホントですかな」と首をかしげる。半信半疑なのである。

猥談をしてもちっとも下品でないひとがいる。妙に似合っていて猥談が猥談のように聞こえない。ぼくが柄にもなく猥談をすると、てきめんにヒンシュクを買う。こころの奥にひそむ欲があらわれるのだろうか。

15

臧武仲は、防を占拠し、それを楯におのれの後継ぎをたてることを魯公に要求した。脅したわけじゃないというものがいても、わたくしは信じない。

子曰く、臧武仲、防を以て後を魯に為さんことを求む。君を要せずと曰うと雖も、吾れ信ぜざるなり。

亡命からこっそり帰国したかとおもうと、図々しく「自分はいいから子孫に所領の支配権をあたえてくれ」と君主にせまる。こっそり帰国できるくらいの力を、つまり君主をだしぬくくらいの力を、この臧はもっていた。しかも武力をひけらかすのではなく、人情にうったえるやりかたをした。「なにとぞお願いします」と頭をさげてみても、相手の弱みをにぎりながら「ことわったらどうなるかわかってるよね」と凄みをチラつかせている。お願いをよそおった「ゆすり」である、と孔子は斬って捨てる。こころの奥にひそむ欲があらわれておる、と。

16

子曰く、晋の文公は譎りて正しからず。斉の桓公は正しくして譎らず。

晋の文公は駆引はうまいがズルい。斉の桓公は正直だが融通がきかない。

さっきの臧武仲は、「なにとぞひとつ」と下手にでながら、じつは「ことわれるもんならことわってごらん」と凄みをきかせていた。腰をひくくしようが、高飛車であろうが、要求を否応なくとおそうとするという点ではいっしょである。ここでの晋の文公および斉の桓公も、権謀術数にたけているか、正々堂々をつらぬくか、見た目はちがっても中身は似たり寄ったりである。こころの奥にひそむ欲があらわれている。

17

子路がいう「斉の桓公が（後継争いで兄の）公子の糾を殺したとき（糾の臣であった）召忽は殉死しましたが、管仲はおめおめと生きながらえました。人格者とはいえますまい」。「桓公が諸侯をあつめて覇をとなえたさいに血を流さずにすんだのは、ひとえに管仲の尽力にかかる。人格者といわざるをえんだろう」。

子路曰く、桓公、公子糾を殺す。召忽は之に死し、管仲は死せず。曰く、未だ仁ならざるか。子曰く、桓公、諸侯を九合するに兵車を以てせざるは、管仲の力なり。其の仁に如かんや、其の仁に如かんや。

ひ

とびとへの愛にささえられた「無血終戦を成しとげる」という大事にくらべれば、おのれの意地をつらぬいた「殉死する」という小事など、ちっぽけな忠義だてにすぎない。ことがらを判ずる物差しがちがう。

18

子貢がいう「管仲は人格者ではないでしょうね。桓公が公子の糾を殺したとき、殉死することもできず、それどころか（仇であ

子貢曰く、管仲は仁者に非ざるか。桓公、公子の糾を殺すに、

る桓公の）宰相になりました」。
「管仲は桓公を補佐して諸侯に覇をとなえさせ、天下に秩序をもたらした。人民はいまだにその恩恵をこうむっておる。もし管仲がいなかったら、ざんばら髪で襟を左前にするという蛮族の風に化していただろう。情痴のはてに浮き世に義理だてして心中沙汰をやらかし、だれにも見向きもされぬというのと同日の談ではない」。

死する能わず、又た之を相く。子曰く、管仲、桓公を相け、諸侯に覇たらしめ、天下を一匡す。民、今に到るまで其の賜を受く。管仲微かりせば、吾れ其れ髪を被り衽を左にせん。豈に匹夫匹婦の諒を為し、自ら溝瀆に経れて、之を知るもの莫きが若くならんや。

ひとびとへの愛にささえられた「世のなかに安寧をもたらすこと」にくらべれば、おのれの情欲をつらぬいて「浮き世に義理だてして心中すること」など、しょせん自己満足にすぎない。ことがらを判ずる物差しがちがう。

19

衛の公叔文子の臣である僎が（文子の推輓によって）文子と同列の衛公の直参となったということをきいて、「文とオクリナする

公叔文子の臣、大夫僎、文子と同じく諸を公に升す。子、之

にふさわしい」。

を聞きて曰く、以て文と為す可し。

臣をおのれと同列の大臣に推薦した公叔文子は、例の「言わず笑わず受けとらず」（14）という評判をとった人物である。うっかりホメちゃいけないんじゃないかなあ。なにせこころを律することにたけた、ひとづきあいの達人だから。

20

先生が衛の霊公のデタラメぶりについて語ると、魯の季康子は「それなのにどうして失脚しないのです」。「仲叔圉が外交使節をもてなし、祝鮀が内政行事をつかさどり、王孫賈が軍隊運営をとりしきる。そういうわけで地位が安泰なのです」。

子、衛の霊公の無道なるを言う。康子曰く、夫れ是くの如くんば、奚ぞ喪わざる。孔子曰く、仲叔圉が賓客を治め、祝鮀は宗廟を治め、王孫賈は軍旅を治む。夫れ是くの如ければ、奚ぞ其れ喪わん。

ひとりで背負いこむのではなく、適材適所でやりくりし、みんなで助けあう。スペシャリストがそろい、それぞれ急所を押さえ、寄ってたかって善処するので、殿さまがボンクラでも体制はビクともしない。

衛の霊公は「無道」だったらしいが、バカ殿の放蕩はコストとして計算ずみである。そういう傀儡的な親分のほうが部下はやりやすい。ヘタに有能なトップだったりすると、むしろジャマである。

21

いい加減にしゃべるようでは、じっさいにやれっこない。

子曰く、其の之を言いて怍じざるは、則ち之を為すや難し。

できもしないことを軽々しく口にするやつが、ちゃんと実行することはない。ホントにやる気があるなら、やるまえに「やってみせる」などと見得をきったりはしない。こころを律して、いいたくてもガマンするものである。

「有言不実行」は恥ずかしい。「有言実行」は頼もしい。「不言不実行」はなんでもない。「不言実行」はカッコいい。けっきょく「不言実行」がよさそうである。沈黙は金ってことである。

22

斉の陳成子が主君の簡公を殺す。孔子は沐浴して朝廷におもむき、魯の哀公に奏上する「陳恒が主君を弑逆したとのことです。討伐なさいまし」。

「（季孫・孟孫・叔孫の）三氏にいうがよい」。

「わたくしも大夫の末席を汚すからには、職責上、坐視するわけにもゆくまい。殿が三氏にいえとおっしゃるなら」と三氏のもとにゆき討伐のことを進言するも却下される。

「わたくしも大夫の末席を汚すからには、職責上、坐視するわけにもゆかんからな」。


陳成子、簡公を弑す。孔子、沐浴して朝し、哀公に告げて曰く、陳恒、其の君を弑す。請う之を討たん。公曰く、夫の三子に告げよ。孔子曰く、吾れ大夫の後に従えるを以て、敢えて告げずんばあらざるなり。君曰く、夫の三子者に告げよ、と。三子に之きて告ぐ。可かず。孔子曰く、吾れ大夫の後に従えるを以て、敢えて告げずんばあらざるなり。

斉では陳成子がクーデターを起こした。魯でも実力者の三氏がそのチャンスを虎視眈々とねらっている。対岸の火事ではありませんぞ、と孔子は忠告する。ところがバカ殿ときたら、せっかくの忠言の真意がわからず、よりによって当の危険人物の三氏に相談せよという。バカにつける薬はない。しかし君命とあらば是非もなく、仕方なく三氏にはかる。スキあらばとうかがっている三氏がそんな自分の首をしめるような提案に乗るはずもなく、あっさり却下。孔子は苦笑してひきさがる。主君のためをおもい、立場上、注意した。わかってもらえず、かえってバカなことを命ぜられ、立場上、バカなことをやる。案の定、バカを見ておわった。孔子のマンガ的立場がおもいやられる。

弱腰の哀公、はなからやる気がないのである。ホントにやる気があるなら、やるまえに「あいつにいえ」などと丸投げしたりしない。

やりはじめないかぎり、やる気はでない。やる気はやることの原因ではなく結果である。やる気がでるのを待っているひとは、やらないひとである。やる気のあるひとはシステムにしたがう。時間がきたからはじめるというふうに。やる気というものは、やらないひとがでっちあげる言い訳である。

23

子路に主君につかえる心得をたずねられて、「隠しだてするな。まっすぐ諌めよ」。

子路、君に事うることを問う。子曰く、欺くこと勿かれ。而して之を犯めよ。

ウ

ソはつくな。いうべきことは臆せずにいえ。おまえの流儀でやれ、わしが骨はひろってやる、と焚きつけている。大丈夫かなあ。ただでさえ血の気が多い子路のこと、先生のお墨つきをもらって直情径行に拍車がかかりかねない。孔子も罪なことをいうなあ。

24

人品卑しからざるものは、ますます向上してゆき、品性下劣なものは、いよいよ堕落してゆく。

――子曰く、君子は上達し、小人(しょうじん)は下達(かたつ)す。

こころ豊かなものは、やれることを誠実にこなしながら、こころ豊かになってゆく。親しい友だちと遊んだり、素敵な音楽を聴いたりして、なるべく楽しくやろうとする。だから人生がますます豊かになってゆく。

こころ貧しいものは、棚からボタ餅が落っこちてくるのを待ちながら、こころ貧しくなってゆく。どうすればうしろ指をさされずにすむか、どうやったら損しないで得できるか、といった「さき」の勘定ばかりしているから、人生がいよいよ痩せほそってゆく。

25

むかしの学者は学びたいから学んだものだが、いまの学者はひと

――子曰く、古(いにしえ)の学ぶ者は己の為(ため)

——の評判ばかり気にしている。

——にし、今の学ぶ者は人の為にす。

むかしの学者は自分をのばすために学び、いまの学者は他人に見せるために学ぶ。いやあ耳が痛い。学者としてのぼくのテイタラクはさておき、孔子の言葉は「学ぶ」ということの本質について考えさせる。

競争的な教育にさらされてきた子どもは、学ぶからには他者に認知されなきゃ意味がないと考える。かれの学びへの欲望は「教師に評価される」「親の歓心を買う」といった他者の欲望をみたすことを自分の欲望であるかのごとく錯覚することによってかきたてられる。そういう他律的な学びは教育の価値である「自立した主体となるべく精神の自由をはぐくむ」ことと相反する。学ぶことは親や教師による「所与の事実」ではなく、学ぶものみずからによる「可能な選択」であるべきである。

「自分をのばすために学ぶ」というのは、たとえば立身出世のために学ぶといった利己的なことではない。おのれの内における豊かさを養おうとするのである。「ひとの評判ばかり気に」するというのは、たとえば人類の平和のために学ぶといった利他的なことではない。外にむかって優秀さをひけらかそうとするのである。

学ぶことに目的があるとしたら、それは「学ぶこと自体のよろこび」がそれである。学ぶというのは、それによって得られるかもしれない利益を知ったうえで、いそいそと学びはじめるといった営みではない。もっと抜き差しならないものである——なんていうと、「はあ？　学ぶこと自体のよろこび？　なにわけのわかんないことといってんだよ。勉強なんて、けっきょく大学に受かるためだろ」と知ったような口をきく高校生もいるかもしれない。大学合格というニンジンを鼻先にぶらさげられ、それに誘導されながら勉強するようなことをしていると、ニンジンを手に入れるためだけにしか勉強できなくなる。それくらいなら縁側で昼寝でもしているほうがマシである。

世のなかは「わからないこと」であふれている。それを「わかりたい」とおもわなければ学ぶことはスタートしない。学ぶことを可能にするのは、この「わかりたい」とおもう気持である。わかることが有用かどうかはわからない。わかることが可能かどうかすらわからない。けれども、とりあえず「わかりたい」とおもっていること、それだけはわかっている。「なんの役にたつのかわからないけど、おもしろそうだぞ」と学びはじめるタイプのほうが「それをやって、なんのメリットがあるんですか」というものよりも、まちがいなく豊かに学ぶことができる。

26

衛の蘧伯玉が使いをよこす。孔子は使者を席につかせて「大夫どのはどうしておられる」。

「うちの主人は落ち度をなくそうとつとめておりますが、まだできておりません」。

蘧伯玉、人を孔子に使いせしむ。孔子、之に坐を与えて問うて曰く、夫子何をか為す。対えて曰く、夫子は其の過ちを寡なくせんと欲すれども未だ能わざ使者が退出すると、「できた使いだな」。

使者が「うちの主人はまだまだです」というのは、ケナすことによって間接的にホメている。主人にたいするうやまいと親しみとがなければとても吐けないセリフである。孔子が「できた使者だな」とホメたのも、使者をホメることによって間接的に主人の蘧伯玉をホメている。

主人はこころを律するべくつとめておりますがまだまだですと使者ふぜいが忌憚なくいえるということから、主人の人柄を推して知るべし。

るなり。使者出づ。子曰く、使いなるかな、使いなるかな。

27

「その立場にあるのでなければ、ひとの用向きにまで口出しはしない」。

曾子がそれを受けて「分別ある人間は、おもうところはあっても、おのれの職分から逸脱しない」。

子曰く、其の位に在らざれば、其の政を謀らず。曾子曰く、君子は思うこと其の位を出でず。

「自分の職分以外のことまで、つべこべ口をだすな」と孔子はいう。その地位にないことは、おもうけどやらないのである。「自分の職分以外のことまで、あれこれ気をまわすな」と曾子はいう。その地位にないことは、おもいすらしないのである。世話好きの孔子は、よけいなお節介をしないように自制している。根っからマジメな曾子には、そもそも自制すべき衝動がない。ふたりの体温のちがいは歴然としている。

いずれにせよ他人のやることに首をつっこんでいるヒマがあったら自分のありようを豊かにすべし。なにはさておき身につけるべきなのは、いつでもどこでも楽しく遊べる能力である。慎重すぎたり、謙虚すぎたりせず、もっと自分と遊んでやろう。

28

――まともな人間はおのれの発言がおのれの行動よりも上まわることを恥じる。

――子曰く、君子は其(そ)の言(げん)の其の行ないに過ぐるを恥ず。

調子にのって大風呂敷をひろげすぎると、できなかったとき、できもしないことをさもできるかのようにいったかとおもわれる。はじめから大袈裟なことを口走らなければよいだけの話だが、それができるくらいなら世話はない。

然るべきポジションにある人間は発言に慎重であるべし。影響力のある人物の言葉は口から発せられた瞬間からひとり歩きしはじめる。低レベルの失言をするようでは、ひとの上にたつ資格はない。

年寄り（ぼくのことである）は若者よりも分別がある。だから「いい歳こいておしゃべりはみっともない」とわかっている。わかっちゃいるけどやめられない。じつに惜しい。なにがどう惜しいのかときかれても困るのだが、とにかく惜しいといわずにおれない。

ぼくはおしゃべりだが、おのれのぶんざいは心得ている。けっしてひとの上にはたつまいという覚悟はもっている。学長になってくださいと頼まれても、「その器でない」とことわる用意がある（いまだにだれも頼みにこないのが残念である）。

29

「めざすべき人間像には三つある。わたくしはまだまだだ。人格者はクヨクヨせず、知識人はウジウジせず、勇者はビクビクしない」。

子貢（しこう）がそれを受けて「先生ご自身それをめざしておられるのだ」。

子曰く、君子の道なる者三（さん）。我れ能（よ）くすること無し。仁者は憂えず、知者は惑わず、勇者は懼（おそ）れず。子貢（しこう）曰く、夫子（ふうし）自ら道（い）うなり。

「夫子自ら道うなり」について、これを「みずからに課した理想の生きかたについて、みずからの口で語っているのだ」と読むと、まるで「先生はちゃんとできていらっしゃる」といっているみたいで、いかにも「わが仏尊し」という感じがしてイヤらしい。まだまだだといったのは事実でないということになり、へりくだったのが台無しである。

孔子はおのれの発言がおのれの行動よりも上まわることを恥じる。恥じることなく口にできるのは、それをめざして生きているということくらいである。

30

子貢は人物評価にたけていた。「子貢は賢いんだねえ。わたくしは賢くなっているヒマがないよ」。

子貢、人を方ぶ。子曰く、賜や、賢なるかな。夫れ我れは則ち暇あらず。

他人のことを批評しているヒマがあったら、自分のこころを律するべくつとめるべし。

鳥は空を飛んでいるとき、よそ見をしない（ような気がする）。やりたいことをやっているとき、他人がなにをやっているかなんて気にしているヒマはない。飛ぶのが自分なら、墜ちるのも自分である。

子貢は頭のよい男である。ひとのアラがよく見える。つい批評のひとつもいいたくなる。孔子もしばしば人物批評をするが、それは他人のアラをあげつらうのではなく、「三人で行動したら、きっと手本とすべきひとが見つかる」（述而21）というように、そのひとを手本として学ぼうとする姿勢のあらわれである。

ちなみに『論語』を読んでいて気になるのは、人物の品定めがさんざん見られるわりには、たとえば三権分立によってものごとがうごくというような、いわゆる「制度」の問題がさっぱり論ぜられないことである。そういうのは『論語』の任じゃないのかもしれないが、どうも気になる。

31

ひとが自分を知ってくれないことは苦にせず、自分に知られるだけの能力がないことを気にかけよ。

子曰く、人の己を知らざるを患えず、己の能無きを患う。

他

人からの批評を気にしているヒマがあったら、自分のありかたのほうをなんとかする工夫をすべし。

だれにだってひとつくらいは得意なことがある。さしあたりその「能」をのばしてゆけばよい。ただし「ほら、これがぼくの能です」とアピールすることはない。そんなベタな自己演出をすると、「またやってるよ」と冷ややかな目で見られるのがオチである。

「こんなオレにどうして仕事がないんだろう」「こんなアタシにどうして恋人がいないのかしら」と悩むのはおそろしく不毛である。こんな自分って、そもそも自分はどうあがいたって世界にひとりしかいない。こんなもヘチマもない。

もっとも、自分のことばかり考えていると、どうしても狭い世界に閉じこもりがちになる。たまには掃いて捨てるほどいる他人のことも考えてみよう。ただし自分が他人から「どうおもわれているか」をおもうのではなく、自分が他人のために「なにをおもうことができるか」をおもうべし。

他人のためになにをおもうことができるかをおもうとき、じつは自分が元気になっている。利他をおもうとき利己がもたらされる。その意味で「情けは人のためならず」は真理なんだけど、べつに自分のためにならなくたってかまわない。自分がどれくらい「自分のため」という発想から解放されるかということによって自分のありかたの価値が決まってくる。

32

ダマされているんじゃないかと警戒もせず、疑われているんじゃないかと邪推することもないのに、ひとのこころをすぐに察するというのは、じつに賢いね。

子曰く、詐(いつわ)りを逆(むか)えず、信ぜられざるを億(おもんぱか)らざるも、抑(そもそ)も亦(ま)た先(ま)ず覚(さと)る者は是(こ)れ賢か。

ダマされないように手をうったり、疑われないように手をまわしたり、そういう気くばりをするのが、ぼくはヘタクソである。だから一杯食わされたり、痛くもない腹をさぐられたりする。あ、賢くないってことか。でも世のなか賢いひとだらけだったら、さぞ住みにくかろう。はじめから「男はみんなオオカミよ」とガードを固めたりはしないけど、それでいてダメ男にひっからない。それが「いい女」ってもんだろう。

33

「丘さんよ、なにをウロチョロしとるんじゃや。口先ひとつでだれかに売りこもうとでもしとるのかな」と微生畝になじられて、「お偉いさんのご機嫌をとるつもりなど毛頭ない。こうだと決めつけてしまいたくないだけなのだ」。

微生畝、孔子に謂いて曰く、丘、何為れぞ是れ栖栖たる者ぞ。乃ち佞を為すこと無からんや。孔子曰く、敢えて佞を為すに非ざるなり。固を疾めばなり。

孔子が権力者にヘイコラしているかのように隠者の目に映るのは、孔子がおのれの殻に閉じこもっていないからである。隠者のように「どうせムダなんだから」と決めつけてしまって世間をポイ捨てすることが、孔子にはできない。どうせムダだと決めつけて世を捨てて、隠者のように「オレ流でやらせてもらうよ」とカッコよく割りきることが、孔子にはできない。

僕は考えた――希望とは本来あるとも言えないし、ないとも言えない。これはちょうど地上の道のようなもの、実は地上に本来道はないが、歩く人が多くなると、道ができるのだ。

ご存じ、魯迅（ろじん）「故郷」のラスト（藤井省三訳・光文社古典新訳文庫）。なるほどいまは道はない。しかし歩くひとが多くなれば道ができる。それならば、まずはわたくしが歩こう。

34

名馬の名馬たる所以（ゆえん）は、その能力にではなく、その性質にある。

子曰く、驥（き）は其（そ）の力を称せず。其の徳を称す。

生まれながらすばらしい資質をそなえていることよりも、サボりたいこころをおさえて精進することが苦にならない性格であることのほうが肝腎である。いくら素質があっても、ろくに精進しなければ、けっして大成しない。生まれつき才能にあふれているよりも、生まれもったものをのばしてゆこうとするもののほうが、よほど将来性がある。ルックスがよいよりも気だてのよいほうが大事っていうことである。

そもそも生得の能力が必要なことって、じつは範囲がけっこう限定されているんじゃないだろうか。どういう性質であるかという全人格的なありかたのほうが大切である。

35

「恵みでもって恨みにこたえるというのはどうでしょう」。
「じゃあ恵みにはなんでこたえるというのだ。素直なこころで恨みにこたえ、恵みには恵みでこたえればよい」。

或ひと曰く、徳を以て怨みに報ゆるは何如。子曰く、何を以て徳に報いん。直を以て怨みに報い、徳を以て徳に報いん。

こころを律することは大事だが、そうはいっても「恵みでもって恨みにこたえる」というのは無理がある。「人もし汝の右の頬をうたば、左をも向けよ」（「マタイ伝福音書」第五章）といわれ、そんなふうにできるひとはそうするのもよい。が、ぼくのような凡人にはできそうもない。だいたい恨みにこたえるような恵みとは、わざとらしい恵みである。恵みにこたえるためには、さらにわざとらしい恵みをもってくるとでもいうのだろうか。

恨みに恨みでこたえれば泥沼のケンカになる。さりとて恨みに恵みでこたえるというのはストレスがたまる。恨みには、恨みでこたえるのも恵みでこたえるのも、どちらも凡人にとっては不自然である。

だから恨みには「素直なこころ」でこたえなさい、と孔子はいう。

素直なこころでこたえるといっても、売られたケンカはきちんと買いなさいといっているわけじゃない。素直なこころでこたえるというのは、理性でこたえるということである。恨んでこられたら、ちょっと頭を冷やしてから、相手の目を見つめて「どうして、そんなことをするの」と冷静にたずねるのである。でも、そんなことが無理せずやれるようならすでに凡人でないような気もする。ふむ。じゃあ、ほうっておくというのはどうだろう。むやみに反応しないのである。相手にイヤなことをされても、自分はイヤなことを仕返さない。「オレはアンタとはちがう」と正しさを見せつけるわけじゃない。ちょっとガマンして、ほうっておくのである。

36

子曰く、我れを知るもの莫きかな。子貢曰く、何為れぞ其れ子を知るもの莫きや。子曰く、天を怨みず、人を尤めず。下学して上達す。我れを知る者は其れ天か。

「だれもわたくしのことをわかってくれない」。

子貢がたずねる「どうして先生はわかってもらえないのでしょうか」。

「運がわるいせいだとグチをいう気はないし、世間がバカなせいだと文句をいう気もない。卑近な現実をおろそかにしないことによって高遠な理想にたどりつこうとしてきた。そうやって生きて

きたことを天だけはわかってくれるだろう」。

身近なことを地道にこなし、やがて高尚なことへと進歩しようとするというのは、当たり前のやりかたであって、それ以外のやりかたはない。それなのに孔子はどうして「天だけはわかってくれるだろう」などと大仰な物言いをするのだろう。わたくしのことをわかっているのはひとり天のみである、と胸をはっているのだろうか。そうではなかろう。結果ばかりが大事なのではなく、そこまでのプロセスが大切だ、といっているんじゃないだろうか。

世間は結果にのみこだわってプロセスを見てくれない。だから「下学して上達す」るような生きかたは他人にはわかってもらえない。プロセスにおける手ごたえは、やってみてはじめてわかることである。自分はたしかにその手ごたえを感じているのだし、天はそれをわかってくれているのだから、だれを恨むこともない。

「天だけはわかってくれるだろう」というセリフは、『論語』全編をつらぬく「ある雰囲気」をあらわしている。看過(みのが)してはならない一言だとおもう。

孔子は自分の運命と世界の運命とをリンクさせている。「天だけはわかってくれるだろう」というのは、べつに自分のことを知られたいわけではない。知られたいのではなく、知られて然るべきなのである。わたくしが知られないような世界はなげかわしい世界なのである。なぜなら孔子は天の道を実践しているのだから。「わたくしが天の道を実践しているかどうかは天にたずねてくれ」という自信が孔子にはある。

身近なところから学び、だんだん高度なところに達するという生きかたをしてきたことを、たとい他人はわかってくれなくても、すくなくとも自分はわかっている。こころを律して生きてゆくことは、ひとに理解されるべきことではなく、みずから身をもってなすべきことである。

37

公伯寮が子路を季孫氏に讒言する。子服景伯がこのことを注進して「（公伯寮の中傷によって）季孫氏はこころがグラついております。公伯寮についてはそれがしの一存でもって始末することもできますが」。

「正義がおこなわれるなら、それは天命である。正義がすたれるなら、それも天命である。公伯寮ごときに天命をどうすることもできぬ」。


公伯寮、子路を季孫に愬う。子服景伯、以て告げて曰く、夫子固に惑える志有り。公伯寮に於けるや吾が力猶お能く諸を市朝に肆さん。子曰く、道の将に行なわれんとするや、命なり。道の将に廃れんとするや、命なり。公伯寮、其れ命を如何せん。

人為をもって天意をどうこうすることはできない。人間にできるのはこころを律して生きてゆくことだけである。

天の道をふみおこなっているなら、なにも心配はいらない。陰でなにをいわれようとも、ほうっておけばよい。ほうっておくというと聞こえはわるいが、つまり運命にゆだねるのである。公伯寮ごときに運命をどうこうすることはできない。

38

すぐれた人間は(俗事をのがれるさい)俗世そのものから遠ざかり、それが無理なら住んでいる土地から遠ざかり、それが無理なら相手の顔色を見て遠ざかり、それが無理なら相手の言葉を聴いて遠ざかる。こういう身の処しかたができたものは七人いた。

子曰く、賢者は世を避け、其の次は地を避け、其の次は色を避け、其の次は言を避く。子曰く、作(な)す者七人。

これまた究極のほったらかしである。反応してもしょうがないものには反応しちゃいけないのである。

「人事を尽くして天命を待つ」という。尽くせるということは、人事には限界があるということである。とりあえず限界まで人事を尽くしたら、あとはほうっておく。挑発にのって不毛な争いに巻きこまれてはならない。天命は正義である。天を信じ、天にまかすべし。

天意ほどではないが、世間の風というものも人為をもってしてはいかんともしがたいところがある。世俗に染まりたくないものにできるのは、こころを律して生きてゆくことだけである。

39

子路、石門に宿る。晨門曰く、奚れ自りす。子路曰く、孔氏自りす。曰く、是れ其の不可なることを知りて、而も之を為す者か。


子路が石門という土地で泊まったとき門番がたずねる「どちらから参られた」。

「孔先生のところからです」。

「ああ、あのできっこないってわかってるのに、それでも性懲りもなくやろうとしてる御仁ね」。


「ダメだとわかっていてジタバタするなんてみっともないねえ」と門番は孔子の往生際のわるさを冷笑する。ひたすら理想を説くばかりで、ちっとも現実を見ようとしない、と。なるほどカッコわるい。しかし、けがらわしい俗世をのがれて身を清らかにたもつという隠者の生きかたは、俗世のありようを消極的に肯定しているにひとしい。カッコよいとはいいきれまい。ことがらは「世俗において実効があるか」ということよりも「こころをいかに持するか」ということにかかる。

あらかじめ「できる」とわかっていることしかやらないくらいなら、なんにもやらないほうがよい。だれにでもできることなら、自分でやらないで、だれかにやってもらえばよい。「できっこないってわかっている」からこそ、みずから「やろうとする」に値するのである。

わざわざ「やってみる」までもなく「できない」ことはある。できっこないということが明白なのに、あえて「やろうとする」のは愚かである。けれども事と次第とによっては、できっこないとわかっていても、やろうとせねばならないこともある。

「これをやるのは割に合わないが、これをやるのが自分である」とあえて不利なことをやる人間がいる。「みすみす損だとわかってるのになんでやるの?」とたずねると、「そうしないと気がすまないんだ」という。やってみて、案の定、損をする。「ふむ。やっぱり損だったか」とひとりで納得していたりする。かれをそうさせているのは損得勘定ではない。かれのなかの「なにか」である。その「なにか」がなんであるかは、他人には(ときに自分にも)わからない。

40

子、磬(けい)を衛(えい)に撃つ。蕢(あじか)を荷(にな)いて孔氏の門を過ぐる者有り。曰く、心有るかな、磬を撃つや。既に

先生が衛(えい)の国にあって楽器をかなでていると、モッコをかついだ男が孔家のまえをとおりかかり「こころのこもった音色だわい」とつぶやいたが、しばらくたつと「やれやれ、不平タラタラとい

った音だ。だれも自分をわかってくれないならスッパリあきらめりゃいいのに。水が深けりゃ着物をぬぐし、水が浅けりゃ裾からげ、と詩にもあるじゃないか」。

「いい気なもんだ。それができれば苦労はない」。

して曰く、陋(いや)しきかな、硜硜(こうこう)乎たり。己を知るもの莫(な)くんば、斯(こ)れ已(や)まんのみ。深ければ則(すなわ)ち厲(れい)し、浅ければ則ち掲(けい)す。子曰く、果(か)なるかな。之れ難(かた)きこと末(な)し。

ダメだとわかっていながらジタバタすることを、しょせんムダだと決めつけてしまいたくない。けっきょくダメかもしれない。だが、ダメかどうかは世間が決めるとしても、ムダかどうかは自分のこころで決めることができる。

「こころのこもった音色だわい」と感に堪えたようにつぶやく。音色にこめられた孔子の経世済民の志を感じたのだろう。かつて理想をいだいていた自分の「こころ」を彷彿(ほうふつ)させられたにちがいない。が、すぐさま我にかえり、「つまらん、俗っぽい」と吐き捨てる。それにつづく「だれも自分をわかってくれないならスッパリあきらめりゃいいのに」というダメ押しには、「さげすみ・あなどり」ではなく「おもいやり・いたわり」をおぼえる。

いくら隠者に笑われようとも、孔子は隠者のことを笑わない。孔子の「いい気なもんだ」という言葉にはいくらか羨望のおもむきもある。隠者が世俗とともに捨ててしまったものと、孔子が後生大事にいだいているものとは、じつは別のものではない。隠者の言葉は孔子にとって「自分をわかってくれ」るものの言であった。

41

子張がいう「高宗は喪に服した三年間、一言も口をきかなかった、と『尚書』にあります。どういうことでしょうか」。「なにも高宗にかぎったことではない。むかしのひとはみなそうだった。主君がおかくれになれば（あとつぎは喪に服するから）すべての臣下はおのれの仕事を責任をもってこなし、宰相の指図をあおぐこと三年におよんだものだ」。

子張曰く、書に云う、高宗、諒陰三年言わず、と。何の謂いぞや。子曰く、何ぞ必ずしも高宗のみならんや。古の人皆な然り。君薨ずれば、百官、己を総べて以て冢宰に聴くこと三年なり。

いかに喪に服するためとはいえ、三年間も政治をサボるのは問題でしょう、と子張はいう。なるほど問題だろう。しかし、ことがらはこころをどう律するかということにかかる。問題の質がちがうのである。

42

上にたつものが規律にしたがえば、下のものは自然に使いやすくなる。

子曰く、上、礼を好めば、則ち民使い易し。

お上が威儀を正していれば下々はおとなしく使われる。お上が裸の王様では下々はいうことをきかない。上にたつものがおのれのこころを律して正しくふるまえば、清らかな水が高きから低きへと流れるように、下のもののありかたもおのずと正しくなる。

43

子路に徳のある人間についてたずねられて、「ひたすらおのれのこころを律する」。

「それだけですか」。

「おのれのこころを律し、だれかを安心させる」。

「それだけですか」。

「おのれのこころを律し、ひとびとを安心させる。おのれのここ

子路、君子を問う。子曰く、己を脩めて以て敬す。曰く、斯くの如きのみか。曰く、己を脩めて以て人を安んず。曰く、斯くの如きのみか。曰く、己を脩めて以て百姓を安んず。己を脩めて以て百姓を安んずるは、堯

ろを律し、ひとびとを安心させるというのは、かの堯や舜にとってさえ容易ならざることであった」。

舜も其れ猶お諸を病めり。

徳があるとは、おのれのこころを律することができるということである。こころを律して安らかであるというありかたを身につけ、そういう安らかなありかたでもって身近なひととつきあえば、ひともまた安らぎをおぼえるであろう。さらにはその安らかなありかたをひろく世のひとびとへとおよぼすべきであるが、それは至難のわざである。

問いをかさねられるにつれて「ひたすらおのれのこころを律する」「おのれのこころを律し、だれかを安心させる」「おのれのこころを律し、ひとびとを安心させる」と答えはエスカレートしてゆくが、終始「おのれのこころを律し」はつきまといつづける。なんだか錬金術みたいである。鉛が金にならないのは自分のこころがけがわるいからだといったサルトル風の実存主義は、根っから凡人のぼくには息苦しい。

44

（幼馴染みの）原壌がだらしなく坐っていると、「幼いころは生意気で、歳を食ってもパッとせず、おめおめと長生きしおって。困

原壌、夷して俟つ。子曰く、幼くして孫弟ならず、長じて述

ったやつだ」と杖でそのスネをたたく。

ぶること無く、老いて死せず。是を賊と為す。杖を以て其の脛を叩つ。

45

孔子は敬老のひとだとおもうが、いわゆる老害にはきびしい。年寄りが幅をきかせているせいで若者が生きにくいような世のなかはよろしくない。世にはばかる長老にはなるまい、と孔子はおのれを律する。

客をとりついでいる闕という村の少年について「見込みはありますか」とたずねられて、「オトナといっしょに席に坐っているのを見たし、先輩と肩をならべて歩いているのも見かけた。どうも一歩づつ成長しようというよりも、はやいところオトナあつかいしてほしいと背のびをしておるようだな」。

闕党の童子、命を将なう。或ひと之を問うて曰く、益ある者か。子曰く、吾れ其の位に居るを見る。其の先生と竝び行くを見る。益を求むる者に非ざるなり。速やかに成らんと欲する者なり。

「性根があらわれる」ということがある。はしなくも本性が露呈するということである。本人は自然にふるまっているつもりでも、そこに魂胆があらわれている。

このオトナぶった少年、いつまでもオトナになれない原壊と対になっている。手っとりばやくオトナになりたがる子どもにかぎって原壊みたいな困ったダメおやじになる。あわててオトナになりたがる子どもも、いつまでも死なないジジイも、生きることに実質がともなっていない。

それにしても、どうしてそんなに一人前のオトナになるのを急ぐのだろう？　そのつどすすむべき道は無数に分かれているけど、すすむことができる道はたった一筋だけである。あわてないで、ゆっくり歩いたほうがよい。人生という舞台にリハーサルはゆるされていない。たとえば「初恋のひとに振られる」ということは、じっさい初恋のひとに振られるということを経験することになる（初恋のひとに振られることを練習するわけにもゆかない）。

ひとは好きこのんでオトナになるわけじゃない。ある年齢になると、就職や結婚といった社会の「しきたり」によって、余儀なくオトナにならせられる。オトナになると面倒くさい役割をになわされる。子どもであることはひとつの特権である。あわててオトナになるなんて、みすみす特権を捨てるようなもんである。もったいない話である。オトナになるのって、子どもの世界を脱けだしたのではなく締めだされたにすぎない。そして待望のオトナになってみれば、しょせん「一人前」でしかないのである。

ちょっと一息
6

「独自の視点から『論語』に斬りこみ、縦横に読み解いたユニークな解説書も読んでみたい」という向きもあろう。その手の本もまた枚挙にいとまがない。管見のおよんだかぎりのものをあげておこう。

- ◆桑原武夫『論語』ちくま文庫　1985年
- ◆駒田信二『論語　聖人の虚像と実像』岩波同時代ライブラリー　1993年
- ◆H・フィンガレット『孔子　聖としての世俗者』平凡社ライブラリー　1994年
- ◆浅野裕一『儒教　ルサンチマンの宗教』平凡社新書　1999年
- ◆安富(やすとみ) 歩(あゆむ)『生きるための論語』ちくま新書　2012年
- ◆小倉紀蔵(きぞう)『新しい論語』ちくま新書　2013年
- ◆呉(くれ) 智英(ともふさ)『現代人の論語』ちくま文庫　2015年
- ◆安田 登『身体感覚で『論語』を読みなおす。古代中国の文字から』新潮文庫　2018年

衛霊公第十五

不如意のさいの身の処しかた

1

衛の霊公にいくさの陣だてのことをたずねられて、「祭祀の器のならべかたなら存じておりますが、軍隊の兵士のならべかたには不案内です」というと、翌日、衛をさっさと去る。

衛の霊公、陳を孔子に問う。孔子対えて曰く、俎豆の事は則ち嘗て之を聞けり。軍旅の事は未だ之を学ばざるなり。明日遂に行る。

「礼楽のことならわきまえているが、戦争のことは知らん」と孔子はいう。「紅旗征戎は吾が事に非ず」（藤原定家『明月記』）といった感じで、じつにカッコいい。ぼくも孔子の二番煎じで「学問のことならわかっているが、政治のことは知らん」といってみたい（が口惜しいけどいえない）。

漢語の「本色」とは「本来面貌、原有的性質或品質」（『現代漢語詞典』第七版）とあるように「そのものの本来のありかた」のことである。孔子の本色は礼楽にある。徳治政治について教えを乞うならともかく、いくさの陣だてのことを問うなど的外れもはなはだしい。

2

孔子一行が陳の国にあったとき食糧が底をつく。従者たちは起きあがる元気もない。子路が腹にすえかねたように「徳のあるものでも万事休することがあるのでしょうか」というと、「どんなに徳があったって不如意のときはある。ただ俗物とちがってとりみだしたりはしない」。

陳に在りて糧を絶つ。従者病みて能く興つこと莫し。子路、慍り見えて曰く、君子も亦た窮すること有るか。子曰く、君子固より窮す。小人窮すれば斯ち濫る。

子路が「腹にすえかねたように」いうのは、孔子にたいして怒っているわけではない。敬愛する師が迫害されていることにたいして憤っているのである。怒りたくてもなにをどう怒ればよいのかわからないことに怒っているような気配である。

一寸先は闇である。なにが起こるかわからない。なにかが起こってしまったときには、やれるだけの手当をするしかない。そういった非常時にこそ人間の力量はあらわれる。やみくもにジタバタしたり、いきなりヤケクソになったり、あっさりギブアップするようではいけない。もっとダメなのは、「だれのせいでこうなったんだ」と犯人さがしをしたり、「オレのせいじゃないぞ」と責任のがれをすることである。自分のことを棚にあげたり、他人のことを吊るしあげたりせず、「自分にはなにができるか」を考えるべきである。

「災難に逢ふ時節には災難に逢ふがよく候。死ぬる時節には死ぬるがよく候。これはこれ災難をのがる妙法にて候」と良寛はいう。災難にあったとき、災難からのがれようとあがくのは「とりみだす」ことである。あがけばのがれられるのならあがくのもよい。あがいてもしょうがないなら災難につきあうしかない。

調子のよいときに涼しい顔をしていることは、だれにでもできる。困難におちいったときに平常心でおれるかどうかで、そのものの真価がわかる。他人にもわかるが、自分にもわかる。ピンチのときが、おのれの本色をわきまえるチャンスである。

3

「子貢よ、おまえはわたくしのことを博覧強記の人間だとおもうかね」。

「はい。ちがうのですか」。

「ちがうとも。たった一本の筋をとおしてきただけだ」。

子曰く、賜や、女は予れを以て多く学びて之を識る者と為すか。対えて曰く、然り。非なるか。曰く、非なり。予れは一以て之を貫く。

おびただしい知識よりも、ゆずれない唯一のなにかがあれば、それによって行動を律することができる。一本筋がとおっていれば人生なんとかなる。孔子はおのれの本色をわきまえ、それをつらぬいて生きている。謂うところの「君子」とはそういう人物である。

私淑する松尾芭蕉は「終に無能無才にして此一筋につながる」（『幻住庵記』猿蓑）という。芭蕉の場合、これは自負をこめた謙遜の辞であろうが、ぼくの場合、文字どおり無能無才の身をもっていたずらに馬齢をかさね、ふと気づけば田舎の漢文教師という「此一筋につながる」のみだというのは掛け値なしの実感である。

斎藤茂吉に「あかあかと一本の道とほりたりたまきはる我が命なりけり」（『あらたま』）という歌がある。茂吉も一筋の道をうたっているが、この道は「赤赤と」ではなく「明明と」だろう。茂吉はこう自解している。

> 秋の一日代々木の原を見わたすと、遠く遠く一本の道が見えてゐる。赤い太陽が団々として転がると一ぽん道を照りつけた。僕らはこの一ぽん道を歩まねばならぬ（「童馬漫語」『斎藤茂吉全集』第九巻・岩波書店・七九頁）

「この一ぽん道を歩まねばならぬ」と明朗にいわれると軟弱なぼくはたじろぐが、この童心と見まごう一本気ぶりこそが茂吉の魅力のひとつである。

芭蕉が「此一筋につながる」といい、茂吉が「一本の道とほりたり」とうたうように、すぐれたひとの人生はみな「一」につらぬかれているようである。

4

子路よ、徳のなんたるかを頭でわかるものなどおらん。

子曰く、由よ、徳を知る者は鮮なし。

古人は「徳は得なり」といったが、徳とは得られた本性である。自己の自己たる所以、すなわち本色である。おのれの本色はおよそ概念的に理解すべきものではない。本色のなんたるかを頭で知るものなどいない。自己のなんたるかは定義できるものじゃない。

5

なんにもせず、あるがままで天下をおさめることができたのは、まず舜だろうね。どういうふうであったかっていうと、おだやかにただ天子らしく南をむいて坐っていただけだ。

子曰く、為す無くして治むる者は其れ舜なるか。夫れ何をか為さんや。己を恭しくして正しく南面せるのみ。

舜は徳を身につけていた。ただ南面して坐っているだけで臣下はリスペクトした。もちろん南をむいて鼻クソをほじっていればいいっていうわけじゃない。概念的には理解しがたい徳がその全身をオーラのようにつつんでいたのだろう。オーラのなんたるかはわからない。得体の知れないオーラをそなえてさえいれば「君臨すれども統治せず」と泰然としているだけで下々のものはついてくる。

6

子張にどうすればひとに受けいれられるかをたずねられて、「言葉にまごころがあり、行動につつしみがあれば、どんなに野蛮な土地にいっても受けいれられるだろう。言葉にまごころがなく、行動につつしみがなければ、たとえ隣近所であっても受けいれられまい。たっているときには（言葉のまごころや行動のつつしみが）身のまえにただよっているのが見え、車に乗っているときには（言葉のまごころや行動のつつしみが）車の横木にまとわりついているのが見える。そのようであってはじめて受けいれられよう」。子張はこの教えを帯に書きつける。

子張、行なわるることを問う。子曰く、言うこと忠信、行なうこと篤敬なれば、蛮貊の邦と雖も行なわれん。言うこと忠信ならず、行なうこと篤敬ならざれば、州里と雖も行なわれんや。立ちては則ち其の前に参ずるを見、輿に在りては則ち其の衡に倚るを見る。夫れ然る後に行なわれん。子張、諸を紳に書す。

孔子の身には、「忠信篤敬」の四文字が、行住坐臥（ぎょうじゅうざが）つねにオーラのようにただよっていた。言葉にまごころがあり、行動につつしみがあるという雰囲気がオーラのようにただよっていれば、どこへゆこうとも大丈夫である。子張がこの教えを帯にメモするまでして拳拳服膺（けんけんふくよう）したのは、これを肌身はなさずもちあるき、いずれオーラのように身にただよわせようとしたのだろう。

7

正直だなあ、衛（えい）の史魚（しぎょ）は。国に道理がおこなわれているときには矢のようにまっすぐに直言するし、国に道理がおこなわれていないときにも矢のようにまっすぐに直言する。立派だねえ、衛（えい）の蘧伯玉（きょくはくぎょく）は。国に道理がおこなわれていれば世にでて才覚をあらわすし、国に道理がおこなわれていなければひっこんで才能を隠すことができる。

子曰く、直なるかな、史魚（しぎょ）。邦（くに）に道有るにも矢の如（ごと）く、邦に道無きにも矢の如し。君子なるかな、蘧伯玉（きょくはくぎょく）。邦に道有れば則（すなわ）ち仕え、邦に道無ければ則ち巻きて之（これ）を懐（ふところ）にす可（べ）し。

ふつうに考えれば、どうしたって蘧伯玉に軍配をあげざるをえない。猪突猛進の史魚はあぶなっかしい。だれしも本色をほしいままに発揮したいが、状況によってはそうもゆかない。「仕官すればすすんで活躍するが、浪人すればおとなしく隠遁する」（述而10）というふうに、よろしく出処進退をわきまえるべし。

8

子曰く、与に言う可くして之と言わざれば、人を失う。与に言う可からずして之と言えば、言を失う。知者は人を失わず、亦た言を失わず。

ともに語るに足る相手なのに語らなければ、かけがえのない知己をとりにがすことになる。ともに語るに値しない相手なのに語るなら、せっかくの言葉をドブに捨てることになる。賢い人間は、知己をうしなうことはないし、言葉をムダにすることもない。

処

世においてタイミングをみはからうべきことが大事なように、ひとづきあいにおいては相手をみさだめるべきことが大切である。たがいに本色をリスペクトしあえるようなものと胸襟をひらいて語りあうべし。

「友人をとりにがす」「言葉をドブに捨てる」という言葉はこころにグサッとくる。「いわなくたってわかってくれるはずだ」「まさか誤解されることはあるまい」とつい甘えがでるせいで、ずいぶん友人をうしなったり、言葉をムダにしたりしてきた。「友人をとりにがす」と「言葉をドブに捨てる」とは別個のことを並列しているのではない。語るべき「人」と語り、語るべき「言」を語らなければ、語るべき「人」と「言」とをともにうしなう。片方だけをうしなうということはない。

9

見識ある人間は命惜しさに正義を棄てることはなく、むしろ身を捨ててでも正義をつらぬく。

子曰く、志士、仁人は、生を求めて以て仁を害すること無く、身を殺して以て仁を成すこと有り。

すでに「見識ある人間」であるから、もちろん正義を重んずるはずである。したがって「命惜しさに正義を棄てる」ことはない。もし命を惜しまないなら、ただちに「身を捨ててでも正義をつらぬく」という仕儀にならざるをえない。見識ある人間であろうとすれば正義をそこなうことはできず、いきおい死ぬしかないということになる。

「正義をつらぬくこと＝死ぬこと」という場合もありうるというふうにでも読まないと、孔子の言葉はたんに「死ぬ気でガンバります」くらいの軽い話になってしまうような気はするけれども、命あっての物種、軟弱なぼくとしてはそんな物騒な教えとしては読みたくない。孔子はたしかに「命惜しさに」「身を捨ててでも」といっているが、はたして生死ということを「選択」という観点から語っているのだろうか？

ソクラテスは生死を選択の問題としてとらえた。処刑をひかえ、国外逃亡という選択肢もあったにもかかわらず、かれは生ではなく死をえらんだ。たぶん「国外逃亡＝ポリスの法の侵害」という意識があったからだろう。孔子もまた生死を選択の問題としてとらえているのだろうか？

10

子貢に相手の身になって考えるという生きかたの身につけかたをたずねられて、「職人は仕事にとりかかるさい、まずは道具をととのえる。その国にあって（おのれの実力を発揮できるように）大夫のなかでも実力者につかえ、人士のなかでも人格者を友とせよ」。

子貢、仁を為すことを問う。子曰く、工、其の事を善くせんと欲すれば、必ず先ず其の器を利ぐ。是の邦に居るや、其の大夫の賢者に事え、其の士の仁者を友とす。

刀

が錆びていてはうまく斬れない。よきひとにつかえ、よきひととまじわり、おのれの本色をみがくべし。

子貢は「仁を問う」のではなく「仁を為すことを問う」ている。仁そのものではなく、仁への近づきかたを問うあたり、子貢一流のクレバーさをおぼえる。それにたいして孔子は「自分をみがくためには、よき人間関係をきずくべし。孤高のひとを気取るのではなく、ひとと『切磋琢磨』（学而15）せよ」とさとす。

11

顔淵に国のおさめかたをたずねられて、「夏の暦を採用し、殷の車を使用し、周の冠を着用する。音楽は（舜をたたえる）韶の舞曲をもちいる。鄭の音楽はやめさせ、口達者はしりぞける。鄭の音楽は下品だし、口達者は危険である」。

顔淵、邦を為むることを問う。子曰く、夏の時を行ない、殷の輅に乗り、周の冕を服す。楽は則ち韶舞。鄭声を放ち、佞人を遠ざく。鄭声は淫に、佞人は殆うし。

よいものに親しめば、よい趣味が身につく。わるいものに触れれば、わるいものに染まる。よい影響をこうむれば、おのれの本色もよくなる。

孔子は「長を採って短を捨て、新しい礼楽を興こすべし」といっているかのようだが、じっさいは「現実的にやんなさい」と可愛い顔淵にアドバイスしているといったところだろう。それにしても鄭の音楽、聴いてみたいものである。

12

すこしさきのことを考えてやらないと、きっと足をすくわれる。

子曰く、人、遠き慮り無けれ

―

―ば、必ず近き憂い有り。

ぼくは生粋（きっすい）の俗人だから、ヘタに「さき」のことを気にしたりすると、かえって「いま」のことにつまづいてしまう。もっとも、おのれの本色は「いま」のものではあるが、すこし「さき」のことの考えて、よきひとにつかえ、よきひととまじわり、よきものに親しむようにすれば、遠からずよりよきものに成長するであろう。

とはいえ「さき」のことを気にかけるのは性に合わない。一寸先は闇なんだから、わからなくて当たり前である。わからないのが当たり前のことをわかろうとすることはない。「明日のことを思ひ煩ふな、明日は明日みづから思ひ煩はん。一日の苦労は一日にて足れり」（「マタイ伝福音書」第六章）という教えだってある。

人間はかならず死ぬ。いつ死ぬかは（仕合わせなことに）わからない。明日かもしれないし、五十年後かもしれない。自然のなりゆきにまかせるしかない。いまから心配していたら、おちおち生きてらんない。

だから占いは苦手である。未来のことを知りうるとはおもえないし、知りたいともおもわない。いったい「六十歳で糖尿病になり、七十歳でアルツハイマーになり、八十歳で死ぬ」なんていうことをあらかじめ知りたいだろうか？　ぼくは知りたくない。「未来のことは知ることができない」という権利を、小心者のぼくは手ばなしたくない。

どういうふうに生きることに「なる」かはわからない。だが、どういうふうに生きようと「する」かはみずから決めることができる。どういうふうに生きようかと自分で決めるとき、いつか死ぬのだという「遠き慮（おもんぱか）り」をもっていないと、かけがえのない現実を生きそこなうという「近き憂い」をもつことになるよ、と孔子は教えているのかもしれない。うん。それならわかる気もする。

西洋には「死を忘れるな（メメント・モリ）」という言葉がある。東洋にも「諸行無常」という言葉がある。これは「生きているからにはいつか死ぬんだ」とわきまえることであって、いつ死ぬだろうかとビクビクすることじゃない。「遠き慮り」とは、あらかじめ「そのとき」のことを計算しておくというのではなくて、とりあえず「いま」のことを引き受けるっていうことじゃないだろうか。

13

なげかわしいなあ。内面のうつくしさを愛することが外形のうつくしさを愛するほどであるようなひとにはお目にかかったことがない。

子曰く、已（や）んぬるかな。吾（わ）れ未（いま）だ徳を好むこと色を好むが如（ごと）くする者を見ざるなり。

子

罕18にもおなじ文が見える。ちょっと意外な気もするが、孔子お得意の譬（たと）えだったのかもしれない。

14

魯の臧文仲は役人の風上にもおけない。柳下恵が優秀なもんだから、かれの足をひっぱりおった。

子曰く、臧文仲は其れ位を窃む者か。柳下恵の賢を知りて与に立たざるなり。

嫉妬は愚かしい。すぐれた人物とつきあうことができれば、おのれの本色もすぐれたものとなる。

嫉妬とはかけがえのない好機を逸するしわざである。

「あんな有能なやつがきたら自分のポジションがあやうくなる。芽は若いうちに摘んでおけ」というふうなセコいことをするっていうことは、臧文仲はいまのポストを実力でつかんだわけじゃなかったりして。自分に能力がないことを自覚しているもんだから、自分より能力があるライバルを蹴落としたくなった。

嫉妬は公事を私事としてとらえるところに発生する。ではなぜ公事を私事としてとらえるのかというと、それは自信が足りないからである。まったく自信がないわけじゃない。いささかの自信はある。有るか無いかの自信があるとき、それをまもろうとして嫉妬がはたらく。自分でなにかを生みだすとき、自信は生まれる。嫉妬からは、なにも生まれない。

たとい自分のポストがあやうくなろうとも組織のために有用な人材があれば任用すべきであって、みずからの保身のためにそれをしないのは背信行為である。「あんなのがきたら自分の不利になる」というのは、ひとつの可能性である。その可能性にたいして「だからジャマしてやろう」というのは「私」にもとづいた主観的な発想であり、「だから組織のためにも任用しよう」というのは「公」をふまえた客観的な判断である。

15

自分に厳しく他人に優しくしていればまず恨まれまい。

子曰く、躬（み）自ら厚くして薄く人を責むれば、則（すなわ）ち怨みに遠ざかる。

おのれが気にかけるべきものはおのれの本色であってひとのそれではない。よほどのお節介でないかぎり、ひとに厳しくしているヒマなどない。

ひとのミスは可能なかぎりゆるしたい。ミスをゆるさないとき、ぼくが牢獄につないでいるのは自分自身である。おまけにミスをゆるせない自分に気づいたとき、今度はそういう自分がゆるせなくなる。

ここだけの話だが、ぼくは甘い教師である。「いけない、いけない」とおもいながら、どうしても甘くなってしまう。学生のサボりにたいして寛容であることなんて簡単である。こころを鬼にして厳しく接するほうがよほど学生のためになる。と、わかっちゃいるんだけどむつかしい。なぜむつかしいのかというと、自分に甘いからである。他人に甘く接するほうが自分が楽なもんで、つい自分を甘やかしてしまう。そのつど「オレはダメだなあ」と反省し、「もっと自分に厳しくならなくちゃ」と決心するのだが、なかなかなおらない。

世の学生諸君にいっておきたい。教師が学生にたいして厳しくするのはサービス精神のあらわれである。教師が学生を叱っているとき、叱られている学生が主役で、叱っている教師は脇役である。その厳しい叱責が功を奏するかどうかは、ひとえに学生にかかっている。

16

子曰く、之(これ)を如何(いかん)せん、之を如何せん、と曰わざる者は、吾(わ)れ之を如何ともする末(な)きのみ。

どうすればよいか、どうすればよいか、と自問しないものは、どうしてやることもできない。

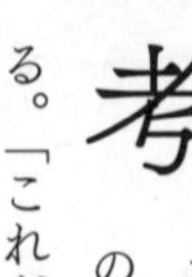

考えようとしないものを考えさせることはできない。おのれの本色を気にかけようともしないものを他人がどうこうできるものではない。教育を起動させるのは教師ではなく学生のほうである。「これが問題なんだけどね」と問題の所在から教えてやるようじゃどうしようもない。かりに問題

から教えてやったところで、「それのどこが問題なんですか」とキョトンとされるのがオチである。「どうしよう、どうしよう」と自分に問いかけ、自分の頭で考えよ、と孔子はという。わたくしの教えを鵜呑みにするようじゃいけない、と。さすがは名教師である。ぼくが授業で「〇〇は××である」といくら力説しても、学生は信じようとしない。ぼくの授業にでているうちに、「ひとの言葉を安易に信じない」という哲学的な態度を身につけたようである。ぼくも名教師なのかもしれない。

17

日がな一日つまらん連中とツルんで愚にもつかないことをダベり、しょうもないことに熱中している。どうしようもないね。

子曰く、群居して終日、言うこと義に及ばず、好んで小慧を行なう。難いかな。

よきひとを友とし、よきものに親しむべきときに、くだらん連中とつきあって平気なものには、なすすべもない。「つまらん連中とツルんで」いるのは、ひとりでいるのが怖いのである。ひとりでいると「あのひとは友だちがいないのよ」といわれそうで怖いのである。で、くだらん仲間と群れ、肩寄せあって友だちごっこに興じている。処置なしである。

18

正義をふまえ、礼儀をおこない、謙遜をあらわし、誠実をつらぬく。そうであってこそ人格者だ。

子曰く、君子、義以て質と為し、礼以て之を行ない、孫以て之を出だし、信以て之を成す。君子なるかな。

「男には男の徳があり、女には女の徳がある」というセクシズムには納得しがたい。それを徳とする、その当のものとはなんだといいたくなる。しかし「君子には君子の本色がある」ということを孔子は前提しているようである。

「リンゴとはなにか」という問いなら、「バラ科リンゴ属の落葉高木」とか「産地としては青森が有名」とかいった答えで、それなりに納得できる。だが「君子とはなにか」という問いの場合、「君子は○○である」と君子であることの条件を列挙してみても、なかなか満足できない。本質的属性がそもそも問題になっていないからである。

「あの男は君子だなあ、謙虚だよ」といってみる。謙虚であっても君子でないものはいるかもしれないけど、あの男は君子だよ、と。いくら「君子であるなら○○である」といってみても、じつはほしいのは「○○なら君子である」だったりする。これがあれば君子の条件は十分にそなえている、と。

「あの男は君子だなあ、謙虚だよ」とは「この男は君子のお手本である。とりわけ謙虚である点において君子であることのお手本になる」という意味だろう。君子である範例を枚挙するだけで十分ってことである。みずからが君子であるために、その範例をどう受けとめるかは、解釈するものの創造的な器量の問題である。君子の謙虚さのお手本がそこにあるならば、その謙虚さをお手本にし、マネすればよい。

以下、23まで君子論がつづく。

19

まともな人間は、自分がまだまだ未熟なことを悩みはするが、ひとが自分を評価してくれないことを気に病んだりはしない。

子曰く、君子は能(よ)くする無きを病む。人の己を知らざるを病まず。

「だれも自分のことをわかってくれない」と不平をもらすのは、「オレは正当に評価されていない」という不満をいだいているのである。それって自信の裏返しである。自分は「わかってもらうに値する」とおもっているから「わかってもらえない」と不服をいうのである。

ひとが自分をどう評価しているかっていうことが、ぼくは気にならない。なぜなら自分のやっていることはもともと評価されるに値しないとおもっているから。ぼくは大学で漢文を教えて生計をたてている。「蓋し文章は経国の大業にして不朽の盛事なり」（魏文帝「典論」）という。不朽ではあるが現世的には役にたちそうもない漢文を授業であつかうのはよい。だが、それをぼくが講義することは、どんなにウヌボレてみても不急の閑事でしかない。ぼくのようなものが漢文を教えて給料をもらっていることの「やましさ」から、ぼくはのがれられない。が、ぼくみたいな閑人も社会には（すこしは）必要である。そういう「お目こぼし」にあずかっている人間は肩身をせまくして生きておればよい。ひとが自分のことを高く評価してくれないといって腹をたてるなんて滅相もない。

生きていればひとから軽視されることは多い（ぼくなど無視されている）。ごく少数の例外をのぞけばたいていは軽視されてもしょうがないような人間である。ところが自分はその少数の例外だとおもっている人間がけっこう多い。ひとを平気で無視しておきながら、ちょっと軽視されたくらいで「オレは不当にあつかわれている」と腹をたてる。自己評価のほうを不当だとおもうのがふつうの神経だろうにねえ。

他人が「どうおもうか」なんていうことよりも、自分が「どうであるか」ということのほうが、うんと重要である。足が速かったり、碁が強かったり、だれもみな自分なりの「能」をもっている。なにひとつ能がない人間なんてどこにもいない（能が皆無であるというのはおそるべき才能である）。人目を気にせず、おのれの能を生きてゆけばよい。他人がどうおもうかは自分ではどうにもならないんだから、他人にまかせておけばよい。自分にやれることを自分のやりかたでやっておればよい。

20

せっかく生まれてきたからには、生きているうちに「これだ」というものをつかめないのは情けない。

子曰く、君子は世を没るまで名の称せられざることを疾む。

自分にやれることを自分のやりかたでやっていれば、いつか「これだ」というものに逢着し、それがおのれの本色となる。死ぬまでのあいだに「これだ」といえるようなものを「ひとつ」くらいもちたいもんである。ただし、ひとつでよい。

ダ・ヴィンチのような万能のひとは、はたして望ましいありかただろうか？　ひとの能力ってやつは「あればあるほどよい」とはかぎらない。もしぼくにディヌ・リパッティのような才能があったらピアニストになっていただろう。動物の言葉がわかればドリトル先生になっていたかもしれない。けれども、それは「この」ぼくの人生ではない。ぼくが百メートルを八秒で走れたら、たぶんＪＯＣがほうっておかない（不本意ながらオリンピックにでて金メダルをとらざるをえない）。いくら平凡な漢文教師でいたいといっても世間がそれをゆるさないだろう（つくづく鈍足でよかった）。

21

自立した人間はなにごとも自分の責任においておこなうが、情けない人間はしばしば他人に責任をなすりつける。

子曰く、君子は諸(これ)を己に求め、小人(しょうじん)は諸を人に求む。

他

人が自分をどう見るかということよりも、自分がどう生きるかということを考えるべし。自分がどう生きるかとは、おのれの本色を自覚し、それを実践するということである。

つまらん人間の視線はつねに他人にそそがれている。そして他人の目に映る自分を飾ろうとする。そんなふうに自分にたいして他人行儀にあつかうような人生の主人公は「自分」である必要がない。

太っ腹なものは他人がケチであっても気にしないが、ケチは他人のケチなことが気になる。

自戒をこめて訳しなおしてみた。ケチなものほどケチにたいして「おまえはケチだ」という。自分がケチなもんだから他人のケチが気になるのである。他人のケチがわかるのは、自分がケチな証拠である。

孔子は「むかしの学者は学びたいから学んだものだが、いまの学者はひとの評判ばかり気にしている」（憲問25）という。学びをもたらす基準が、かつては自己にあったが、いまは他者にある、と。

22

自立した人間は、プライドはもっているがささいなことでケンカはしないし、なかよくはするが身内をヒイキしたりはしない。

子曰く、君子は矜（きょう）なるも争わず、群（ぐん）すれども党（とう）せず。

自立した人間はひとの自由を尊重する。だから、ひとと優劣をあらそったり、ひとと徒党をくんだりしない。おたがいに本色をあらわしあって生きる。

プライドをもつのはわるいことではない。そのかわり相手の立場も尊重せねばならない。自分の独立をつらぬくことができる人間とは、相手の自由をまもることができる人間である。自分の考えばかりをいいつのり、相手の誇りを傷つけて平気なようでは、ただのワガママである。

23

ひとを見る目のある人間は、たんに言葉だけでその人物を評価したりはしないし、また人物によってその言葉を判断したりもしない。

子曰く、君子は言を以（もっ）て人を挙げず、人を以て言（げん）を廃せず。

善言をいったからといって善人であるとはかぎらない。悪人がいったからといって悪言であるとはかぎらない。そのひとの言葉がそのひとの本色をあらわしているかどうかを見きわめるべし。

固定観念にとらわれてはならない。だが、そのひとを好きになると、そのひとの言葉のなかにウソを見つけることは困難になる。そのひとが嫌いであれば、そのひとの言葉のなかにウソを見つけることは容易である。

そのひとを好きになるか嫌いになるかは、じつは「選択」の問題ではない。それは可能性の「創造」の問題である。AかBかを選択しようとすると理性がはたらきだす。そして理性的であればあるほどベターなほうをえらばざるをえず、自由にふるまえなくなってしまう。AであれBであれ、あれこれ選択せず、あるがままに引き受け、そこから可能性を創造してゆくとき、そこにおいて自由がひらける。引き受けたありかたが誤りだったら、そこからひろがる経験の可能性はきっと誤りのほうへとすすむだろう。それは困ったことではあるが、すくなくとも理性にしばられる窮屈さからは自由である。

ちょっと脱線することをおゆるしいただきたい。

人間は「知のひと」と「情のひと」とに大雑把に分けられる。知のひと（たとえば子貢）はものごとを頭で判断する。情のひと（たとえば子路）はこころに感じたところで判断する。他人の仕事について、知のひとは「なにをやったか」という中身で判断し、情のひとは「だれがやったか」という人間の好き嫌いで判定する。「だれがやったか」は気になるけれども、同時に「なにをやったか」も気にしようとすると、不思議なもんで、だれがやったかは気にならなくなってくる。

人間のタイプには「知のひと」と「情のひと」とがあるとして、現代社会ではほとんど絶滅したとおもわれる、もうひとつのタイプの人間がある。鷗外に「都甲太兵衛」という小説がある。細川忠利に「当家の侍の中で、武道の上で御身の見聞に触れたものは無いか」と問われた宮本武蔵は、都甲太兵衛をつれてきて「本人に不断の覚悟をお尋なされたらわかりませう」という。太兵衛は答える。

わたくしは据物の心得と申すことに、ふと心附きまして、其工夫をいたしました。人は据物で何時でも討たれるものぢやと思うて居るのでござります。平気で討たれる心持になるのでござります（『鷗外全集』第十八巻・一〇頁）

「据物」とは「土壇などに罪人の死体などをおいて刀剣の切れ味をためすこと。また、その死体」（『広辞苑』第七版）である。「据物の心得」とはなにか。鷗外によれば「約めてこれを言へば死を決すると云ふことの外に出でない。何事にもせよ、死を決してこれに当る。そしてこれを成し遂げずには已まぬのである」（同右・一四頁）という生きかたがそれである。

都甲太兵衛は「腹のひと」である。知で考えるのでもなく、情で感じるのでもなく、腹で生きるのである。まさに君子ではなかろうか。

もうちょっと脱線をつづけたい。

真理は客観性をもつ。だから言葉によってその人物を評価せず、人物によってその言葉を判断しない、と孔子はいう。いやしくも真理であるからには、それを「だれ」が口にするかによって真になったり偽になったりはしない。とりわけ教師は肝に銘ずべき教えである。優等生の意見だからといってホメたり、落ちこぼれの発言だからといってバカにしたりしちゃいけない。とはいえ現実には「だれ」がそれをいうかってことはなかなか無視できないもんである。

尾崎放哉（ほうさい）という俳人がいた。その自由律俳句はだれが口にしてもよさそうだが、たとえば小学生が口ずさんだりしたらどうだろう。真っ黒に日焼けした半ズボンの男の子が「大空のました帽子かぶらず」という。それがどうしたっていう感じである（熱中症になるなよ）。鼻水をたらした小僧が「咳をしても一人」という。なんだこいつと鼻白む（ヘソをだして寝たからだろ）。尾崎放哉がつくったとおもうから名句なのであって、だれが口にしても似合うってわけじゃない。藝術作品はべつに真理ではないっていうだけの話だろうか？

主張が真であるとみなされるのは、主張するものに「その主張の根拠を問われたら答える用意がある」という場合である。その用意のないものがなにかいっても意味のある主張とはみなされない。オウムが「地球は丸い」といっても根拠を提示することができるとはおもえないから、それは意味のある主張とはみなされない。子どもが「結婚は墓場だ」といっても笑い話でしかない。そういう意味では「ひとによる」んじゃないかなあ。ただし、オトナであろうが子どもであろうが、男であろうが女であろうが、根拠をもってなにかを主張したのであれば、それは吟味されるに値するし、真であったり偽であったりしうる。

24

子貢がたずねる「たった一言で死ぬまでやってゆけるような言葉はありましょうか」。
「それだったら、おもいやりだな。自分がされたくないことは他人にもしてはならない」。

子貢問うて曰く、一言にして以て終身之を行なう可き者有りや。子曰く、其れ恕か。己の欲せざる所は人に施すこと勿かれ。

孔子のいう「おもいやり」とは、他人の身になって考えるということである。他人の身になってみれば、自分のされたくないことを他人にしたりできないだろう。おのれの本色を大事にするように、ひとの本色をも尊重すべし。

孔子は「己の欲せざる所は人に施すこと勿かれ」という。自分がされたくないことは他人にもしちゃいかん、と。イエスは「凡て人に為られんと思ふことは、人にも亦その如くせよ」（『マタイ伝福音書』第七章）という。自分がしてほしいことは他人にもしてやんなさい、と。言葉づらを見るかぎり、孔子はひどく消極的で、イエスはえらく積極的である。

孔子は「己の欲する所を人に施せ」とはいわない。なにかを「しない」のは無難だが、なにかを「する」のは剣呑である。自分のしてほしいことを他人にもすることは一般化できない（自分のしてほしいことを他人もしてほしいとはかぎらない）。

「自分のしてほしくないことをされないために他人にもそれをしないと約束する」という社会契約説にはさしあたり反駁しにくい。おたがい「しない」と断念することは等価だから、この契約をむすぶことに抵抗はすくない。とはいえ「自分がイヤだとおもうことは他人もイヤだとおもうにちがいない」というのは身勝手である。そうすれば失敗せずにすむだろうが、なんとなく事なかれ主義のような気もする。自分が欲しないことには「される」のを欲しないことと「する」のを欲しないことがある。「己の欲せざる所」を「自分のやられたくないこと」と受動的にとらえるか「自分のやりたくないこと」と能動的にとらえるか、どっちだろう？

ぼくの感覚でいうと、「する」のを欲しないことには、当然「しない」だろうという前提があるような気がする。たしかに自己欺瞞ということはあるし、「したくもない」ことをしてしまうこともありうるが、孔子はそういうことを想定していないとおもう。たとえば、ひとをイジメることはしない。自分がそれを欲しないからである。欲しないことをしないのは当然である。

むしろ問題は「される」のを欲しないことをすることのほうである。自分がイジメられるのはイヤなくせに他人をイジメたがる。そういうことはありがちである。それはダメだよと孔子はいうのかもしれない。そう考えれば「自分がされたくないことは他人にもするな」という読みでよいことになる。

「なにかをするのはそれを欲するからであって、欲しないことをすることはない。欲しないことをイヤイヤながらしているように見えても、じつはそれを欲しているからしているのだ」という前提が『論語』にはあるのかもしれない。そういう立場にたてば、自分がするのを欲しないことを他者にする可能性は、はなから排除されてしまって、されることを欲しないことを他人にするなという解釈だけがのこる。しかしながら、ひとはホントに自分が欲することだけをしているのだろうか？

25

わたくしはひとにたいしてむやみにホメたり、みだりにケナしたりはしない。もっとも、ホメるところがあれば、ためしにホメてやればよい。いまの人間だろうが、むかしの人間だろうが、ホメるべきところをホメてやれば、まっすぐにのびてゆくものだ。

子曰く、吾れの人に於けるや、誰をか毀り、誰をか誉めん。如し誉むる所の者有らば、其れ試みる所有るなり。斯の民や、三代の直道にして行なう所以なり。

いにしえのよき時代には、やたらとホメたり、むやみにケナしたりして人心をあやつらずとも、あるがままにほうっておくだけでなんの問題もなかった。いまの濁世を生きるものだってその子孫なんだから、本質的にちがいはないはずである。ホメるべきはホメ、ケナすべきはケナす、というやりかたが通用しないわけはない。

「ホメるところがあれば」とは、然るべき理由があるからホメるっていうことである。ひとは根拠もなしにホメられたいとはおもわない。つづく「ためしにホメてやればよい」は、ホメるに値するかどうかチェックしてからホメるということではない。どうなるかは見当もつかないけど背中を押してやったらおのれの本色をあらわせそうな気がするからホメてやるのである。「ためしにホメてみて、うまくいったらもっとホメてやれ」といっているのである。ホメてやるほうがよいとおもうからホメるのである。結果を見てからホメるのだったらだれにでもできる。

26

かつての記録係はハッキリしないところは空白にしておいたものである。馬をもったものはひとに貸して調教してもらったという。いまではとんとお目にかかれない。

子曰く、吾れは猶(な)お史(し)の文を闕(か)くに及べり。馬有る者は人に借して之(これ)に乗らしむ。今は則(すなわ)ち亡きかな。

なんでも自力でこなせるひとがいる。なんでも自力でこなせると、ひょっとすると他人を寄せつけなくしているかもしれない。おのれの本色からはずれたことは、それが得意なひとに頼ればよい。それぞれ足りないところをおぎなうべく、たがいに頼りあえばよい。それはおのれの本色を自覚したものどうしの特権である。

優秀なひとほど「自分はけっして万能ではない」という当たり前のことを忘れがちである。「天はみずから助くるものを助く」と自力でガンバろうとする。他人だってそこそこ優秀なのにねえ。自分ひとりの力でどうにかできることなんて、いったいどれくらいあるのだろう。あらためて考えてみると、大半のことは自分の力ではどうすることもできない。

他人に頼ることはわるいことではない。ただ、頼っていながら、それを自覚していないのはわるい。「きみって他力本願だなあ」といわれたとしたら、それは他人に頼っていることが非難されているわけじゃなくて、頼っていることを自覚していないことが非難されているのである。

27

子曰く、巧言は徳を乱る。小、忍びざれば則ち大謀を乱る。

口からでまかせにしゃべっていると、なにが正しいかわからなくなる。ちっちゃいことをガマンできないと、でっかいことができなくなる。

さいな一言であっても、それは自分の口がいったのである。ちっちゃな行為であっても、それは自分の身がやったのである。たとえ小さなことであろうとも、自分のしわざであるという意味において、すでに大きなことである。

ぼくはこれまで一度もウソをついたことがない（といえばウソになる）。正直にいうと、ウソをつくのは年に一、二回くらいである（ウソつきにかぎって「正直にいうと」というのである）。

ウソがすべて禁じられてしまったら人間関係はたちまちギクシャクする。メタボ気味のぼくが服をえらんでいるとき、店員が寄ってきて「ダイエットしてから出直してください」といったら、「正直なひとだなあ」とはおもうが、やっぱりムッとするだろう。正しい指摘は、それが正しければ正しいほど、いわれたほうは傷つく。

ウソというものは俗世間をわたってゆくための潤滑油である。感じたとおりを露骨にあらわすと一切がおじゃんになってしまうとき、ちっちゃいウソを上手につけることはオトナとして心得るべき処世術である。生まれたばかりの赤ん坊を見せられたら、しなびたサルみたいだなあとおもっても、「目がパッチリしてて可愛いですね」とお愛想をいわねばならない。俗世間では真実よりも人間関係のほうが大事なのである。

28

みんながダメだといっても、ホントにそうか自分で考え、みんながOKだといっても、ホントにそうか自分で考えなさい。

子曰く、衆之を悪むも必ず察し、衆之を好むも必ず察せよ。

時流に乗りそこねると置いてけぼりになる。かといって時流に乗りすぎると流されてしまう。世渡り上手を見ているとちょいちょい乗り換えている。ぼくも乗り換えたいのだが、時の流れは目に見えないから乗り換えようがない。で、時ではなく人を見て、その流れに乗ろうとすると、溺れそうになったりする。

多数派の意見が正しいとはかぎらない。かりに正しくたって、自分がそれにしたがわねばならないという義理はない。時流にしたがわないことによって生じる苦しみは自分で引き受ければよい。世間の評判に流されず、自分の目でたしかめる手間をはぶかないというのは、とても大事なことである。

だれだって最初のうちは世間の評判を頼りにせざるをえない。すでに評価のさだまった古典を味わうということは大事である。そうやって見る目や聴く耳をつちかってゆけばよい。やがて好きなものを好きなように味わえるようになる。べつに目利きになるわけじゃない。自分の「好み」をもつにいたるのである。

クラシックと称するものはしばしば伝統的な様式をそなえている。その気の遠くなるような時間をかけて練りあげられたスタイルは、いつのまにか定番になる。いったん定番になってしまえば、それは観念的な価値をもちはじめる。

いかにも「あたしオシャレでしょ」といういでたちを見て「オシャレだね」と感心すると、妻は「あれって定番よ」という（あからさまで恥ずかしいといったニュアンスで）。ぼくは「ふうん」と感心する。が、よく考えてみると、なにが定番であるかを知っている妻はやたらと流行にくわしいのである。流行のことを十分にわきまえつつ「あたしは流行なんかにふりまわされないわ」といっている。真の定番というものはじつは流行とはむすびつかないのかもしれない。

29

人間が道理をおこなうのである。道理が人間をつくるのではない。

子曰く、人、能く道を弘む。道、人を弘むるに非ず。

優しさは、人間がそれをおこなわないうちは、ただのお題目にすぎない。優しさはあくまでも人間が実践するものであって、優しさそのものが自己実現するなんていうことはない。人間が道理をして道理たらしめるのであって、道理が人間をして人間たらしめるということはない。

耳学問によれば、マルクス主義というのは「イデオロギーがあって、それが人間を立派にする」という発想である。歴史の法則にしたがって生きることによって立派になる、と。だとすると孔子とは逆だよなあ。孔子と共産主義とは相容れないのかもしれない。

歴史の法則にしたがわないと必然的にほろびることになる。道理が勝つわけである。しかし必然的に勝つほうに味方するっていうのは天邪鬼には耐えがたかったりする。ほろびの美学に酔ってみたい気もする。

「生きている意味はなにか」というのは問わずもがなの問いである。そういう無益な問いを愚直かつ不断に問いつづけるという生きかたは、もはや理屈ではささえきれない。それは生身（なまみ）の人間が「人間が道理をおこなうのだ」と自分の人生を創造してゆくことである。

「生きている意味はなにか」という問いにおける「意味」とはなんだろうか。この問いに答えはない。問いに答えようとすることが生きてゆく意味にほかならない。生きる意味は生きているという当の出来事のなかにだけ見いだされる。

「生きている意味とはなにか」という愚問にあえて答えようとすれば、その問いがどんな場面で発せられるかを考えることにならざるをえない。その問いを発することがピッタリくるのは、「だれか特定の他人にとってのかけがえのない他人として存在している」というかたちでみずからの現実の出来事が実感されるときだろう。親が子をいつくしみ、子が親をうやまうように、だれかにとってのかけがえのない他人として生きているとき、はじめて「人間が道理をおこなう」という生きかたがかなう。

30

ミスをしたのにあらためない、それが真のミスである。

子曰く、過（あやま）ちて改めず、是（これ）を過ちと謂（い）う。

「どうしてミスしちゃったんだろう」とクヨクヨしてもあとの祭りだし、「もしミスしたらどうしよう」とビクビクするのもとりこし苦労である。人生にミスはつきものである。ミスしたとき、ミスに気づきながらあくまでもゴリ押しすると、そこにおいてミスが完成する。ミスに気づいていさぎよくあらためることができれば、ことがらはミスまでゆかない。ミスをおかすことよりもミスをあらためないことのほうが由々しきミスである。

孔子は「知っていることは知っているとし、知らないことは知らないとする、これがホントに知るということだ」（為政17）という。「ミスをしたのにあらためない、それが真のミスである」というのも似たような仔細である。ミスとミスでないこととを分別しないこと、それをミスという。「自分のほうに見そこないがあれば、グズグズせずにあらためるべし」（学而8）といわれても、ミスとミスでないこととを分別しないとあらためることもできない。

一所懸命にやったのにミスするのは仕方がない。だから恥じる必要はない。ただしミスしたのは事実なんだから、ごまかしてはいけない。ミスは、ごまかすものではなく、直視すべきものである。ミスを直視する勇気のないものがごまかすのである。

ミスの自覚のないものに救いはない。自分はわかっているとおもっているものは、じつはわかっていない。自分はわかっているとおもっていることが深刻なミスである。

31

子曰く、吾れ嘗て終日食らわず、終夜寝ねず、以て思うも益無し。学ぶに如かざるなり。

一日中一食もとらず、一晩中一睡もせず、ひたすら思索にふけってみたが、まるでムダだった。（本を読むなど）先人に学ぶに越したことはない。

自分ひとりでは自分はかたちづくられない。自分をみとめてくれる他者が必要である。だれとも没交渉で、ひとりっきりで自分を律するというストイックな生きかたもあるだろうが、それはさびしい（から、ながつづきしない）。他者に理解され、他者を理解するためには、「思」うだけではダメで、せっせと「学」ばねばならない。

まんじりともせず思索にふけってみても、下手の考え休むに似たりとなるのが関の山である。なにか特別なことをなにか特殊なやりかたでやろうとするのは、ひどく功をあせっている。すぐれた他者の声に耳をかたむけてみよう。たとえば本を読むとかして。

ある学生に「もうちょっと本を読んだら」と教師づらをしていったら、「ボクは他人から影響を受けたくないので、なるべく本は読まないようにしてるんです」といわれ、すぐには言葉がかえせなかった。自分のなすべきことを自分の力で見つけるというのは立派である（そんなことが可能ならばだが）。そういう自力路線は、負けずギライですんでいるうちはよいが、ヘンに自尊心がつのってくると厄介である。

自分が相手よりも優れていることを確認しないと気がすまなくなり、やがて他人にたいして自分をひけらかすようになりかねない。

32

諸君、ただ道理のみをもとめ、食い扶持はもとめないようになさい。田畑をたがやしても（饑饉などで）食いっぱぐれることはある。学問にうちこんでいれば食うことはついてくる。諸君、ひたすら道理をもとめ、貧しさは気にかけないことだ。

子曰く、君子は道を謀るも食を謀らず。耕すも餒は其の中に在り。学べば禄は其の中に在り。君子は道を憂えて貧しきを憂えず。

稼ぐのと学ぶのとはちがう。ひとは食うために稼ぐ。だから「はたらけど　はたらけど猶わが生活楽にならざり　ぢつと手を見る」（石川啄木『一握の砂』）ということはある。ところがひとは学ぶこと自体を楽しむことができる。

先輩にいわれたことがある。「好きなだけでは食ってゆけない？　それはちがう。たいして好きじゃないから食ってゆけるレベルに到達できないんだ。食うことを忘れるくらい好きなことをやっていれば、かならず食ってゆけるようになる」。

33

賢さによって（地位を）ゲットしても、優しさによってキープするのでなければ、かならずうしなうことになる。賢さによってゲットし優しさによってキープしても、リラックスしていなければ、ひとはリスペクトしてくれない。賢さによってゲットし優しさによってキープしリラックスしていても、ふるまいにオネスティがなければ、けっしてパーフェクトとはいえない。

子曰く、知之に及べども、仁之を守ること能わざれば、之を得と雖も必ず之を失う。知之に及び、仁能く之を守れども、荘以て之に涖まざれば、則ち民敬せず。知之に及び、仁能く之を守り、荘以て之に涖めども、之を動かすに礼を以てせざれば、未だ善ならざるなり。

ひとの上にたつには賢さが要り、その地位をたもつには優しさが要り、ひとに敬意をはらってもらうにはおだやかな雰囲気が要り、さらに万人にみとめられるには誠実さを体現していなければならない。やれやれ、ひとの上にたつのも楽じゃない。ぼくとは住んでいる世界がちがうっていう感じである。そんな無理っぽいことに血道をあげるくらいなら、おのれの本色をまっとうするべくつとめていよう。

34

浮き世ばなれした人間は、小さな見方ではその真価はわからないが、じつは大きな恩恵をほどこしている。世故にたけた人間は、大きな利益をもたらしはしないが、そのかわり小さな見方でもその長所がわかる。

子曰く、君子は小知す可からずして大受す可し。小人は大受す可からずして小知す可し。

大局観のある人間は、部分にとらわれることなく全体をながめることができる。そのかわり部分の折衝には意外と無頓着だったりする。目端のきく人間は、全体にまどわされることなく部分をソツなくこなす。そのかわり全体の状況には目がゆきとどかない。優劣をあげつらってみても詮ないことである。それぞれ本色をまっとうしておればよい。

どう転んでも「世故にたけた人間」にはなれっこないんだから、せめて「浮き世ばなれした人間」になりたい。細かいところではミスをやらかしているけど、大局的なところでは的をはずしていない。どうでもよいことには無頓着だが、ここぞというポイントは押さえている（しかも本人に押さえているという意識はない）。器が大きいというか、一寸見には抜けているようで、けっこう頼りになったりする。

めだたないんだけど、かれがいなくなると、すきま風が吹くような感じがする。かれが「いる」というだけで、なんとなく大丈夫のような気にさせてくれる。そういう人物は、さほど役にたっていないように見えて、じつは知らないうちに豊かなものをもたらしている。

35

優しいことのほうが水や火よりも大切である。水や火のせいで死ぬものはあるが、優しさのせいで死ぬものはない。

子曰く、民の仁に於ける(お)や、水火よりも甚だ(はなは)し。水火は吾れ(わ)蹈み(ふ)て死する者を見る。未だ(いま)仁を蹈みて死する者を見ざるなり。

揚げ足をとるようだけど、水や火は多すぎればあぶないが、優しさが多すぎてもあぶないことはないっって、ホントにそうだろうか？　人情にガンジガラメになって生きかたをしくじることって意外と多いような気もする。しかも水や火なら用心することもできるが、優しさとなると注意のしようがない。水や火よりもむしろ優しさのほうがよほど危険っていうことはないかなあ。

綱吉の「生類憐れみの令」じゃないが、思想そのものはすばらしくても、ひとつ歯車がくるうとどえらい失政になってしまう。善意にあふれた愚かものほど始末におえないものはない。善人は「よいこと」をするのが好きである（しばしば相手の都合もおかまいなしに）。いい加減に「よいこと」をするのはむつかしい。しているほうも、されているほうも、やめるタイミングを見うしなったりする。

36

相手の身になって考えることにかんしては先生にだって先をゆずるにはおよばない。

子曰く、仁に当たりては師にも譲らず。

相手の身になって考えることはトップ・プライオリティーだから、そのことに遠慮は要らない。しかも教師とはひとに愛情をもつことが本色であるような人間であるから、教え子がひとに優しくなれるためにならよろこんで道をゆずる。

学問は宗教ではないし、教師は教祖ではない。教師のいうことを鵜呑みにしちゃいけない。いくら教師が偉大であっても、やみくもに帰依してはならない。つねに批判精神をもっているべし。教師のいうとおりにハイハイとうなづいているようじゃ見込みはない。「しょせん独立独歩せざるをえない」という覚悟で教師にぶつかってゆく学生のみが、教師の助けをうまく使って、おのれの限界を乗り越えてゆける。

ぼくは自分の考えを学生に押しつけることはしない。あえて批判の余地のある考えを披瀝し、かれらの批判能力を養うようにつとめている（裏で「山ちゃん、ボケてる」などといっている学生はぼくの親心がわかっていないのである）。

37

子曰く、君子は貞にして諒ならず。

道理をわきまえた人間は、かけがえのない正義にはしたがうが、ちっぽけな義理にはとらわれない。

ものごとにはプライオリティーがある。こころに優しさをもつことのほうが、浮き世の義理をはたすことよりも、はるかに大事である。

大事なことは、ホントに大事なものを大事にすることである。ただしホントに大事なものは、なにげない風情でたたずんでいる。あまりにも自然なのでつい看過ごしてしまう（あたかも名優の演技が芝居であることを忘れさせるように）。見せかけの価値にくらまされてホントに大事なものをないがしろにすると、世のなかにニセモノをはびこらせる片棒をかつぐことになる。

38

子曰く、君に事えては、其の事を敬みて、其の食を後にす。

やるべきことを抜かりなくやり、ギャラのことは気にかけない。

ものごとにはプライオリティーがある。やるべきことをやることのほうが金をもうけることよりも、ずっと大事である。

どういう仕事をしているかは、本人の力量とはかならずしも一致しない。「オレは一流の才能があるんだ」と自負し、「こんな二流の待遇のところでやってられるかよ」と不平たらたらの人間がいる。ぼくは三流の才能しかもちあわせないが、そういう一流のひとの気持はわからんでもない。なまじ一流なもんだから、どうしても高望みせざるをえないんだろうねえ。「ここらで手を打っとこうか」という気分になりづらいんだろうなあ。ふむ。一流の諸君に申しあげたい。「二流の職場にあって一流の仕事をしよう」という発想になってみちゃどうだろう。それができたら「きみは超一流だ」とホメてあげよう(三流にホメられてもうれしくないだろうが)。

39

――生きかたの差異はあっても、生まれの差別はない。

――子曰く、教え有りて類無し。

ものごとにはプライオリティーがある。学ぶよろこびを知ることのほうが、ひとに勝つことよりも、よっぽど大事である。

学校は「勝ってナンボ」という競争の場ではない。「ガリ勉して、なるべく有名な学校へゆけ」と追いたてたりすると、子どもはどんどん学ぶよろこびから遠ざかる。いったいテストによって優劣を査定してなにをしたいのだろう。競争力のある子どもに集中的に投資するために落ちこぼれを排除したいのだろうか。みみっちく競争させなければ開花したはずの個性的な才能がスポイルされてしまうとしたら、もったいない話である。合格率がどうの偏差値がこうのと尻をたたいている学校は、子どもがその個性的なポテンシャルを開花させることを制度的にジャマしている。

教えかたによって善くも悪くもなるのであって、教えられるほうに善悪の種類がさだまっているわけではない。とはいえ人間の能力には差があるというのも厳然たる事実である。孔子も「中級以上のものには上級のことを教えてもよい。中級以下のものには上級のことを教えてはならない」（雍也21）といっていた。してみると、ここでいう「類無し」とはホントに種類による差別がないという意味なのだろうか？　そうではなく、教育においては貴賤の別という身分のちがいは問題にならないということじゃないだろうか。この孔子の言葉は、「教育はすべからく万人にひらかれているべきである」という教育の機会均等の理念をうたったものとして読んでみたい。

「類」とは似通ったものをひとくくりにしたグループである。そういう似たもののあつまりだけに教育するのではなく、「束脩（そくしゅう）」をもってきたものには例外なく教え（述而7）、「互郷」の子どもにも教えたように（述而28）、教師としての孔子は学びたいと欲するものには分けへだてなく教えてやった。

40

それぞれ立場がちがえば、全部をいっしょにやろうとするのは無理だ。

子曰く、道同じからざれば、相(あい)為(ため)に謀(はか)らず。

ものごとには各人なりのプライオリティーがある。自分には大事であっても、他人にも大事であるとはかぎらない。おのれの本色をおのおの生きてゆけばよい。

ちがう人間どうしだからこそ、そこに関係が生まれる。関係の項の変化によって、関係そのものが変化する。関係が最後まで「いっしょ」でありつづけることはできない。豊かな関係であればあるほど、いつまでもおなじ関係にとどまっていることはできない。だからこそ関係の項どうしが他項をおもいやりつつ全体の変化を味わうということが可能でありうる。

教えるものと教えられるものとがいっしょに教育を成りたたせている。片方を欠(か)いたら教育は成りたたない。しかし教育がうまくゆけばゆくほど、やがてその関係は解消されることになる。まったく絶縁するというのではない。別の次元における関係がむすばれる。

教師の役目のひとつに、学生を学びへとみちびく呼び水になるということがある。学んでいない状態から学びはじめる状態になるまでのほんの短いあいだ呼び水は活躍する。学びはじめてしまえば呼び水がはたらいたことは忘れられてしまう。いつまでも記憶にこびりついているよりも、なにかの呼び水になったらあとは忘れられてしまうほうがよい。それが教師の本色である。

41

――言葉は通じればよい。

――子曰く、辞は達するのみ。

「なにもかもいっしょにやろうとするのは無理だ」といったかとおもうと「言葉はなにかが伝わりさえすればよい」という。「上手ないいまわしはいらない」とペシミスティックにつぶやいているのだとはおもうが、それと同時に「おのおのの本色というものは言葉にならないけれども、あえて語ってみればなにがしかは伝わるものだよ」とオプティミスティックにうながしているような気もする。

「言葉は通じればよい」の対偶をとれば「通じないものは言葉じゃない」ということになる。平たくいえば「言葉は通じてナンボ」「わかりやすくいえ」「わからんことはいうな」ということである。なるほど言葉は通じてナンボだが、多少はわからんところのあったほうが深みがあるってこともあるだろう。

42

――盲目の楽師の冕があいにきたとき、階段のところまでくると先生

――師冕見ゆ。階に及べり。子曰く、

は「階段ですよ」といい、座席のところまでくると「座席ですよ」という。一同が坐ると「だれそれはここにおりますし、だれそれはここにおります」という。

師冕（しべん）が退出すると、子張（しちょう）がたずねる「ああするのが盲目の楽師と語るときの作法なのでしょうか」。

「そうだね。語るときというより、助けてあげるときだけどね」。

階なり。席に及べり。子曰く、席なり。皆な坐す。子之（これ）に告げて曰く、某（ぼう）は斯（ここ）に在り、某は斯に在り。師冕出（い）づ。子張問いて曰く、師と言うの道か。子曰く、然（しか）り。固（もと）より師を相（たす）くるの道なり。

子張の「師と言うの道か」という問いに、孔子は「師を相（たす）くるの道なり」と答えている。「語る（言）」をさりげなく「助ける（相）」に変えているところがミソである。ハンディのあるひとの介添えをするときには、作法かどうかはさておき、自然と優しくしてあげたくなる。それが孔子というひとの「こころ」のありかたである。

この「盲目の楽師」を老人に置き換えて読みたくなる（それはぼくが老いたからだろう）。老人はなにはなくとも「ながく生きてきた」という事実だけはもっている。謙虚に教えを乞うなら、きっと大切なことを教えてくれるはずである。

ちなみに老人は（ぼくがそうだから自信をもっていうが）ただ老いているという理由のみでうやまわれるに値する。偉いひとや強いひとを尊敬するなんていうのはだれでもできる。そういうセコい料簡ではなく、老人を「ただ老いているがゆえに問答無用で尊敬する」というふうでありたい。財産、権力、学識、技芸、美貌などは、それがあるという理由だけで十分にうやまわれるに値する。どうして年齢だけが例外でありえようか。

「ちがいのわかる男」というCMがあった。よほど中途半端なオトナでないと、ちがいがわかるなんていう錯覚はもてない。子どもはちがいがわからない。「わからない」という真実のありかたを気持よく体現している。年寄りもちがいがわからない。「わからない」ということがわかるようになるまで何十年もかかったのである。

子どもや年寄りはどちらも単独では生きられない。ひとの世話を受けるというかたちでしかその存在をたもてない。だがよく考えてみると、だれもみなだれかの世話を受けるというかたちでしか生きられない。この道理を子どもと年寄りとは端的にあらわしている。子どもという来た道と、老人という行く道とは、どっちもかけがえのない人間のありかたである。子どもをいたわるように老人をうやまうべし。

季氏第十六

社会人として心得るべきこと

1

魯の季孫氏が近隣の顓臾を攻めようとする。（季孫氏につかえる）冉有と子路とにそのことを告げられて、「冉有よ、バカなことをしでかそうとしとるんじゃないか。そもそも顓臾はかつて先王が東蒙山の祭主とした由緒正しい国であり、おまけに魯の領地のなかにある。魯を宗主とする譜代の国をなんで攻めたりするのか」。

「季孫氏の意向であって、われら両名は望んでおりません」。

「冉有よ、力をつくして任にあたり、ダメだったら職を辞する、と歴史家の周任はいった。あやうくてもささえず、転んでも助

季子、将に顓臾を伐たんとす。冉有、季路、孔子に見えて曰く、季氏、将に顓臾に事有らんとす。孔子曰く、求、乃ち爾是れ過つこと無きか。夫れ顓臾は、昔者、先王以て東蒙の主と為し、且つ邦域の中に在り。是れ社稷の臣なり。何ぞ以て伐つことを為さん。冉有曰く、夫の子之を欲す。吾れら二臣は皆な欲せざるなり。孔子曰く、求、

けないのでは、そんな補佐役はいらん。心得ちがいもはなはだしい。猛獣が檻から逃げだし、宝物が箱のなかで壊れたら、だれの落ち度かな」。

「いまや顓臾はそなえを固めつつあり（おまけに季孫氏の所領の）費に近接しております。いまのうちに討っておかねば、のちのち頭痛のタネとなりましょう」。

「冉有よ、ほしいのにほしいといわず、なんだかんだと口実をもうけることを、まともな人間は恥じる。国や家をつかさどるものは、不足することよりも不平等であることを気にかけ、貧しいことよりも安らかでないことを気にかけるものだ。不平等がなくなれば貧しさもなくなり、安らかであれば不足することもなくなり、落ち着いていれば騒ぎが起こることもない。遠くのもの（である顓臾）が帰順してこないなら、（武力ではなく）文化によってつきあって、慕ってくれれば安全を保障してやればよい。おまえたちは季氏を補佐すべき身でありながら、遠くのものを帰順させ、慕ってこさせることもできん。国がバラバラになりそうなのに手をう

周任に言有り。曰く、力を陳べて列に就き、能わざれば止むと。危うくして持せず、顚って扶けずんば、則ち将た焉くんぞ彼の相を用いん。且つ爾が言は過てり。虎兕の柙より出で、亀玉の櫝中に毀るれば、是れ誰の過ちぞや。冉有曰く、今夫れ顓臾は固くして費に近し。今取らずんば、後世に必ず子孫の憂いと為らん。孔子曰く、求、君子は夫の之を欲すと曰うを舎きて必ず之が辞を為すことを疾む。丘や聞く、国を有ち家を有つ者は、寡きを患えずして均しからざるを患え、貧しきを患えずして安からざるを患う。蓋し均しければ貧しきこと無く、和すれば寡きこと無く、安ければ傾くこと無し。夫れ是の如し、故に遠人服せざれば則ち文徳を

つこともできん。それどころか国内において事を起こそうとしておる。魯の災いのタネは顓臾にではなくむしろお膝元にありゃせんかと心配だ」。

脩めて以て之を来たし、既に之を来たせば則ち之を安んず。今由と求と、夫の子を相け、遠人服せずして而も来たすこと能わざるなり。邦、文崩離析すれども守ること能わざるなり。而して干戈を邦内に動かさんことを謀る。吾れ恐る、季孫の憂いは顓臾に在らずして蕭墻の内に在らんことを。

季氏が顓臾を攻めようとする。孔子に「ダメじゃないか。おまえらがシッカリせんからだ」と責められ、冉有は「ホントはやりたくないんですけど、親分がどうしてもやるっていうもんですから」と弁明する。しかし冉有、じつは自分がやりたいとおもっている。で、うっかり「いまのうちに討っておかないとあとあと面倒ですから」と本音がポロリ。語るに落ちるってやつである。

「獅子身中の虫」とは「内部にいて恩恵をうけながら、害をなすもののたとえ」（『広辞苑』第七版）である。真の敵はしばしば自分のなかにいる。自分のなかにいる敵には気づきにくい。

2

天下に道理があるとき文化的・軍事的な営みは天子からはじまる。天下に道理がないとき文化的・軍事的な営みは諸侯からはじまる。ものごとが諸侯からはじまると十代のうちに失敗しないものは稀である。ものごとが大夫からはじまると五代のうちに失敗しないものは稀である。大夫の家臣が国権をとりしきると三代のうちに失敗しないものは稀である。天下に道理があるとき政治が大夫の手に落ちることはない。天下に道理があるとき庶民は政治の批判をしない。

孔子曰く、天下道有らば、則ち礼楽征伐、天子より出づ。天下道無ければ、則ち礼楽征伐、諸侯より出づ。諸侯より出づれば、蓋し十世にして失わざること希し。大夫より出づれば、五世にして失わざること希し。陪臣、国命を執れば、三世にして失わざること希し。天下道有らば、則ち政は大夫に在らず。天下道有れば、則ち庶人は議せず。

上にたつものの料簡がキナ臭くなると、世のなかはいつしか暴走しはじめる。諸悪の元凶はしばしば自分の上にいる。自分の上にいる悪には手がつけられない。

さほど遠くない過去、わが国も似たようなことを経験した。ものごとが軍部からはじまるようになれば、もはや世も末、庶民がご政道に口出しすることもならず、その国はほろびる。

3

爵禄をあたえる権力が魯の君の手をはなれて五代になる。政治の実権が大夫の手にうつってから四代になる。だからあの三桓の子孫もおとろえたのだ。

孔子曰く、禄の公室を去ること五世。政の大夫に逮ぶこと四世。故に夫の三桓の子孫は微えたり。

ひ　きつづきヒエラルキーのみだれをなげいている。だれが権力をにぎるかによって組織は生きもすれば死にもする。上にたつもののデキがわるい組織はいきおい下克上をゆるすことになる。組織がたちゆくかどうかは組織が自浄作用をもつかどうかにかかっている。

つくづく組織は「人間」である。どういう人間が実権をもつかによって組織は生きもすれば死にもする。政治もまた「人事」である。上にたつものが人事権を手ばなすと政治はおかしくなる。政治がおかしくなると世のなか全体がおかしくなる。

4

有益な友人には三種あり、有害な友人にも三種ある。誠実なもの、賢明なもの、博学なもの、これが有益な友。カッコをつけるやつ、

孔子曰く、益者三友、損者三友。直きを友とし、諒を友とし、多

聞を友とするは、益なり。便辟を友とし、善柔を友とし、便佞を友とするは、損なり。

すぐ流されるやつ、口先だけのやつ、これは有害な友。

読んで字のごとし。で、すませようかともおもったが、ご参考までに『徒然草』第百十七段をひいておく。

友とするに悪き者、七つあり。一つには、高く、やんごとなき人。二つには、若き人。三つには、病無く、身強き人。四つには、酒を好む人。五つには、猛く、勇める兵。六つには、空言する人。七つには、欲深き人。

よき友、三つ、有り。一つには、物呉るる友。二つには、医師。三つには、智恵ある友。

友とするにふさわしくないのは「高貴なお方・若いやつ・病気をしたことのない頑丈なもの・酒好き・乱暴で勇敢な武士・ウソつき・欲張り」。友とすべきなのは「気前のよいひと・医者・頭のよいひと」。ふむ。孔子にくらべて兼好法師はひどく現実的である。かつて読んだときには「なるほど」と感心したおぼえがある。この歳になって読みかえしてみるとほとんど共感できないことにおどろく。

5

有益な娯楽には三種あり、有害な娯楽にも三種ある。礼儀や音楽のように節度をもってふるまうことを楽しみ、ひとの美点をホメることを楽しみ、すぐれた友人の多いことを楽しむのは、有益。贅沢にはしり、怠惰にふけり、享楽におぼれるのは、有害。

孔子曰く、益者三楽、損者三楽。礼楽を節するを楽しみ、人の善を道(い)うを楽しみ、賢友多きを楽しむは、益なり。驕楽(きょうらく)を楽しみ、佚遊(いつゆう)を楽しみ、宴楽(えんらく)を楽しむは、損なり。

楽しく、しかもプラスになるのが、有益な娯楽。そのときは楽しいけど、けっきょくマイナスになるのが、有害な娯楽。

6

目上のひとに接するとき、やってはならない落ち度が三つある。語るべきじゃないのに語る。これは軽率。語るべきなのに語らない。これは陰険。相手の気持をおもんぱからずに語る。これは無神経。

孔子曰く、君子に侍(じ)するに三愆(けん)有り。言未(いま)だ之(これ)に及ばずして言う、之を躁(そう)と謂(い)う。言之に及びて言わざる、之を隠と謂う。未だ顔色を見ずして言う、之を瞽(こ)

——と謂う。

相手がいまそれをしゃべろうとしていることを察していながら、ひょいと先まわりしてしゃべってしまう。しゃべりたいという自分の都合で軽はずみにしゃべると、相手がしゃべろうとする出鼻をくじくことになる。こういう自己顕示欲の旺盛なタイプは嫌われる。

たずねられてもムッツリとだまったまま自分からはしゃべろうとしない。口下手なのではない。しゃべったほうが相手のためによいと承知していながら、伏せておくほうが得策だとおもったら腹黒くだまっている。こういうタイプはしばしば謙虚なひとに見えたりするからよけい腹がたつ。

相手の気持ちを斟酌せず、その場の雰囲気にも頓着せず、しゃべり放題にしゃべりまくる。まわりの状況が見えていないのである。オッチョコチョイではあるが、まだ罪は軽いとおもう（自分がそうだからだろうか）。

語るべきじゃないのに語るのは節義に反する。語るべきなのに語らないのは信義に反する。そういう当為（べし）とおかまいなしに語りまくるのは、たんなるバカである。ウルサイことはウルサイが、ひとつ見のがしてほしい。

留意すべきことはたいてい自分のなかにある。遺憾ながら、自分のなかにあることは自覚しにくい。

7

歳相応に三段階の用心すべきことがある。若いときは情緒が不安定だから異性とのつきあいかたに注意せよ。壮年のころは血の気が多いから力づくのケンカ腰にならぬように注意せよ。老年になれば気力がおとろえてくるから欲望におぼれぬように注意せよ。

孔子曰く、君子に三戒有り。少き時は、血気未だ定まらざれば、之を戒むること色に在り。其の壮なるに及んでは、血気方に剛ければ、之を戒むること闘に在り。其の老ゆるに及んでは、血気既に衰うれば、之を戒むること得に在り。

若いころ頭のなかは異性のことでいっぱいだった。具体的な対象があるわけじゃない。漠然と「モテたいなあ」とおもっていた。もちろん現実は甘くなくて、とんとモテない。そういう飢餓状態にありつづけると、いざというときコントロールがきかなくなる。あとでおもえば「なんであんな」という色恋沙汰にのぼせあがったりする（若気の至りってやつ）。

若いときは欲望をコントロールできない。コントロールできるようなら世話はないわけで、それができないっていうのが、すなわち若いってことである。

働き盛りのころは、ひとに負けることを恐れる。「負けるが勝ち」とおもえるくらいの余裕がほしいものであるが、そうであれないというのが、つまり働き盛りということなんだろう。

歳をとるにつれ、みずからうごくことは不如意になるが、そのぶんあたえられることに欲深くなる。

そして見えすいたウソっぱちの「もうけ話」にたわいなくダマされたりする。

年寄りは欲も得もなく枯れきっているわけでもない。万事におとろえてきているもんだから、うしなってしまえばふたたび得ることはできないとおもってしまい、得たものをうしなうまいとする。

8

敬意をはらうべき三つのことがある。（人知を超えた）天命に敬意をはらい、（現に親炙しうる生身の）立派なひとに敬意をはらい、（古典にしるされた）聖人の言葉に敬意をはらう。愚かしい人間はおのれを超えるものにおもいがおよばず、敬意をはらうということを知らない。立派なひとになれなれしく接し、聖人の言葉をバカにする。

孔子曰く、君子に三畏有り。天命を畏れ、大人を畏れ、聖人の言を畏る。小人は天命を知らずして畏れざるなり。大人に狎れ、聖人の言を侮る。

くどいようだが、留意すべきことはたいてい自分のなかにある。ただ憾むらくは、自分のなかにあることは自覚しにくい。

せっかくの「天命・立派なひと・聖人の言葉」も、それを「わきまえず・なれなれしくし・あなどる」と、かえって害あるものになってしまう。有益と害毒とは表裏一体である。

子どものころから根気がなかった。地道にやるというのがとにかく苦手だった。われながら情けないが、ちょっとダメだといまでも簡単にあきらめてしまう。子どものころからルーズだった。いつも「ちゃんと片づけなさい」と叱られてばかりいた。いまだに「ちゃんと片づけて」と妻に叱られている。

よく効くクスリには副作用があるように、ものごとには裏と表とがある。たしかに根気はないけど、そのかわり執念ぶかくもない。じっさいルーズではあるが、そのぶん他人のルーズさにも寛容である。短所と長所とはこれまた裏表である。

9

生まれながらに知っているというのはすばらしい。ネジリ鉢巻で学んではじめて知るというのはまずまずだ。学ばなければならなくなってからようやく学びはじめるのもまだゆるせる。学ばねばならないのにちっとも学ぼうとしないのは箸にも棒にもかからない。

孔子曰く、生まれながらにして之を知る者は上なり。学びて之を知る者は次なり。困みて之を学ぶは又た其の次なり。困みて学ばざる、民斯を下と為す。

学ぶことにたいする姿勢によって人間が四つのランクに分けられている。「わたくしは生まれつき知識をもっているわけじゃない」（述而19）といっていたように、孔子は二番目のランクに属する。ぼくはせいぜい三番目かな。

生きていればしょっちゅうピンチにおちいる。それを打開するためには、なにはさておき「学ぶ」という姿勢をもつべきである。どうやって今日を食いつなごうかといったギリギリの瀬戸際にあれば「こんな腹ペコじゃとても学ぶなんてノンキなことはいってらんない」といいたくなるが、それは心得ちがいである。そういうときこそ、むしろ必死に学ぶべきである。学ぶべきときに学ぶかどうか、それを決めるのは自分である。みずからの内にある学ぼうという気持にみずから火をともすのである。

10

志あるものは九つのことをこころがける。見るときは明らかに見ようとし、聴くときは漏らさず聴こうとし、顔つきはおだやかであろうとし、態度はつつましくあろうとし、言葉は誠実であろうとし、行動は慎重であろうとし、疑問があれば教えを乞おうとし、腹がたてばのちの面倒をおもんぱかり、金がもうかりそうなときは正当かどうかを考える。

孔子曰く、君子に九思（きゅうし）有り。視（み）るには明を思い、聴くには聡（そう）を思い、色には温を思い、貌（かたち）には恭（きょう）を思い、言（げん）には忠を思い、事には敬を思い、疑わしきには問うを思い、忿（いか）りには難を思い、得（う）るを見ては義を思う。

11 読んで字のごとし。

善行を見れば置いてゆかれないように追いすがり、悪行を見れば熱湯にいれた手をひっこめるように遠ざかる。そういう人物を見たことはあるし、そういう話を聞いたこともある。世間からしりぞいて自分の生活をもとめ、正義をおこなって自分の理想をつらぬく。そういう話を聞いたことはあるが、そういう人物を見たことはない。

孔子曰く、善を見ては及ばざるが如くし、不善を見ては湯を探るが如くす。吾れ其の人を見、吾れ其の語を聞く。隠居して以て其の志を求め、義を行ないて以て其の道を達す。吾れ其の語を聞くも、未だ其の人を見ざるなり。

善をもとめ、悪をしりぞける。そういう人物はいる。俗世をはなれ、理想をもとめる。そういう人物はめったにいない。だったらせめて「善をもとめ、悪をしりぞける」という生きかたをめざすべし。善に追いすがるのも、悪から遠ざかるのも、それを身をもっておこなうかどうかを決めるのは自分である。みずからの内にある志をふるいたたせるのである。

これは持論なのだが、ぼくはガマンということを根底にすえるやりかたはダメだとおもっている。なにはともあれ楽しくなければならない。どんなに苦しいことも、それをやることが楽しくなければならない。「善をもとめ、悪をしりぞける」にあたっては、くれぐれもガンバらないようにしたい。

実力以上にガンバってしまうと、そのうち壁にぶつかる。もしそうなったら、あともどりしてみる。そして「この道ならいけそうだ」という安易なルートからでなおす。壁にぶつかったとき、マジメな人間ほど深刻に考えこむ。そして「せっかくここまできたんだから、なんとかここを突破しなきゃ」と壁にかじりつき、そのまま燃えつきてしまう。そんなに気負わないで、壁にぶつかったら、おもいきって大幅にバックしてみる。ちがった景色のところまでドーンとあともどりして、別の道からでなおしてみよう。すると楽勝のルートが見つかったりする。楽勝のルートってやつは、あらかじめ見えているとはかぎらない。

12

斉(せい)の景公(けいこう)は馬四千頭を有していた。没後その徳をたたえるものはいない。伯夷(はくい)と叔斉(しゆくせい)とは首陽山(しゆようざん)のふもとで餓死した。いまだにもてはやされている。(『詩経』小雅・我行其野の「富によるのではなく、それとは異なるものによる」という詩句の意味は)こういう

(誠に富を以(もっ)てせず、亦(ま)た祇(ただ)に異を以てす)。斉(せい)の景公、馬千駟(し)有り。死するの日、民徳として称する無し。伯夷(はくい)・叔斉(しゅくせい)、首陽(しゅよう)の下(もと)に餓(う)う。民今に到るま

ことだろうか。

で之を称す。其れ斯の謂いか。

生きていたときはあんなにチヤホヤされていたのに、死んだとたんにキレイさっぱり忘れられてしまう。その人格を愛されていたわけじゃなくて、その地位が重んぜられていただけっていうことである。ひとの値打ちは地位や財産ではなく生きかたで決まる。生きかたを決めるのは自分である。みずからの内にある信念をつらぬくのである。

13

子禽が伯魚にたずねる「なにか特別な教えを聴いておりますか」。

「べつになにも。ただ、いつだったか父がひとりでたっていて、わたくしが庭さきを小走りでとおりすぎようとすると、詩を学んだかと声をかけられました。まだですと答えると、詩を学ばないと他人としゃべれないよといわれました。そこで部屋にもどって詩を学びました。別の日、また父がひとりでたっていて、わたくしが庭さきを小走りでとおりすぎようとすると、礼を学んだかと声をかけられました。まだですと答えると、礼を学ばないと他人

陳亢、伯魚に問うて曰く、子も亦た異聞有りや。対えて曰く、未だし。嘗て独り立てり。鯉、趨りて庭を過ぐ。曰く、詩を学びたりや。対えて曰く、未だし。詩を学ばずんば、以て言う無し。鯉、退きて詩を学ぶ。他日又た独り立てり。鯉、趨りて庭を過ぐ。曰く、礼を学びたりや。対えて曰く、未だし。曰

とつきあえないよといわれました。そこで部屋にもどって礼を学びました。聴いたとすれば、この二つくらいでしょうか」。

陳亢は感に堪えず「一つのことを問うて三つのことを得た。詩が重要なこと、礼も必要なこと、そして先生はわが子を特別あつかいなさらないということを」。


く、礼を学ばずんば、以て立つ無し。鯉、退きて礼を学ぶ。斯の二者を聞けり。陳亢、退きて喜びて曰く、一を問いて三を得たり。詩を聞き、礼を聞き、又た君子の其の子を遠ざくるを聞けり。


伯魚は孔子の息子。名は鯉。孔子にさきだって死んだ。享年五十。

ひとりたたずんでいた父親は、あわただしく小走りでとおりすぎてゆくせがれの背に声をかける。詩を学んだか、礼を学んだか、と。なかなか絵画的な筆づかいである。情景が浮かんでくるようである。

二度の「趨りて庭を過ぐ」が気になる。いつも小走りだったようである。なにをそんなに急いでいたのかなあ。伯魚は目のまえのことを処理するだけで一杯一杯である。そのくせサクサクと処理している自分がけっこう好きだったりもする。そういう不肖の息子にたいして、生き急ぐなよ、と親父はいう。学問に王道はないよ、と。

いそがしく生きていると、詩や礼を学ぶといったことが、およそ不要不急のことのようにおもえてくる。そうやって渡世に追いまくられて本を読むことがひどく迂遠なことにおもえるようになるにつれ、こころが痩せほそってゆく。

14

諸侯の正妻を君主がよぶときは夫人という。夫人がみずから称するときは小童という。国民が国内でよぶときは君夫人という。外国にむかっていうときは寡小君という。外国のひとがよぶときは君夫人という。

邦君の妻、君、之を称して夫人と曰う。夫人自ら称して小童と曰う。邦人、之を称して君夫人と曰う。諸を異邦に称して寡小君と曰う。異邦の人、之を称して亦た君夫人と曰う。

諸侯の正妻をなんとよぶかはケース・バイ・ケース。当時すでに言葉のうえで「へりくだり」の概念があったというのは興味ぶかい。言葉づかいがマナーになっていたということである。

ちょっと一息

7

儒家では「聖人の書」である経典を重んずる。経とは、天下を織りなす縦糸であり、経典とは、いにしえより伝わる真理の書である。

もっとも尊重されるのが、『易』『書』『詩』『礼』『春秋』の「五経」である。これらは孔子が手づから編んで後世にのこした書物である。孔子は「述べて作らず」のひとだから、これらは孔子が自分の考えをつづったものではない。昔から伝わる聖人の書を孔子がととのえて後世にのこしたものである。

「五経」についで重視されるのが、『孝経』『論語』『孟子』『爾雅（じが）』である。これらは孔子の没後につくられた書だが、孔子の教えを正しく伝えているとされる。孔子の手をへていないから、これらは五経よりは下に位置づけられる。

「四書五経」というくくりかたがある。いきなり五経にとりつくのは難儀だから、『礼記（らいき）』のなかの「大学」「中庸」篇・『論語』・『孟子』、初学者はこの四つの書の勉強からはじめるのがよいとされる。「四書五経」とは学習の順序であって、四書のほうが五経よりも上なわけではない（孔子の手をとおっている五経のほうが位は上である）。

陽貨第十七

出処進退のあるべきありかた

1

陽貨が孔子に会見をもとめる。孔子はこばむ。（陽貨は一計を案じ、礼をいいに訪ねてこざるをえないように）孔子に豚を贈る。孔子は陽貨の留守をねらって礼をいいにゆく。（待ち伏せしていたのか）途中でバッタリでくわす。陽貨がいう「ちょうどよかった。たずねたいことがある。すぐれた能力をもっていながら国をみだれたままに捨ておく。人格者といえるだろうか」。

「いえますまいな」。

「政治に関心がありながら参政の機会をみすみすのがす。知識人といえるだろうか」。

陽貨、孔子を見んと欲す。孔子見えず。孔子に豚を帰る。孔子、其の亡きを時として往きて之を拝す。諸に塗に遇う。孔子に謂いて曰く、来たれ。予れ爾と言わん。曰く、其の宝を懐きて其の邦を迷わす。仁と謂うべきか。曰く、不可なり。事に従うを好みて亟しば時を失う。知と謂うべきか。曰く、不可なり。日月逝き、歳我れと与ならず。孔子

「いえますまいな」。
「歳月はひとを待ってくれないぞ」。
「いかにも。いずれご奉公いたすときもありましょう」。

曰く、諾。吾れ将に仕えんとす。

孔子の「いずれご奉公いたすときもありましょう」は、いわゆる遁辞である。その場しのぎの逃げ口上である。やるべきでないことはやるべきでない。やるべきでないことを無理にやらされそうなときは、二枚舌をつかってでも、とっとと逃げるべし。

漆雕開は「その任にたえる自信がございません」と仕官をことわり（公冶長6）、閔子騫は季氏に仕えるのがイヤで「うまくことわってください」と仕官をことわる（雍也9）。閔子騫と漆雕開とが仕官をことわったのを孔子はよろこんだが、孔子自身は陽貨の追求にたじたじとなり、このあとも公山弗擾につかえようとしたり（4）、仏肸につかえようとしたりしている（6）。孔子の屈折した心情がおもいやられる。

2

子曰く、性、相近し。習い、相遠し。子曰く、唯だ上知と下

生まれついての能力にちがいはない。どういう教養を身につけるかによって、どんなふうに生きることになるかがちがってくる。

愚とは移らず。

もっとも、とてつもない天才とどうしようもない愚物とは例外だけれども。

かつて「うちは貧乏だから」ということが言い訳になる時代もあった。いまのご時世、おのれの努力次第でいくらでも未来をきりひらいてゆける。ただし最小限の才能は必要である。その才能とは、やるべきことは逃げずにやるという能力である。

生まれつきの資質はさておき、生きてゆく環境が大事である、と孔子はいう。ひとは無限の可能性をもって生まれてくる、と。はなはだ楽天的だが、そのとおりだとおもう。ところが孔子はつづけて身もフタもない一言をいう。生きかたによって差がついてくるんだけど、ものごとに例外はつきもので、大天才はどんな壁でも突きやぶってゆくし、とてつもないバカにはつける薬がない、と。要するに「天才は習う必要がないし、愚物は習う能力がない」ってことである。

ニュートンによれば、よそから力が作用しないかぎり、静止していた物体はいつまでも静止しているし、運動していた物体はそのまま等速直線運動をつづける。なべて物体は自発的に変わろうとしない怠けものらしい。ところがどっこい人間は変わることができる。生物学的には似たり寄ったりなのに、とても同じとはおもえない文化のちがいを人類は歴史のうえに刻みつけている。ひとりの人間がなにかの拍子に豁然として悟ることだってありうる。天才と愚物とはどうしようもないと斬って捨てられては、愚物のぼくとしては立つ瀬がない。

3

先生が片田舎の武城にゆかれたとき、琴の音にのせた歌声がきこえてくるとニッコリほほえんで「たかがニワトリをさばくのに牛切り包丁とはね」。
子游がいう「むかし先生はこうおっしゃいました。ちゃんとした人間が道理を学べばひとを愛するようになるし、つまらぬ人間でも道理を学べば使いやすくなる、と」。
「諸君、子游のいうとおりだ。さっきの言葉は冗談だよ」。

子、武城に之きて絃歌の声を聞く。夫子莞爾として笑いて曰く、鶏を割くに焉くんぞ牛刀を用いん。子游対えて曰く、昔者偃や諸を夫子に聞けり。曰く、君子道を学べば則ち人を愛し、小人道を学べば則ち使いやすし、と。子曰く、二三子よ、偃の言、是なり。前言は之に戯れしのみ。

子游はやるべきことはやる男である。やるべきことをやったのに、からかっちゃいけない。孔子は非難したわけじゃなくて、いかにも杓子定規な子游のやりそうなことだわいと気楽にからかっただけなのだが、なにぶん子游は冗談の通じるタイプではない。「いかなる人間であろうとも修養をつむべきじゃないでしょうか」と真顔で反論してくる。「そうだった。こいつに冗談は通じないんだった」と孔子はあわてて前言撤回。

子游が武城の代官だったとき、澹台滅明について公私の「けじめ」をわきまえた男であると評していた（雍也14）。なんのことはない、どうやら子游もまた謹厳実直な澹台滅明に勝るとも劣らぬ堅物だったようである。

4

（魯の季氏の臣）公山弗擾が費の地において謀叛をくわだて、孔子をまねく。孔子は応じようとする。子路は不服な顔をして「おゆきめさるな。よりによって公山氏のもとへなんぞ」。「わたくしを本気でもちいるつもりなら願ってもない好機ではなかろうか。もし存分に腕をふるわせてくれれば、かの周の時世をここ魯の地に興こしてみせよう」。

公山弗擾、費を以て畔き、召く。子往かんと欲す。子路説ばずして曰く、之くこと末きのみ。何ぞ必ずしも公山氏に之れ之かんや。子曰く、夫れ我れを召く者にして豈に徒らならんや。如し我れを用うる者有らば、吾れは其れ東周を為さんか。

陽貨のときにつづけて、孔子はふたたび謀叛人の招きに応じようとする。子路に制せられると、孔子は「公山弗擾はろくでもないやつだが、わたくしがいればなんとかなる」という。やるべきでないことはやるべきでない。あやうくやるべきでないことをやるところだったが、子路のおかげでやらずにすんだ。ふだんは無謀な子路にいさめられるというのが愉快である。

5

子張に一流の人間についてたずねられて、「五つの要件をそなえていれば一流といえよう」。

「その五つをお教えください」。

「慎重・寛大・誠実・勤勉・慈愛の五つだ。慎重であればひとにバカにされない。寛大であればひとが寄りつく。誠実であればひとに信頼される。勤勉であればひとより仕事ができる。慈愛があればひとの上にたてる」。


子張、仁を孔子に問う。孔子曰く、能く五者を天下に行なうを仁と為す。請う之を問わん。曰く、恭寛信敏恵なり。恭なれば則ち侮られず。寛なれば則ち衆を得。信なれば則ち人任ず。敏なれば則ち功有り。恵なれば則ち以て人を使うに足る。


わが身をかえりみるに、五つの要件をひとつもクリアしていない。つくづく一流じゃないってことだろう（とほほ）。

「おだやかであればバカにされない。おおらかであれば好いてもらえる。ウソをつかなければ頼りにされる。マジメにやれば仕事ができるとおもわれる。優しくふるまえば親しまれる」というけど、そもそも一流の人物って「〜であれば」というふうにご利益をもとめたりするだろうか？　それに「バカにされない」とあるが、宮沢賢治が「ミンナニデクノボートヨバレ」（「雨ニモマケズ」）というように、ちょっと軽んぜられるくらいの立ち位置もそれなりに捨てがたいとおもう。

6

（晋(しん)でクーデターをくわだてた）仏肸(ひっきつ)にまねかれ、孔子は応じようとする。子路(しろ)がいう「かつて先生からおききしました。悪事をはたらくやつらに、まともな人間は仲間入りしない、と。仏肸は中牟(ちゅうぼう)の地にあって謀叛(むほん)をくわだてております。近寄らんほうがよいです」。

「いかにも。そんなふうにいったこともあるね。だが諺(ことわざ)にもいうじゃないか、堅いというのはいくら磨いても薄くならないことで、白いというのはいくら染めても黒くならないことだ（もし真に堅く、真に白ければ、たとえ悪人にまじわって磨かれたり染められたりしても、けっして薄くなったり染まったりしない）。（もし苦瓜(にがうり)のようにだれからも見向きもされないものなら磨かれたり染められたりする心配もないだろうが）わたくしは苦瓜じゃない。ぶらさがったまま食われもせずに腐るわけにもゆかん」。

仏肸(ひっきつ)、召(まね)く。子往(ゆ)かんと欲す。子路(しろ)曰く、昔者(むかし)、由(ゆう)や諸(こ)れを夫子(ふうし)に聞けり。曰く、親(みずか)ら其(そ)の身に於(お)いて不善を為す者には、君子は入らざるなり、と。仏肸、中牟(ちゅうぼう)を以(もっ)て畔(そむ)く。子の往くや之(これ)を如何(いかん)。子曰く、然(しか)り、是(こ)の言有るなり。堅しと曰(い)わずや、磨(ま)すれども磷(うす)らがず。白しと曰(わ)わずや、涅(でっ)すれども緇(くろ)まず。吾れ豈(あ)に匏瓜(ほうか)ならんや。焉(いず)くんぞ能(よ)く繫(かか)りて食らわれざらん。

るべきでないことはやるべきでないことをやるところだったが、子路のおかげでやらずにすんだ。ふだんは無茶な子路がここでもひきとめている。

孔子をまねいた三人はそろいもそろって謀叛人ばかり。そして懲りもせず孔子はそのつどまねきに応じようとする。「ほどよくやれるひとと組めないなら、ロマンチシストかリアリストだな」（子路21）ということかもしれない。次善の策として陽貨（ようか）・公山弗擾（こうざんふつじょう）・仏肸といった「狂者・狷者（けんしゃ）」とやるしかない。連中には世のなかを変革するパワーはある、と。

「国に道理がおこなわれていれば知識人として腕をふるったが、国に道理がおこなわれていなければ使えないやつとして身をまっとうした」（公冶長21）「国に道理がおこなわれていれば世にでて才覚をあらわすし、国に道理がおこなわれていなければひっこんで才能を隠すことができる」（衛霊公7）といった処世は、隠者の生きかたにほかならない。孔子はこれを評価するが、さりとて諸手（もろて）をあげて賛成しているわけでもない。

孔子も隠者も国に道理がないときは隠れざるをえないが、孔子にとって隠れることは「やむをえない方便」であるのにたいして、隠者は隠れることに絶対の価値をおく。孔子はこの世のなかを見捨てていない。「もし存分に腕をふるわせてくれれば、かの周の時世をここ魯（ろ）の地に興してみせよう」（4）というように、孔子はまだ治国平天下の可能性を信じている。

孔子は「大丈夫、朱にまじわっても赤くならないから。まさか苦瓜じゃあるまいし、ぶらさがったままというわけにもゆかんだろ」とユーモラスな口調でグチっている。相手が子路だったからだろう。子路には「イヤな世のなかだよ。イカダにでも乗って海のむこうにゆきたい気分だ」とボヤいたりできる（公冶長7）。そんな無茶をやらかす気はさらさらないんだけど、そういう軽口をたたけるのは、相手が気のおけない子路だからだろう。

7

子曰く、由よ、女は六言の六蔽を聞けるか。対えて曰く、未だし。居れ。吾れ女に語げん。仁を好みて学を好まざれば、其の蔽や愚。知を好みて学を好まざれば、其の蔽や蕩。信を好みて学を好まざれば、其の蔽や賊。直を好みて学を好まざれば、其の蔽や絞。勇を好みて学を好まざれば、其の蔽や乱。剛を好みて学を好まざれば、其の蔽や狂。


「子路、おまえは六つの善言にともなう六つの弊害を聞いたことがあるか」。

「ございません」。

「そこにお坐り。教えてやろう。いくら愛情があっても学ぶことが好きでなければ（情におぼれて）お人好しになる。いくら知識があっても学ぶことが好きでなければ（頭でっかちの）ひとりよがりになる。いくら信義があっても学ぶことが好きでなければ（意固地になって）ひとを傷つける。いくら正直であっても学ぶことが好きでなければ（融通がきかず）窮屈になる。いくら勇気があっても学ぶことが好きでなければ（秩序がなくなり）乱暴になる。いくら根性があっても学ぶことが好きでなければ（見境がなくなり）無鉄砲になる」。

すぐれた徳というものは諸刃の剣である。「善言」のみが追求されると、かえって「弊害」に堕する。「仁」におぼれれば的外れになり、「知」にはしればワガママになり、「信」にこだわれば自己チューになり、「直」にとらわれれば息苦しく、「勇」をほこればケンカっぱやくなり、「剛」にまみれればデタラメになる。あらゆる徳の根底にはかならずそれを「学ぶ」ことによって調和させるということが存する。学ぶということがないと節度がなくなり、やりすぎてしまう。

やるべきことはやるべきである。しかし、やりすぎるのはいけない。やるべきことをやりながらもやりすぎない。そういうのを「学がある」という。

8

子曰く、小子、何ぞ夫の詩を学ぶこと莫きや。詩は以て興こす可く、以て観る可く、以て群す可く、以て怨む可し。邇くは父に事え、遠くは君に事う。多く鳥獣草木の名を識る。

諸君、どうして『詩経』を学ばないのだ。若いうちから『詩経』を読んでおくと、好奇心がわくし、観察眼がそなわるし、同好の士ができるし、正義感がやしなわれる。家庭にあっては親を大事にするようになるし、社会においてはひとの役にたつようになる。なによりも動物や植物の名前をたくさんおぼえられる。

詩は必須の教養である。詩を解してはじめて自己がかたちづくられる。詩は共通の教養である。詩を介してはじめて他者とまじわることができる。自己と他者とがたがいに理解しあえる社会であってはじめて人倫の道がひらける。

最後のとってつけたような「なによりも動物や植物の名前をたくさんおぼえられる」が素敵である。共同体の形成のことをいっていたかとおもうと、話にオチをつけるかのように、いきなり博物学的なことをいって締めくくる。

散歩の途中に見かけた花は何であれ、正しい名で呼びたいと思う。それも、学名ではなしに、一般に知られている通り名の方がいい。（ギッシング『ヘンリー・ライクロフトの私記』池央耿訳・光文社古典新訳文庫・一六六頁）

いろんな草花にであうたびに「この花はなんていう名前なのかなあ」とおもうのだが、ほとんど知らない。情けなくなるくらい知らない。

花の方でも、きちんと個性を認めてもらえば嬉しかろう。花という花にずいぶん世話になっているから、せめてものお返しでそれぞれに挨拶しなくてはいけない。（同右）

やるべきことというほどでもないけれども、やるとよいこともある。動物や植物の名前をたくさんおぼえていると散歩がとても楽しくなる。そういうのを「学がある」という。

9

先生が伯魚にいう「おまえは『詩経』の周南や召南の歌を学んだかい。周南や召南の歌を学ばないでいることは（人情の機微がわからずに）壁にぶつかって立ち往生しているようなものだよ」。

子、伯魚に謂いて曰く、女、周南・召南を為びたるか。人にして周南・召南を為ばずんば、其れ猶お正に牆に面して立つがごときか。

たとえば蕪村の句集をポケットにしのばせ、ちょっとした待ち時間があるとひっぱりだして行き当たりバッタリにひもとく。退屈な時間がこころ楽しいひとときに変わる。そういう消閑の具をもつひとを「学がある」という。

10

——やれ礼儀だ礼儀だとやかましいが、それは（儀式の道具の）玉や

子曰く、礼と云い礼と云う。

絹のことだろうか。やれ音楽だ音楽だとうるさいが、それは（演奏の道具の）鉦(かね)や太鼓のことだろうか。

玉帛(ぎょくはく)を云わんや。楽(がく)と云い楽と云う。鐘鼓(しょうこ)を云わんや。

やかましい作法にしばられることはない。最低限のエチケットを身につけておればよい。最低限のエチケットとは、仕草にわずかに優しさをくわえることによって、おたがいリラックスしていられるようにすることである。エチケットは思想ではない。それは技術である。すこし気づかうだけで、それは身につけられる。

礼儀とはこころに愛情をいだくことである。音楽とはこころの調和をもとめることである。大事なのは「こころ」であって手立てではない。目的と手段とをとりちがえない。そういうのを「学がある」という。

11

外面はドッシリしてるのに内心はヘナヘナっていうのは、小物も小物、まあコソ泥みたいなもんだな。

子曰く、色厲(はげ)しくして内荏(やわ)らかなるは、諸(これ)を小人(しょうじん)に譬(たと)うれば、其(そ)れ猶(な)お穿窬(せんゆ)の盗(とう)のごときか。

えらく威勢はいいのに、裏へまわると、ひどく卑屈である。そんなふうに外と内とのギャップがはげしいのは、内を隠すために外をとりつくろっているのである。正体がバレるのを恐れているのである。くだらない論文ほど、中身の貧しさをごまかそうとして、やたらと小難しい言葉づかいをするようなものである。自分の弱点については（だれにだって弱点はある）あけっぴろげにしておけばよい。それを見て相手が優越感にひたるなら、それは相手の勝手である。

おのれをいつわってカッコをつけてみてもしょうがない。内心がヘナヘナだったら外面もヘナヘナにしておればよい。内心がヘナヘナなのはよろしくないが、外面を無理してドッシリさせないぶん、すくなくとも夜郎自大（やろうじだい）であることはまぬがれている。ある意味で「学がある」といってもよい。

12

だれからも善人だとホメられるような手合いはむしろ善をスポイルするものだ。

子曰く、郷原（きょうげん）は徳の賊なり。

万人にホメられるものは、たいてい「こころ」をいつわっている。「よいひとには好かれ、わるいやつには嫌われるようでなけりゃ」（子路24）。

万人にホメられるものは、共同体のなかで流通する価値観をすんなり受けいれて、それを無批判に体現している。そういった共同体御用達の善人がむしろ善をスポイルするものであるのは、共同体におさまりきらないヤンチャなものの居場所をうばうからである。大きなことをやろうとする「はみだしもの」や他人と合わせるのが苦手な「変わりもの」を生きにくくする空気をかもしだすからである。あなたの身のまわりにもいるでしょ？　いつだって控え目で、みんなの思惑に合わせながら、だれもが納得せざるをえないようなことしかいわない保守的な穏健派。そういった毒にも薬にもならない善人こそが、じつは人間らしく生きようとするものの敵なのである。

特定の人物にたいして「このひとに逆らうことなんてできない」と感じてしまうとしたら、そんなプレッシャーをあたえてくる人物は（たとえ本人にその自覚がなくても、否、自覚がなければないほど）あぶない。もっとも逆らいにくいとおもわせるような人物こそ、じつはもっとも逆らうべき存在なのかもしれない。

「かれには逆らえない」とおもうことは、しばしば「かれの期待にこたえる」という仕方でかれに依存しているのである。裏をかえせば、それは「自分自身であることに自信がもてなくなっている」という事態である。そういう事態をもたらしかねない人間が、いわゆる善人なんじゃないだろうか。

13

——道ばたで聞きかじっただけの知識をさも自分の考えであるかのよ

——子曰く、道に聴きて塗に説くは、

うに吹聴するのは、人間としての矜持を捨てるようなものだ。

徳を之れ棄つるなり。

小耳にはさんだだけのことを、もったいぶって吹聴する。そうまでして「学がある」とおもわれたいのかなあ。「知っていることは知っているとし、知らないことは知らないとする、これがホントに知るということ」（為政17）なのにねえ。

じゃあ教師は自信のあることだけを教えていればよいかっていうと、そうでもない。「これは自信がないいんだけど、どうおもう？」と学生といっしょに悩みながら、ぼちぼち考えを深めてゆくという姿勢もゆるされてよい。教師もわかっていないんだということがわかると、学生なりに「わかるとはどういうことか」を考えはじめる。

14

さもしい人間とはいっしょに仕事をしたくない。そういう手合いは、職にあぶれているときはなんとか職にありつきたいと躍起になる。いったん職にありつくと今度は職をうしなってなるものかと死にもの狂い。職にしがみつくためならどんなエゲツないことでもやりかねない。

子曰く、鄙夫は与に君に事う可けんや。其の未だ之を得ざれば、之を得んことを患う。既に之を得れば、之を失わんことを患う。苟しくも之を失わんことを患うれば至らざる所無し。

手にいれていないときには手にいれたいとアクセクする。いったん手にいれたら手ばなすまいとアクセクする（もうアクセクしっぱなしである）。

手にいれたいとおもっても、どうしても無理なものは、あきらめるしかない。手にいれてしまったものを手ばなしたくないという気持には、むしろ際限がない。あの世にまではもってゆけないのにねえ。

15

かつての人間には三つのダメなところがあった。いまどきの人間はそのダメぶりがさらにダメになった。むかしの変わりものは自由奔放であったが、いまの変わりものはたんなるデタラメ。むかしのガンコものはまだ骨があったが、いまのガンコものはたんにワガママ。むかしの愚かものはまだ正直だったが、いまの愚かものはただのウソつき。

子曰、古者、民に三疾有り。今や或いは是れすら之れ亡きなり。古の狂や肆、今の狂や蕩。古の矜や廉、今の矜や忿戻。古の愚や直、今の愚や詐なるのみ。

いつの世にもダメなやつはいる。ただ、むかしのダメなやつはダメなりに見るべきところもあったが、いまのダメなやつはとことんダメで見るべきところがない。むかしのダメなやつにはダメなりに魅力があったが、いまのダメなやつはただ迷惑なだけ。

16

口がうまく愛想がよい、そういうのに相手の身になって考えられるひとはすくない。

子曰く、巧言令色（こうげんれいしょく）、鮮（すく）なし仁。

学而3とおなじ文である。

17

派手な紫が伝統の赤になりかわってもてはやされるのは残念である。みだらな鄭（てい）の音楽が格調高い雅楽をさしおいてはびこるのは遺憾である。口達者な成りあがりが由緒ある家柄をしのいで重んぜられるのは苦々（にがにが）しい。

子曰く、紫の朱を奪うを悪（にく）む。鄭声（ていせい）の雅楽を乱るを悪む。利口の邦家を覆（くつがえ）すを悪む。

イヤなものはイヤなのである。イヤなものと無理してつきあうことはない。「どうしてイヤなのか」とたずねられたら、「イヤだからイヤだ」と百閒（ひゃっけん）ばりに返事をしておこう。

ホンモノかとみまがうニセモノが、仲間内でチヤホヤされているうちに、本人もホンモノのような気になってしまい、ホンモノであるかのようにふるまいはじめる。ニセモノがイヤなのは、ホンモノとまぎらわしいからである。

妻はエルメスがどうだのプラダがこうだのとブランドにくわしい。妻によればブランド品とは、その品質はさておき、それがブランドであるがゆえに欲すべきものであるらしい。「あたし自身がほしいというよりも、不特定多数のひとの欲望の対象となっているってところに値打ちがあるわけよ」と。女性の（とくに妻の）心理はじつに摩訶不思議である。自分がほしいからではなく、他人がほしがるから、それがほしいというのである。だが、あらためて考えるに、他人がほしがるものを自分がもっているというのは、たしかに気分はよいかもしれない。

妻がいうには「あたしがブランド品を買うのは、うちの亭主は優しいのよとまわりに見せびらかすためなんだから、ちょっとガマンしなさい」ということになるらしい。なるほどそうだったのか（まんまと妻に説得されるのであった）。

18

子曰く、予れ言うこと無からんと欲す。子貢曰く、子如し言わ

「もはや口をきくまい」。

子貢がいう「先生がなにもおっしゃらなければ、弟子はなにを学

べばよいのでしょうか」。
「天は口をきくだろうか。四季はめぐり、万物はそだつ。天は口をきくだろうか」。

ずんば、則ち小子何をか述べん。子曰く、天何をか言わんや。四時行われ、百物生ず。天何をか言わんや。

藝は盗むものである。手とり足とり教えてやったりすると、いつまでたっても上達できない。甘やかしちゃいけない。こころを鬼にして「自分でやってみろ」と突きはなすのも師匠のつとめである。

そういう話なのかもしれないが、孔子は「天だってなんにも口をきいていない。わたくしだって口をきかなくたっていいだろう」と駄々をこねているように読めなくもない。孔子もひとの子、口をききたくないときもある。口をきくのがイヤだったら口をきかなければよい。イヤなものはイヤなのである。イヤなのに無理して口をきくことはない。

19

孺悲が孔子に面会をもとめる。孔子は病気だといってことわる。とりつぎのものが部屋をでる。孔子は瑟を弾きながら歌いはじめ

孺悲、孔子に見えんと欲す。孔子、辞するに疾を以てす。命を

る。あたかも孺悲にきかせるかのように。

あいたくないのである。あうのがイヤだったらあわなければよい。イヤなものはイヤなのである。イヤなのに無理してあうことはない。とはいえ、あからさまに居留守をつかうっていうのは考えものである。孔子はよほど虫の居どころがわるかったのだろう。

将なう者、戸を出づ。瑟を取りて歌い、之をして聞かしむ。

20

宰我がたずねる「三年も喪に服するのはながすぎやしませんか。然るべき地位にある人間が三年も礼をサボれば礼はすたれてしまうでしょう。三年も楽をやらなければ楽はさびれてしまうでしょう。前年の収穫物がなくなって今年の収穫物がとれるのも、火をおこす薪を新しいのに替えるのも、ちょうど一年周期です。親の喪に服すのも一年で十分じゃありませんか」。

「親が亡くなってたった一年で、うまいものを食い、キレイな服を着て、それで気がとがめないか」。

宰我問う、三年の喪は期にして已だ久し。君子三年礼を為さずんば、礼必ず壊れん。三年楽を為さずんば、楽必ず崩れん。旧穀既に没く、新穀既に升り、燧を鑽りて火を改む。期にして已む可し。子曰く、夫の稲を食らい、夫の錦を衣る、女に於いて安きか。曰く、安し。女安くんば則ち之を為せ。夫れ君子の

「平気ですけど」。
「だったらそうするがよい。いやしくも人間だったら、どんなご馳走を食ってもうまくなく、どんな音楽を聴いても楽しくなく、リラックスしようにもできないはずだ。だから三年間は喪に服するのだ。おまえが平気なら、一年できりあげればよい」。
宰我が退出すると、「薄情なやつだ。子どもは生まれて三年たって、ようやく父母のふところをはなれる。だから世のひとびとは三年の喪に服するのだ。かれだって父母のふところで三年はいつくしまれただろうに」。

喪に居るや、旨(うま)きを食らえども甘(うま)からず、楽を聞けども楽しからず、処に居りても安からず。故に為さざるなり。今、女安くんば則ち之を為せ。宰我出づ。子曰く、予(よ)の不仁なるや。子(こ)生まれて三年、然(しか)る後(のち)に父母の懐(ふところ)を免(まぬか)る。夫れ三年の喪は天下の通喪(つうそう)なり。予や、其の父母に三年の愛有るか。

宰我は昼寝をしてボロクソにいわれた男である（公冶長10）。眠いときには眠り、頭をスッキリさせてから勉強するほうが能率があがる。なるほど合理的である。三年も喪に服するのはながすぎるから一年で十分。なるほど合理的である。たしかに合理的ではあるけれども、喪に服するというのは理屈で割りきってよいことではない。イヤなものはイヤなのではあるが、それをイヤだとおもうこと自体が問題だっていうこともある。宰我は「三年も喪に服すのって、そこまでガンバることはないんじゃないですか」という。でもそれってガンバらないとできないようなことなのかい？　だって自分の親だろ？

人間の赤ちゃんは、ほかの動物にくらべて、おそろしく早産である。生まれてすぐの馬の仔は、かぼそい脚で立ちあがり、母の乳房にすいつく。人間の赤ちゃんはほとんど胎児のまま生まれてくる。ほうっておかれるとかならず死んでしまう。

人間の赤ちゃんくらい乳児期によく泣くものはすくない。赤ちゃんが泣くと、それに応じて親が「言葉がけ」をしながら面倒をみる。親がなにを語りかけているのか、自分がなにをもとめているのか、赤ちゃんはわからない。わからないまま言葉がけされているうちに、だんだん言語が身についてくる。やがて親の二十四時間ケア体制からはなれ、ひとりで遊びはじめる。

孔子の「子どもは生まれて三年たって、ようやく父母のふところをはなれる」という言葉は、まがりなりにも子を育てたことがある身の実感をいえば、「そうだよなあ」とおもう。人間の赤ちゃんが半人前になるまでには、すくなくとも三年くらいはかかるだろう。もし人間だけが「孝」という感情をもつのだとしたら、それはながすぎる赤ちゃん時代のもたらすものかもしれない。

亡くなった親の面影は、だんだん遠くなってゆく。聞こえていた声も、しだいに聞こえなくなる。親からの言葉がけが言語として身につくまでに三年かかったのなら、見えざる面影を脳裏に浮かべることができ、聞こえざる声に耳を澄ますことができるようになるまで三年かけるというのも、これまた理にかなっている。親による養育と子による服喪とが対になっているという発想はすこぶる説得力に富む。

「亡くなった親がこの自分のふるまいを見たらどうおもうだろう」と考え、すでにいない死者の判断をおのれの行動の規矩（きく）とするとき、死者は存在しないという仕方で存在している。死者をそのように遇することができるように、せめて三年くらいは訓練すべきだろう。

21

腹いっぱい食って、ひとつも頭を使わず、ただゴロゴロしている。そんなんじゃダメだ。囲碁や将棋があるじゃないか。そんな遊びでもなんにもやらないよりはマシだ。

子曰く、飽食して日を終え、心を用うる所無し。難いかな。博奕なる者有らずや。之を為すは、猶お已むに賢れり。

恥

ずかしながら、たらふく食って、ただゴロゴロしているといった感じはよくわかる。現に「倦みもせずひねもす寝たり寝たりかな」というふうに生きているからなあ。

「行為は意図によって起こる」と考えるひとは「意図は行為とともに育つ」という言い分を好まない。ぼくの場合、やるべきことがあって、それをぼちぼちやっているうちに、だんだんやる気がでてくる。そんなやりかたでも「なんにもやらないよりはマシだ」とおもいたい。

常識あるオトナはいう。「でっかいことをするんだから、ちっちゃいことはどうでもよい」とうそぶいてゴロゴロしているくらいなら、スピノザのレンズみがきよろしく、せめて目のまえのちっちゃい用事をこなすべし、と。まあ、そうだろう。ぼくだってその気になれば、することはいくらでも見つかる。

さしあたり皿洗いがあるではないか（と妻はいうだろう）。

遊んでいるとき、ひとは生きるよろこびを実感している。遊ぶことは「なんにもやらないよりはマシだ」どころか、それこそが端的に生きていることにほかならない。遊びの対立概念は仕事ではなく退屈だとおもう。仕事が生産的であるのにたいして、遊びは非生産的であるように見える。たしかに遊びは消費するばかりのようだが、消費があるから生産もあるのである。世のなか全体において見れば消費は生産をみちびく（消費は生産の生産である）。

22

子路がいう「分別のある人間も勇気を大切にしますか」。

「分別のある人間はむしろ正義のほうを大事にする。いくら学問があっても、ただ勇気だけあって正義をないがしろにすれば、ややもすれば無茶をやらかす。まして分別のない人間であれば、正義がなくて勇気ばかりあろうものなら、きっとドロボウをしでかす」。

子路曰く、君子は勇を尚ぶか。子曰く、君子は義以て上と為す。君子も勇有りて義無ければ乱を為す。小人は勇有りて義無ければ盗を為す。

るべきことはやるべきである。やるべきでないことはやるべきでない。やるべきことをやる勇気、やるべきでないことをやらない勇気、それは大切だが、やるべきかやるべきでないかを分別することも大事である。

やたらと実行力（勇）があるばかりで、それが正義にかなうかどうかを判断する力（義）がともなっていないと、よからぬことをしでかす。勇があっても義があれば問題はない。勇があって義がなければ、分別のある人間なら「乱」ですむが、分別のない人間は「盗」までゆく。ふむ。勇がなければ、とりあえず大丈夫ってことか。

23

子貢（しこう）がいう「おだやかな人間でもひとを憎むことがありますか」。

「憎むことはある。ひとの失敗をあげつらうものを憎む。下っ端のぶんざいで上役の陰口をいうものを憎む。威勢ばかりよくて礼儀をわきまえないものを憎む。断定的にものをいうくせに根拠がないものを憎む。ところで、おまえは憎むことがあるかな」。

「ひとの意見をかすめとっておいて知ったかぶりをするものを憎みます。でしゃばりなのを元気がよいのと勘ちがいしているもの

子貢（しこう）曰く、君子も亦（ま）た悪（にく）むこと有るか。子曰く、悪むこと有り。下流に居て上（かみ）を訕（そし）る者を悪む。勇にして礼無き者を悪む。果敢にして窒（ふさ）がる者を悪む。曰く、賜（し）や亦（ま）た悪むこと有るか。徼（かす）めて以（もっ）て知と為す者を悪む。不孫（ふそん）にし

を憎みます。ひとの秘密をあばきたてて正義の味方ぶるものを憎みます」。

て以て勇と為す者を悪む。訐（あば）きて以て直と為す者を悪む。

おだやかな人間だってイヤなものはイヤなのである。イヤなものと無理してつきあうことはない。つきあうのがイヤだったらつきあわなければよい。

イヤなものとはつきあわないほうがよいにしても、どのようにして遠ざかるかっていうことが大事である。露骨にさけるのではなく、ユーモアをただよわせながら距離をとろう。手段は目的をしばしば正当化する。当意即妙のジョークでひとを攻撃する場合、本人が傷つかないようにして相手を傷つけることができるなら、こっそり傷つけてもゆるされたりする。

友人のS氏を観察していると、かれはジョークを飛ばしながら、つまらない人間との接触をじつに巧みにさけている。同僚であるというだけで気をゆるしたりはしない。それでいて相手にさけられていることを悟らせない。さけられている相手も感心するほどの優雅な身のこなしで、しずしずと自分の居場所へと去ってゆく。一歩まちがえば慇懃無礼になりかねない丁寧さでつまらん連中との接触をキッパリと絶っており、そこには微塵（みじん）の妥協もない。S氏にとって妥協することは、どうやら敗北以上に敗北であるらしい。

24

女とつまらない男とはあつかいにくい。甘やかせばつけあがるし、ジャケンにすればふくれる。

子曰く、唯だ女子と小人とは養い難しと為す。之を近づくれば則ち不孫なり。之を遠ざくれば則ち怨む。

昔とはいえハラスメント感満載の発言である。が、イヤなものはイヤなのである。イヤなものとは距離をとればよい。ただしイヤである理由を口走ったりせずに。

一般的に（あくまでも一般論である）女が男にもとめるのは優しさである。その優しさの中身はなにかというと、あたしに衣食住の安定をあたえてくれ、あたしの言うことをきいてくれるということである。要するに「あたし」にとって都合のよい男であること、それが優しいということである。ふむふむ。するとなにか、孔子のように社会に安寧をもたらすべく諸国を遊説するような男は、はなから論外ってことか。

いにしへの聖の書にのこりたる女子と小人の小人かわれ

斎藤茂吉の第十五歌集『小園』のなかの一首である。はなはだパッとしない歌だが、「茂吉さん、あんたもか」という感じで忘れがたい。

25

子曰く、年四十にして悪(にく)まるるは、其(そ)れ終わらんのみ。

四十にもなってひとから爪(つま)はじきにされるようでは、もう脈がないな。

よい歳になってひとにイヤがられるようではおしまいである。わが身をかえりみるに、イヤがられているという自覚はないが、イヤがられていないという自信もない。

大学院の博士課程にすすむとき、恩師に「就職はない」と太鼓判を押された。中国哲学という圧倒的にマイナーなことを専攻して、わけのわからん漢文をこねくりまわしていると、自分のやっていることが正常なのか異常なのかボンヤリしてくる。自分は爪はじきにされて然るべきものなのかなんて疑いだしたらキリがない。

いったい大学というところに棲息していると、まわりに異常な研究者が多すぎて、自分のやっていることの異常さに気づけなくなってくる。「たぶん異常さに気づく能力にも異常をきたしているにちがいない」と同僚にこぼしたら、「大丈夫、それが正常だよ」となぐさめられた。

微子第十八

隠れて生きるという生きかた

1

（殷の紂王のとき）微子は他国に亡命し、箕子はドレイに身をやつし、比干は諫言して殺された。「殷には三人の人格者がいた」。

微子、之を去り、箕子、之が奴と為り、比干、諫めて死す。孔子曰く、殷に三仁有り。

祖国を憂えながら国外にのがれる。ドレイに身をおとして国内にとどまる。諫言して殺される。三者三様であるが、おのれの「こころ」がまもられてさえいれば、身の処しかたはさまざまでありうる。

腹のたつことがあると、腹のなかで「クソッタレ」と毒づく。だが「クソッタレ」と口にだすのはガマンする。口にだすとそれを聴く他人がいるわけで、自分にも責任が生ずる。たとえ責任が生じようとも行動にあらわす自由はある。責任を引き受ける覚悟があるなら行動にあらわせばよい。
ドレイの身に甘んずる箕子には感心する（が惨めすぎる）。義に殉ずる比干はカッコいい（が犬死である）。とっとと「去る」のが賢明だとおもう。孔子は本心では微子をいちばん買っているんじゃないだろうか。「不可なれば則ち止む」（先進24）のが現実的である。

2

柳下恵は魯の裁判官に三度任ぜられ、三度クビになった。「こんな目にあいながら、まだこの国に見切りをつけないのですか」といわれ、「良心にしたがってつかえていればどこでも三度くらいはクビになるさ。良心をまげてつかえるなら（どこの国でもつとまるだろうから）なにも生まれ故郷を捨てることもあるまい」。

柳下恵、士師と為り、三たび黜けらる。人曰く、子未だ以て去る可からざるか。曰く、道を直くして人に事うれば、焉くに往くとして三たび黜けられざらん。道を枉げて人に事うれば、何ぞ必ずしも父母の邦を去らん。

三度任ぜられ、三度クビになった。いかにも不器用な身の処しかたではあるが、おのれの「こころ」をまもろうとすれば、仕官の仕方はこうならざるをえない。やることが変わらないなら、どこにいってもおなじである。だったら「父母の邦」にいるほうがよい。

裁判官の職を三度も「去る」という目にあいながら、柳下恵が生まれた国を去ろうとはしなかったのは、ひとつの見識である。
「もう一度」と意欲できることを意欲せよ、とニーチェはいっていた（ような気がする）。くりかえせないようなことはするな、と。くりかえせるかどうかっていうことは、ひとつの善悪の基準である。

3

斉の景公が孔子を召しかかえるにさいして「季氏のようにはゆかぬが、季氏と孟氏との中間ぐらいには待遇しよう」といった舌の根のかわかぬうちに「わしも老いた。まねくことはできそうもない」と言い訳をする。孔子は斉を去る。

斉の景公、孔子を待かんとして曰く、季氏の若きは則ち吾れ能わず。季孟の間を以て之を待かん。曰く、吾れ老いたり。用いること能わざるなり。孔子行る。

おのれの「こころ」をつらぬくこともできない親分につかえてみたところで、おのれの「こころ」をまもることはできそうもない。いさぎよく去るにかぎる。約束したじゃないですか、と文句をいうのはみっともない。
ぼくはよくダマされる。しゅっちゅうダマされるもんで、免疫ができているらしく、ダマされたことに気づかず、「ダマし甲斐がない」と文句をいわれることもある。子どもダマしのようなウソにダマされるのは、けっこう好きである。うまくダマしてくれたときは「勉強になりました」とお礼をいいたいくらいである。

ヘンに期待をもたせるウソは罪が重い。「ウソだろうなあ」とおもいつつも、なんとなく期待してしまう。そういったウソをしらふでつける人種が語のわるい意味における政治家なのだろう（その意味では景公もいっぱしの政治家である）。

4

斉が美女歌舞団を魯に贈る。魯の季桓子はそれに夢中になり、三日間、政務をサボる。孔子は魯を去る。

斉人、女楽を帰る。季桓子、之を受け、三日朝せず。孔子行る。

政務をほっぽりだして美女歌舞団にウツツをぬかすような親分につかえてみたところで、おのれの「こころ」をまもることはできそうもない。とっとと去るにかぎる。孔子を魯から遠ざけようという斉の目論見は図にあたり、孔子は去る。

5

楚(そ)の狂人、接輿(せつよ)が、孔子のまえをとおりながら歌いかける「鳳凰(おおとり)よ、鳳凰よ、なんてこったい。すんだことはしょうがない。これからのことはなんとかなる。よしな、よしな。いま政治にかかずらってもろくなことはない」。孔子は車からおり、ともに語ろうとする。接輿は走って逃げる。ついに一言もかわせなかった。

楚(そ)の狂接輿(きょうせつよ)、歌いて孔子を過ぐ。曰く、鳳(ほう)よ、鳳よ、何ぞ徳の衰えたる。往きし者は諫(いさ)む可(べ)からず。来たらん者は猶(な)お追う可し。已(や)みなん、已みなん。今の政(まつりごと)に従う者は殆(あや)うし。孔子、下(お)りて之(これ)と言わんと欲す。趨(はし)りて之を辟(さ)く。之と言うを得ず。

おのれの「こころ」をまもるため、狂ったふりをして日のあたるところから隠れる。そういう生きかたもあるが、そうでない生きかたもある。身の処しかたはさまざまでありうる。

狂人のふりをするものを「佯狂(ようきょう)」という。佯狂は、不条理な現実を否定し、そこに適応することを拒否する。佯狂の歌声は、現実のいかがわしさを告発するというかたちで響く。現実にこぢんまりと適応している大多数の正常人にとって、その声はひどく耳ざわりである。それを聴きたくないばかりに、正常人はかれに「狂」のレッテルを貼って隔離しようとする。

「あなたは幸福ですか」と問われたら、たいていのひとは「そんなのって、こころのもちようだ」と答えるだろう。幸福だとおもっていれば幸福だし、不幸だとおもっていれば不幸だ、と。しかし、どう考えても悲惨としかおもえない現実をまえにして「オレは幸福だ」と感じられるとしたら、それはむしろ不幸なことじゃないだろうか。不幸な現実にあって、その不幸を不幸ともおもわず、そこに一掬の幸福を感じられるというのは、じつは深刻な不幸だっていうことはないだろうか。

接輿はうたう。肝腎なのは、こころの「もちよう」ではなく、こころの「もたされよう」じゃないかな、と。こころのもたされようをこころのもちようだと錯覚するとき、不幸な現実がはじまる。不幸なのに幸福だとおもいこまされているのは悲劇だし、おもいこまされているっていうことに気づかないのは喜劇である。

孔子が語りかけようとすると、接輿は走って「去る」。不毛な議論はしたくない、と。去ったもの勝ちである。

隠者は世のなかを去る。孔子はこの世に未練がある。だから去らずにウロチョロする。斉の景公や魯の季桓子のもとから去ることにはやぶさかでなかった孔子だが、世間からは去ろうとしない。以下数章、隠者の処世との対比において、孔子が世を去ろうとしない理由が語られる。

6

長沮と桀溺とがふたりならんで畑をたがやしている。孔子一行がとおりかかる。子路をつかわして川の渡し場をたずねさせると、長沮がいう「車のうえで馬の手綱をとっておるのはだれかな」。

長沮・桀溺、耦して耕す。孔子、之を過ぐ。子路をして津を問わしむ。長沮曰く、夫の輿を

「孔先生です」。

「あれが魯の孔丘か」。

「いかにも」。

「旅ガラスの孔丘なら渡し場のありかくらい知っておろう」。

桀溺にもたずねると「そなたはだれじゃ」。

「子路です」。

「ほお、すると魯の孔丘の門下か」。

「いかにも」。

「のべつ流転しつづけるもの、それが世のなかだ。人間ふぜいに変えられようものか。おまえさんもそんな人間をえりごのみしているやつにくっついておるより、いっそのこと世間からドロップアウトして隠者の仲間になるほうがよほど気がきいておるじゃろう」といいながら畑をたがやす手をやすめようともしない。

子路がことの次第を告げると、孔子は憮然として「どうしたって鳥や獣といっしょに暮らすわけにもゆかんだろう。わたくしは人間のほかに生きてゆくべき仲間をもたない。もし天下に道理があれば、なにも世のなかを変えようなどとおもいはしないさ」。


執る者は誰為るか。子路曰く、孔丘為り。曰く、是れ魯の孔丘か。対えて曰く、是れなり。曰く、是れならば津を知らん。桀溺に問う。桀溺曰く、子は誰為るか。曰く、仲由為り。曰く、是れ魯の孔丘の徒か。対えて曰く、然り。曰く、滔々たる者、天下皆是れなり。而るを誰か以て之を易えんや。且つ而は其の人を辟くるの士に従わんよりは、豈に世を辟くるの士に従うに若かんや。耰して輟めず。子路、行きて以て告ぐ。夫子、憮然として曰く、鳥獣は与に群れを同じくす可からず。吾れ斯の人の徒と与にするに非ずして誰と与にせんや。天下に道有らば、丘も与に易えざるなり。

現状のままで問題がないなら、そもそも改革など必要ない。問題があるとおもえばこそ、政治という俗事にコミットしようとするのである。隠者は、おのれの身を汚さぬため、現状に問題があるとおもいながらも見て見ぬふりをする。孔子にとってそういう身の処しかたはおのれの「こころ」をいつわることであった。

世のなか、みだれきっている。隠者が世間を去るのも無理はない。しかしそこからドロップアウトすることは、それを消極的に肯定することになりかねない。だから孔子は去らない。ひととひととが「ともに」生きているところにしか「人倫」はない。ひととともにある世界に孔子はふみとどまろうとする。

光厳院に「治まらぬ世のための身ぞうれはしき身のための世はさもあらばあれ」という歌がある（『風雅和歌集』雑下）。平和ならざるこの世のために、自分がなにをしているかとおもえば、なげかわしいかぎりである。自分ひとりのためなら、この世がどうであろうとかまいはしない。

隠者にとって、世間は自分に「たいして」ある客観的な世界である。孔子にとって、世間は自分と「ともに」ある居場所である。世を変えようとする孔子のあがきは、隠者の目にはセンチメンタルな理想主義としか映らない。そういう隠者の処世は怠惰な思考停止とえらぶところはない。ぼくは性格的に隠者好みではあるけれども、世のなかに背をむけない孔子のほうが、世を捨ててかえりみない隠者よりも、よほどカッコいいとおもう。

7

子路が孔子一行から遅れる。杖のさきっちょに竹籠をぶらさげ、それを肩にかついだ老人にであい、子路がたずねる「ご老体、うちの先生を見かけませんでしたか」。

老人がいう「汗水たらしてはたらきもせず、五穀の見分けもつかない。それのどこが先生だというのか」というと杖を地に突ったてて、草をむしりはじめる。子路は（これは只者でないとおもい）うやうやしく腕組みをしてたたずむ。老人は子路をひきとめ、家に泊まらせる。鶏をつぶし、飯をたいてご馳走し、ふたりの息子にもひきあわせる。

翌日、子路が孔子一行に追いつき、ことの次第を告げると、孔子は「隠者だ」といい、子路にふたたびあいにゆかせる。

ひきかえしてみると、あいにく不在である。子路はつぶやく「宮仕えしなければ君臣の義にわずらわされることもない。それでも（わたくしが敬老の意を表すると家に泊まらせ、ふたりの息子にひきあわせたところをみると）長幼の節は捨てられないようだ。だと

子路、従いて後る。丈人の杖を以て蓧を荷なうに遇う。子路問うて曰く、子、夫子を見たるか。丈人曰く、四体勤めず、五穀分かたず。孰をか夫子と為さん。其の杖を植てて芸る。子路拱して立つ。子路を止めて宿せしむ。雞を殺し黍を為りて之に食らわしめ、其の二子を見えしむ。明日、子路行りて以て告す。子曰く、隠者なり。子路をして反りて之を見しむ。至れば則ち行れり。子路曰く、仕えざれば義無し。長幼の節、廃す可からざるなり。君臣の義、之を如何ぞ其れ之を廃せんや。其の身を潔くせんと欲して大倫を乱る。君子の仕うるや、其の義を行なうなり。道の行なわれざ

するとと君臣の義もまたどうして捨てられよう。わが身ひとつを清くたもとうとして世のなかの秩序をみだしてどうする。先生が宮仕えをしようとするのは大いなる道理をおこないたいからである。いまの世のなか道理のおこなわれがたいことなど百も承知なのだ(が理想を捨てるわけにはゆかん)」。

るは、已(すで)に之を知れり。

子路の長台詞は孔子のこころをよく代弁している。世捨てびとになるほうがよほど気楽なのだが、そういう身の処しかたはおのれの「こころ」をいつわることである。

「君臣の義・長幼の節」ということが意味をもつ社会とは、ひととひととが「ともに」ある世界である。自他・上下・老若の別があり、そこに自分を位置づけることによって、人生の意味は見いだされる。その意味を捨ててしまえば、もはや親孝行をすることもなければ兄弟むつまじくすることもない。

8

世捨てびとには、伯夷(はくい)、叔斉(しゅくせい)、虞仲(ぐちゅう)、夷逸(いいつ)、朱張(しゅちょう)、柳下恵(りゅうかけい)、少連(しょうれん)がいる。「おのれの理想を曲げず、おのれの身体を汚さなかったのは、伯夷と叔斉とだね。柳下恵と少連とは、理想を曲げ、

逸民(いつみん)は、伯夷(はくい)、叔斉(しゅくせい)、虞仲(ぐちゅう)、夷逸(いいつ)、朱張(しゅちょう)、柳下恵(りゅうかけい)、少連(しょうれん)。子曰く、其の志を降(くだ)さず、其(そ)の

身体を汚したが、言葉は道理にかない、行動は思慮にかなっていた。そこはよかった。虞仲と夷逸とは、片隅にたむろして好き放題にしゃべっていたが、身の処しかたは潔白で、世の捨てかたも適切だった。わたくしはかれらとはちがう。可だとも不可だとも決めつけない」。

身を辱しめざるは、伯夷、叔斉か。柳下恵、少連を謂う。志を降し、身を辱しむも、言は倫に中り、行は慮に中る。其れ斯れのみ。虞仲、夷逸を謂う。隠居して放言し、身は清に中り、廃は権に中る。我れは則ち是れに異なる。可も無く不可も無し。

孔子は「可も無く不可も無し」という。言を左右にしているわけではない。どっちつかずの宙ぶらりんというのではなく、隠れて生きるということを是とも非とも断乎として決めないのである。絶対にこうだと決めたりしないということはキッパリと決めているのである。かならず「こうする」と決めることはないし、けっして「こうしない」と決めることもない、という旗幟は鮮明にしているのである。

みだれきった世のなかだが、はなから隠者になってしまおうという気もないし、さりとて隠者にはならないと決めてかかっているわけでもない。一方はよくて、他方はわるい、といった二者択一の生きかたはしない。仕官すべきときには仕官するし、隠れるべきときには隠れる。

世俗をキレイさっぱり捨て去った隠者はスカッとしている。そこへゆくと孔子はウジウジしている。

スカッとしないで、ウジウジするのだ、とキッパリといいきる。隠者にくらべてカッコわるい。だが、そのカッコわるいところがカッコいい。

ちなみに「可も無く不可も無し」とは、これが大学の成績であれば優や良ばっかりということだから、たいへん優秀な学生だっていうことになる（笑）。

9

（楽師のうち）指揮者の摯は斉にゆく。次席奏者の干は楚にゆく。三席奏者の繚は蔡にゆく。四席奏者の缺は秦にゆく。太鼓奏者の方叔は黄河のほとりにゆく。太鼓奏者の武は漢水のほとりにゆく。副指揮者の陽と磬奏者の襄は東海にゆく。

大師の摯、斉に適く。亜飯の干、楚に適く。三飯の繚、蔡に適く。四飯の缺、秦に適く。鼓の方叔、河に入る。播鼗の武、漢に入る。少師の陽・撃磬の襄、海に入る。

殷王朝がほろびると、お雇い楽師たちは散りぢりバラバラに離散していった。おのおの「こころ」をまもっていさえすれば身の処しかたはさまざまでありうる。

散りぢりに「去る」ことにはなったが、さりとて「ひとりぼっち」になったわけじゃない。「ともに」いるというのは、「目のまえに」いることとはかぎらない。いろんな場所でいろんな音楽の花を咲かせながら、かれらはつながっていた。

だれかが育てた野菜を食べ、だれかが縫った衣服を着る。だれもみなだれかの「おかげ」で生きている。米の飯を食べるとき、それを育てたひとがむこうにいる。感じる気になれば、その「ぬくもり」を感じることができる。いつだってだれかと「いっしょにいる」わけで、けっして「ひとりぼっち」じゃない。そもそも「ひとりぼっち」という発想そのものが、だれかに教わったものなのかもしれない。

10

周公(しゅうこう)が息子の魯公(ろこう)に訓誡する「ひとの上にたつものは、身内のものを粗末にしてはならん。臣下に自分は疎外されていると感じさせてはならん。昔馴染みはよほど重大なミスをおかさないかぎり無下に見捨ててはならん。ひとりの人間になにもかも要求してはならん」。

周公、魯公に謂(い)いて曰く、君子は其(そ)の親を施(す)てず。大臣をして以(もち)いられざるを怨(うら)ましめず。故(こ)旧(きゅう)、大故(たいこ)無ければ則(すなわ)ち棄(す)てず。備わるを一人に求むること無かれ。

共同体のなかで暮らしていても、自分はどこまでも自分である。ただし個人は、共同体のなかで他者と「ともに」あって、はじめて個人として生きられる。個人があって共同体が存するのでなく、共同体があってそこに個人が明らかになる。

「ひとりの人間になにもかも要求してはならん」という教えは、まことに拳拳服膺するに値する金言だとおもう。ひとりになにもかも要求すると、その要求は満たされず、いきおい見捨てることになる。だれにだって取柄はあり、だれにだって使いみちはある。おのおの「こころ」をまもりつつ、それぞれにやれることをやればよい。

このひとは酒をいっしょに飲むと楽しい、このひととは文学の話で盛りあがれる、このひとは人情味があるので相談しやすい、というふうに他人にもとめるものを分散させる。そのひとに「ない」ものを期待して、それが得られずに不満をいだくのではなく、そのひとに「ある」ものでつながるのである。

11

周に八人のすぐれた人物がいた。伯達。伯适。仲突。仲忽。叔夜。叔夏。季随。季騧。

周に八士有り。伯達。伯适。仲突。仲忽。叔夜。叔夏。季随。季騧。

おのれの「こころ」をまもって生きた面々なのだろうが、未詳。

ちょっと一息

8

儒家は、天下に秩序をもたらす「礼」を重んずる。その礼によって天下をおさめるものが聖人である。

堯・舜・禹・湯・文王・武王・周公・孔子、いまのところ聖人は八人しかいないわけだが、堯から周公までの七人は、みな天下の統治者であった。ひとり孔子のみ、聖人でありながら統治者になりそこねた。そこで天下に秩序をもたらす指針としての五経を後世にのこしたのである。

1912年、清朝がほろび、儒教は国教でなくなる。国家イデオロギーとしての儒教は幕を閉じたわけだが、『論語』という本は、儒教の経典ということをはなれて、ひろく読まれつづけた。その理由は、この本をお読みの諸賢にはよくおわかりだろう。こんなに身につまされる記事にあふれた本はそうそうあるもんじゃない。

子張第十九

門人の言葉に見られる孔子像

本篇におさめられるのは孔子の弟子の言葉ばかりである。内訳は、子張（1～3）子夏（4～13）子游（14、15）曾子（16～19）子貢（20～25）。

孔子自身の言葉はでてこないのだが、弟子たちの言葉をとおして孔子の教えが歴歴とあらわれている。私見によれば、それは「自信をもて」ということである。ここまでの全篇をとおして孔子みずからの口からそのことは語られつづけてきたのだが、あらためて弟子の言葉によってそれが確認される。

自信のない人間は、ひとから肯定され、承認されることをもとめる。おのれが肯定され、承認されているかどうかを確認することに手間をとり、おのれの本色をあらわしているヒマがない。

自信とは、自分を信じることではない。自分が信じることである。理想の自分という対象をめざして、「大丈夫、そういう自分になれる」と信じることじゃない。「いま・ここ」に生きている自分を受けいれ、そういう主体として生きてゆくことである。

ときには自信がなくなって、自分を試したり、傷つけたりすることがあるかもしれない。そういうときって、ものの見方がひどく狭くなっている。ものの見方が狭くなると、世のなかは自分のものの見方と相容れないものだらけになってくる。

自分のものの見方と相容れないものを「ダメ」と認定していたら、ダメじゃないものの数はかならずへってゆく。わずかな部分であれ自分のものの見方と合うものを「よし」と許容することができれば、よいものの数はすこしづつでもふえてくる。「いま・ここ」に生きている自分を受けいれ、自分がよしとするものをゆっくり味わいながら生きてゆくことができる。

自分が信じることに、ことさらな根拠は要らない。根拠のない自信をもつこと、それこそが自信というもののリアルな根拠なのである。無から創造された自信こそが真の自信なのである。事実に由来することをもとめるような自信はホントの自信ではない。事実はあとからつくられるものであり、あとからつくられるような事実こそが人間的な事実なのである。

さて、せいぜい自信をもって読みすすめてゆこう。

1

子張はいう。宮仕えするからには、ピンチのときはオタオタせず、チャンスのときもガツガツせず、イベントのときは真剣で、セレモニーのときは真摯であれ。そうであればまあ大丈夫だろう。

子張曰く、士は危きを見ては命を致し、得るを見ては義を思い、祭には敬を思い、喪には哀を思う。其れ可ならんのみ。

世間ではガンバリ屋がもてはやされる。しかしガンバればガンバるほど、より多くのことをないがしろにしているんじゃないだろうか。「なにかをする」ことは「別のなにかをしない」ことである。で、ガンバるのが苦手なぼくは、子張の言葉もつい軟弱に読んでしまいたくなる。無理してガンバらず、どこまでも自然体で、ただし自信をもってやんなさい、と。

ピンチのときには「なるようになるさ」とあきらめる。チャンスのときも「たいしたことないさ」と恬淡（てんたん）としている。どんなにおいしい話でも、その気になれないなら、べつに無理してやらない。自然な感情のあるがままの流露にまかせる。

そういう自然体の生きかたは、ことさら称賛されるほどのことではない。せいぜい「其れ可ならんのみ」である。当然のありかたにすぎない。「ま、いいんじゃないの」といった感じである。

2

子張（しちょう）はいう。さほど熱心なわけではなく、べつに真剣なわけでもないなら、あつかいように困るよ。

子張（しちょう）曰く、徳を執（と）ること弘（ひろ）からず、道を信ずること篤（あつ）からずんば、焉（いず）くんぞ能（よ）く有りと為（な）さん、焉くんぞ能く亡（な）しと為さん。

やりたいならやる。やりたくないならやらない。自分のこころにやる気があるのかないのかわからないのはいけない。すべからく自信をもつべし。

「少年よ、大志をいだけ」という言葉がある。少年にしてみれば「若者たるもの、すべからく大志をいだくべし」といわれるのはプレッシャーである。いだくべきなのは大志であって小志じゃないってことか、と。ビールのジョッキじゃあるまいし、志に大も小もない。せっかくの志を大だの小だのと分けようという料簡はつまらん。もっとも「棒ほど願って針ほど叶う」ということもあるから、「どうせいだくのなら、とりあえず大志にしとけば」というノリならゆるす。

3

子夏の門人に交友の心得をたずねられて、子張がいう「子夏はなんといってた」。

「すぐれた人物とつきあい、パッとしないものは寄せつけるな、といわれました」。

「わたくしが先生から教えられたのとはちがうな。ちゃんとした人間は、優秀なひとを歓迎はするが凡庸なものも受けいれるし、立派なひとを尊敬はするが取柄のないものにも同情する。もし自

子夏の門人、交わりを子張に問う。子張曰く、子夏は何と云えるか。対えて曰く、子夏曰く、可なる者は之と与し、其の不可なる者は之を拒め、と。子張曰く、吾が聞く所に異なれり。君子は賢を尊びて衆を容れ、善を嘉して不能を矜れむ。我れの大

分がとびきり優秀であれば、どんなひとにだって受けいれられるだろう。もし自分がひどく愚かだったら、相手のほうがわたくしを近づけないだろう。わざわざ自分から相手を寄せつけないなんて要らん気づかいじゃないかな」。

賢ならんか、人に於いて何ぞ容れざる所あらんや。我れの不賢ならんか、人将(まさ)に我れを拒まんとす。之を如何(いかん)ぞ其れ人を拒まんや。

4

よいものを近づけ、わるいものは遠ざけるなんていう「えりごのみ」は、ぼくのような小心者にはできない。可か不可かはこちらが判定することではない。得るところの多いひとに親炙できるというのは、むしろそのひとに自分がえらばれることである。

だれが可か不可かなんて、いちいち考えなくてよい。「ひとづきあい」というものに、いたずらに純粋さをもとめちゃいけない。

純文学というジャンルがある。この「純」はあとからでてきた概念だろう。純粋ってやつは、けっして「生まれたまんま」じゃなくて、むしろ人工的なものである。わざわざ純というってことは、自然じゃないと白状しているようなものである。純文学だろうがエンタメ小説だろうが、読みたいなら読むし、読みたくないなら読まない。すべからく自信をもつべし。

子夏はいう。どんなささいなことであっても、それなりにやってみる値打ちはある。だが、でっかいことをやろうとおもえば、ちっちゃいことにかかずらってはいけない。だから志のある人間はあえてささいなことには手をださない。

子夏曰く、小道と雖も必ず観るべき者有り。遠きを致さんには泥まんことを恐る。是を以て君子は為さざるなり。

とるに足りない些事にも「やってみる値打ち」がある。なまじやってみる値打ちがあるもんだから、ついハマってしまう。ハマってしまうと、夢中になって「あっち」にいってしまいかねない。志のある人間は「この世」にとどまる。「あえてささいなことには手をださない」ようにして「あっちにはゆくまい」とふみとどまる。ふむ。そういうのが志のある人間なのかもしれないが、もうちょい自信をもってもよいとおもう。

たしかに「でっかいこと」をやろうとするものにとって、「ちっちゃいこと」にかかずらうのは道草を食うことでしかない。わずかばかりのやってみる値打ちがあったところで、しょせん不急のものでしかない。うん。それはそうだけど、だれもが大志をいだけるわけじゃない。「でっかいこと」をする気のないものにとっては、「ちっちゃいこと」における「やってみる値打ち」をためしてみることも、けっこう大事だったりする。

5

子夏はいう。毎日、自分にそなわっていないものを知ろうとし、毎月、自分にそなわっているものを忘れまいとする。そういうのが勉強家だ。

子夏曰く、日びに其の亡き所を知り、月づきに其の能くする所を忘るること無し。学を好むと謂う可きのみ。

汗水たらして勉強したのに試験に落ちたものと、さほど苦労もせずに合格しちゃったものとでは、競争に勝つという意味では後者のほうがよい。ただし勉強することの楽しさや苦しさを味わったのはたぶん前者である。

いかに効率よく利益を得るかっていうことだけが大事なわけじゃない。なにが身にしみたかっていうこともまた大切である。そのことに気づかせるのが教師のつとめである。落ちこぼれ諸君、自信をもって勉強にはげみたまえ。

ちかごろの教育現場は「勉強という苦役の対価としてどれだけのメリットを手にいれられるか」という商業原理にもとづいて営まれている。「勉強をして一流大学にはいれば豊かな人生をおくることができる」と焚きつけられてきた子どもは、「この世で大切なのは学力そのものではなく学歴をもつことでもたらされる利益である」と考える。学力競争の勝者となることによって得られるメリットだけが大事なのだ、と。そんなふうにエサを鼻先にぶらさげられ、それをめざして勉強してきた子どもが「できるだけ少量の努力によってなるべく多量の利益を得るものこそが競争の勝者である」という発想になるのは無理からぬところである。しかし「学ぶ」というのは、そんなふうに欲得づくでやることではない。

学問において大事なことは、あくまでも学ぶことそのものであって、学ぶことによって得られる利益ではない。「さくさくと要領よくやったら、こんなに成果があがっちゃいましたよ」といって胸をはるのはバカである。かれが成就したのは、学ぶこととは別のなにかである。

6

子夏はいう。幅広く見聞し、熱心に吸収し、切実に吟味し、卑近に実践する。そういう姿勢でありつづければ、おのずと学ぶ楽しさは身にしみてくるだろう。

子夏曰く、博く学びて篤く志し、切に問いて近く思う。仁、其の中に在り。

無理してガンバらず、どこまでも自然体でやりつづければよい。やりたいことをやりたいようにやっていると、たといやりかたがちょっとくらいまずかろうとも、やること自体が楽しくなってくる。すべからく自信をもってやりつづけるべし。

なにごとも遠近のバランスが重要である。遠いことだけ、近いことばかり、ではダメっていうことである。遠いことをもとめながら近いこともおろそかにしない。それが学ぶことを楽しくするコツである。
さっきは「でっかいことをやろうとおもえば、ちっちゃいことにかかずらってはいけない」（4）と釘を刺していた子夏だが、弟子たちがやたらと大風呂敷をひろげるのにヘキエキしたのか、身近なことをこなすことも忘れなさんなと説教する。大志をいだくのもよいが、ちゃんと歯もみがけよ、と。

7

子夏（しか）はいう。職人は職場にあって仕事につとめる。学者は学問において真理をもとめる。

子夏（しか）曰く、百工（ひゃっこう）は肆（し）に居て以（もっ）て其（そ）の事を成す。君子は学びて以て其の道を致す。

あるバレリーナは「稽古を一日サボると自分にわかり、二日サボると仲間にわかり、三日サボると観客にわかる」といったという。サボるというのは、やるべきだとわかっていてやらないことである。人目がどうこうというより、ことがらは自分の「こころ」にかかる。平気でサボるようでは、とうてい自信をもつことはできない。
教師とは、はたして職人だろうか？ それとも藝術家だろうか？ 職人はおなじ型をきちんと再生産する腕前をもつ。わけのわからんものをこしらえられたんでは、その作品を信用して使えない。教師は信用されてナンボではあるが、教育することはたんなる再生産ではない。いつもおなじことをしていたんじゃ生きた人間は相手にできない。そのつど創造的であらねばならない。

職人はおのれの技をじっくり育てる。ベテラン教師のなかには「いよッ、名人」といいたいくらい見事な授業をするひとがいる。だが、そういう職人技によって子どもがうまく育つかというと、そうでもない。

藝術家は、たえず根底から壊し、そして創る。一風変わった教師のなかには「藝術は爆発だ」みたいなハチャメチャの授業をするものがいる。自分の語りたいことを夢中になって語りまくる。子どもたちはポカンとしている。そういう教師のもとに優れた子どもが育つこともないではない。

頼みもしないのに、ぼくはこの世に生まれてきた。こうして生きていることは降ってわいたようなことである。降ってわいたように存在しはじめ、そのまま未知のことが身辺に起こりつづけている。「学ぶ」というのは、そういう降ってわいた未知のことに遭遇したとき、かたわらを過ぎてゆく得体の知れない出来事に身をもってぶつかり、それを味わうことである。否応なく身に降りかかってくるものを受けとめ、それを噛みしめることである。それは端的に「生きる」ことでもあって、職人であれ学者であれ、死ぬまでやりつづけざるをえないことである。

8

子夏（しか）はいう。俗物はしくじると言い訳する。

子夏（しか）曰く、小人（しょうじん）の過（あやま）つや必ず文（かざ）る。

他人や環境のせいにして、自分を正当化し、ミスをごまかす。言い訳のなにがわるいって、反省できなくなるっていうことがわるいのである。

反省するというのは、ただ頭のなかで「わるかった」とおもうだけではなく、わるくない自分へと身をもって「変わる」ことである。「反省だけならサルでもできる」といったりするけど、冗談じゃない、反省するって容易なことではない。自分で自分を否定し、ちがう自分へと変わらなきゃならないんだから。

自分がミスしたとき、ミスしたのが自分以外だということはありえない。ミスをごまかそうとするのは、おのれの「こころ」をみずから裏切ることである。ミスをとりつくろうようでは、とうてい自信をもつことはできない。

「ここ」にいるのが自分であるという退屈な事実は、そうでない可能性をもっていない。「ここ」はどうあがいても自分がいる場所でしかない。自分の存在と自分についての意識とはかならず一致している。

ぼくがミスしたとき、ミスしたのがぼく以外だということはありえない。だからこそ「ぼくのミスだ」と能動的なかたちで意識できる。ごまかして体裁をとりつくろうのは、自分を裏切ることである。かけがえのない「ここ」にいる「この」自分をみずから裏切るのは愚の骨頂である。生きてゆくことの一貫性をもとめられる主体であり、ふるまいの責任を問われる当人である自分を、みずからの手で汚してはならない。

9

子夏はいう。すぐれた人物の印象は三段階に変化する。遠くから見るとおごそかである。近づいて見るとおだやかである。その言葉を聴くときびしい。

子夏曰く、君子に三変有り。之を望めば儼然たり。之に即けば温かなり。其の言を聴けば厲し。

すぐれた人物の印象が変わるのは、そのひとが自信をもっているからである。自信をもっているひとは、ひとから肯定され、承認されることをもとめない。そのひとは変わらずそのひとでありつづける。そのひとを見るひとのほうの「こころ」が変わるだけである。

他人のことが「わかる」とはどういうことだろう。相手のこころを読みとることだろうか？　まさか。おたがい読みとれないプライバシーをもっているからこそ、むしろ豊かな人間関係をつむぎあえる。だとすると他人のことが「わかる」なんていうのは無用っていうことだろうか？

他人のことが「わかる」とは、相手のありかたを「尊重する・許容する」ということじゃないだろうか。相手のこころを読みとるというよりも、「あなたがあなたとしてそんなふうに存在している」という、ただそれだけのことを、おたがい「みとめあい・ゆるしあい」ながら生きてゆくことである。それぞれの自分のありかたという曰くいいがたいものの「わかりがたさ」をいつくしみあうことである。

10

子夏はいう。ひとの上にたつ人間は、信頼されてから、はじめて部下を使う。信頼されてもいないのに使うと、部下は苦労させられているとおもう。（部下のほうも）信頼されてから、はじめて上司をいさめる。信頼されてもいないのにいさめると、上司は悪口をいわれているとおもう。

子夏曰く、君子は信ぜられて而る後に其の民を労す。未だ信ぜられざれば則ち以て己を厲ましむと為す。信ぜられて而る後に諫む。未だ信ぜられざれば則ち以て己を謗ると為す。

信用されていないのに使役したり説教したりするなといわれても、信用されているかどうかはどうやって知ればよいのだろう。使役したり説教したりしてみて、イヤな顔をされてから「あちゃあ、信用されてなかったんだ」と知るというのでは間に合わない。かといって、ちょこっと小出しに使役したり説教したりしてみるっていうのも、なんだかセコい。

信じられたうえで行動すべきではあるが、信じてもらえるのを待っていたのでは、いつまでたっても行動できない。信じられているという確証はもてないけれども、信じられているという根拠のない自信をもって、とりあえず行動してみる。信じられているという確証は自信をもって行動しているうちに自然と得られる。

11

子夏（しか）はいう。人間としての基本的なありかたについては、けっして規範をふみはずしてはならない。しかし日常のこまごましたミスについては、そんなに目クジラをたてなくてもよい。

子夏（しか）曰く、大徳は閑（のり）を踰（こ）えず。小徳は出入するも可（か）なり。

でっかい根幹はおろそかにできないが、ちっちゃな枝葉にこだわることはない。肝腎のところはふみはずしていないという根拠のない自信をもって生きてゆくべし。

お察しのとおり、ぼくは「小徳は出入するも可なり」というスタンスは非常に気に入っている。ささいなことは機械的にこなしておけばよい。「土曜の夜は映画を観る」とあらかじめ習慣化しておけば、いちいち「なにしようか」と考えないですむ。で、もし都合がわるくなれば「出入するも可なり」とうそぶいて観なければよい。

直茂公の『御壁書』に、「大事の思案は軽くすべし」と有。一鼎の註には、「小事の思案は重くすべし」と致され候。（『葉隠』聞書一）

重要な案件はふだんから考えてあるから瞬時に判断できる。ささいな事案はちゃんと考えないと対応を誤る。逆説的に聞こえるが、そういう機微はたしかにありそうである。「大事の思案は軽くすべし」というのは、大事ばかり考えているとモラルが観念的になるというのである。ダブルスタンダードはいけない。肝腎のところでブレちゃいけない。うん。理屈はわかる。とはいえ、なにしろ「出入するも可なり」派のぼくであるから、公平でなければならないとしても、その適用における多少のブレはゆるす。多少の出入りがあったからといって大騒ぎはしない。

12

子游がいう「子夏のところの若い連中は、掃除の仕方、客人との応対、日常の作法についてはまずまず合格だ。どれもこれも枝葉末節のことだが。その根本にある精神となるとてんでなってない。なんでかな」。

子游曰く、子夏の門人小子、洒掃・応対・進退に当たりては則ち可なり。抑も末なり。之を本づくれば則ち無し。之を如何。子夏、之を聞きて曰く、子夏がこれを小耳にはさみ、「ああ、子游はまちがってるなあ。一人前の人間になるための修養は、コレをさきにやり、アレはあとまわしにするなんていう決まりがあったりはしない。植物にたとえてみれば、花と葉と根とのどれが重要かといってみてもしょうがない。修養がゴリ押しであってはならない。終始一貫パーフェクトであるなんて聖人にしかできっこないのだから」。

噫(ああ)、言游(げんゆう)、過(あやま)てり。君子の道は、孰(いず)れをか先に伝え、孰(いず)れをか後に倦(う)まん。諸(これ)を草木の区にして以(もっ)て別あるに譬(たと)う。君子の道は、焉(いず)くんぞ誣(し)う可(べ)けんや。始め有り卒(おわ)り有る者は、其(そ)れ唯(た)だ聖人のみか。

数学であれば、四則演算を知らないものに微分積分を教えるのは無茶である。だが人間としての生きかたを身につけるさいに、これは大切だが、あれは怠けてよい、といった濃淡の差はない。

子夏は「植物について花と葉と根とのどれが重要かといってみてもしょうがない」というが、これは「草木の種類によって植えかたや育てかたにちがいがあるように、門人の資質のちがいによって教えかたにもちがいがあるのだ」といっているのだろうか？　それはそれで一理ありそうだが、すこし違和感がある。「たしかに草木には花や葉や根といった区別はあるけれども、どれもみな草木であるためには欠(か)かせないものであり、どれが本でどれが末だということはない」ということじゃないだろうか。

草木には、根があり、葉がある。根が本で、葉が末のような気がする。だが、そういえるのは完成したすがたにおいてであって、成長してゆく過程において、根とかかわりなく葉がしげるとか、葉はどうでもよく根がそだつといったことはない。根と葉とはどちらが大事ということはない。

「オレって瑣末なことばかりやっているんじゃないでしょうか」と悩んでいる学生には、「心配すんな。やれることをやっていればよい」といって肩をたたいてやる。コレはさきにやり、アレはあとまわし、といった順序にとらわれなくてもよい。肝腎のところはやりのがしていないという根拠のない自信をもってやるべし。

13

子夏（しか）はいう。就職して余裕があれば学問をする。学問をして余裕があれば就職する。

子夏（しか）曰く、仕（つか）えて優なれば則（すなわ）ち学ぶ。学びて優なれば則ち仕う。

なにかをやり、余力があれば、別のことをやる。余力がないなら、別のことに手をつけちゃいけない。なにもかもいっぺんにはやれない。おのれの事情に応じて順序よくやればよい。よけいなことは「やるな」なんていわない。やるべきことをやって、余力があれば、ほかのこともやればよい。

大学院生のころをおもいだす。研究と就職とは「つかずはなれず」である。就職のために研究をするとはいいたくない。研究のために就職するともいいきれない。なんとか就職はできたけれども、はたして研究はできているのだろうか。できているという根拠のない自信をもって生きてゆくしかなかろう。

14

――子游（しゆう）はいう。喪に服するときは、こころから悲しめばそれでよい。

――子游（しゆう）曰く、喪（そう）は哀（あい）を致して止（や）む。

弔（とむら）うというのは、こころから悲しむということである。それ以上でも以下でもなく、まして以外ではない。

ものごとには第一義的に重要なことがある。葬儀についていえば、こころから悲しむということが本である。それ以外のことは末である。とはいえ、Tシャツにジーンズで葬儀にゆけばヒンシュクを買う。どんなに哀悼の意を表してもまず白い目で見られる。「こころから悲し」んでいるのだからどうおもわれても平気だという覚悟があるなら、Tシャツにジーンズでゆけばよい。故人への哀惜の念さえあれば遺族だって気をわるくしないだろう（お座なりの黒ネクタイよりもうれしいくらいである）。

孔子は「体裁をととのえるよりも内実をこめなさい」（八佾4）といっていた。葬儀のときはこうする「べし」という公共のモラルよりも個人の心情のほうがずっと大事である。ホントに大切なことは、万人にとってどうであるかということではなく、自分にとってどうであるかということである。

15

子游はいう。友人の子張はひとのできないことができる。とはいえ優しさにあふれているとはいえない。

子游曰く、吾が友張や、能くし難きを為すなり。然れども未だ仁ならず。

「ひとのできないようなことができる」のもわるくはないが、ひとのできないことをやるヒマがあったら、自分のできることを自信をもってやるべし。

そもそも「相手の身になって考えるという生きかたは手のとどかないものではない。欲しさえすればそこにある」（述而29）というように、優しいというのは、だれもできないようなことができることではない。だれもがやるべきことをやることである。ひとのできないことができることは、かえって優しくあることのジャマになりかねない。

16

曾子はいう。堂堂たるもんだな、子張は。ただ、いっしょに優しさをもって生きてゆくのはむつかしい。

曾子曰く、堂堂たるかな張や。与に並んで仁を為し難し。

子張という男、能力は「ひとのできないようなことができる」し、風采は「堂々たるもん」である。「子張は余っている」（先進16）と評されるように、子張は人並みはずれた器量をもっていたもんで、こころならずも派手なパフォーマンスにはしってしまい、こころから優しくなりきれない。子游や曾子のような控え目なひとは、子張のふるまいに辟易していたのかもしれない。

17

曾子はいう。先生からこんな話をうかがったことがある。ありのままの自分をさらけだすというのはむつかしいものだ。もしできるとすれば、それは親を亡くしたときくらいだろう、と。

曾子曰く、吾れ諸れを夫子に聞く。人未だ自ら致す者有らざるなり。必ずや親の喪か。

ありったけ自分をさらけだすことは、いたって簡単なことのはずなのに、意外とむつかしい。さすがに親が死んだときであれば、だれはばかることなく真情をあらわすことができるだろう。が、そういう非常時でなくとも、おのれの「こころ」に素直にふるまいたいものである。

「ない」はずのものが「ある」ことには気づきやすいが、「ある」はずのものが「ない」ことは気づきにくい。いてくれるはずの親が不慮のことで逝ったとき、こころが動転し、悲しみはかたちをとれない。

親は「ふるさと」といっしょで、あって当たり前である。あって当たり前のものの価値にはなかなか気づけない。うしなってはじめて気づいたりする。

ぼくの身のまわりの世界はうつくしい。ただし見る目をもっていればの話である。見る目をやしなうためにも、あたりをゆっくり見わたしてみよう。夕焼け空をながめながら、頭をカラッポにしてみよう。それがいちばん必要なのは、それをする時間がないときである。そういえばこのまえ口笛を吹いたのはいつだっけ？

18

曾子はいう。先生からこんな話をうかがったことがある。魯の孟荘子はたいへん親孝行だということだが、たいていのことはマネできる。ただ父の亡きあとその旧臣と政策とをすこしも変えなかったというのは、なかなかマネできることではない、と。

曾子曰く、吾れ諸れを夫子に聞く。孟荘子の孝や、其の他は能くす可きなり。其の父の臣と父の政とを改めざるは、是れ能くし難きなり。

「父が生きているうちは、その『こころざし』をくみとる。父が亡くなってからは、その『ふるまい』を味わう。喪に服する三年のあいだ亡き父のやりかたを変えないようなら、ひとまず孝行といってよい」（学而11）とあったが、父が存命であろうと、その亡きあとであろうと、おのれの「こころ」に素直にふるまうことがただちに親のこころにそむかぬことでありたい。

19

孟孫氏が陽膚を裁判官に任ずる。陽膚にその心得をたずねられ、曾子がいう「お上が道理をうしなったせいで人民のこころがはなれて久しい。たとえ罪をおかしたものをつかまえても、むしろ憐れんでやるべきであって、ゆめゆめ手柄だなどとおもってはならん」。

孟氏、陽膚をして士師為らしむ。曾子に問う。曾子曰く、上其の道を失いて、民散ずること久し。如し其の情を得ば、則ち哀矜して喜ぶこと勿かれ。

裁

くもののなすべきことは、罪人を罰することではなく、そのものの居場所をつくってやることである。反社会的なやつは排除してよいという発想はよろしくない。だれもが共有するリスクを直視し、それを社会全体でになってゆく方途をさぐること、それが裁くもののつとめである。

リスクは個人でになうべし、という「自己責任」を基調とする社会は住みにくい。だれもが背負う可能性のあるリスクは、みんなで対処するほうが合理的である。もし罪人があれば、それを憐れむことのできる社会でありたい。ひとを裁くものは、なにはさておき自信をもって裁かねばならない。ただし秋霜烈日たるばかりではなく、ときに春風駘蕩たるおもむきがあってもよい。

20

子貢はいう。殷の紂王がわるいやつだといっても伝えられるほど極悪非道であったわけじゃない（落ち目になったせいで極悪人に仕立てあげられた気味もある）。だから上にたつものはだれもみな落ち目になることを忌み嫌う。なにせ天下の悪事という悪事をのきなみ背負いこむことになるから。

子貢曰く、紂の不善、是くの如く之れ甚だしからざるなり。是を以て君子は下流に居ることを悪む。天下の悪、皆な焉れに帰す。

ひとたび就いた権力の座は、うっかり手ばなせない。うかうかと権力をわたしてしまうと、なにをいわれるかわかったもんじゃない。いったん偉くなろうものなら、もっと偉くなるしか道はのこされていない。権力者の悲劇である。

ひとたび偉くなったものが落ちぶれると、どうして天下の悪事という悪事がことごとくあつまってくるのか。「諸悪の根源はここにある」と悪を一箇所にまとめておけば、その他大勢はノンビリしていられるからだろう。大衆とは残酷なものである。

伝承というものはどうしても極端になる。話半分に聴いておいて、あとは自分の目で見て、自分の頭で考えねばならない。

21

子貢はいう。一流の人物のミスは日蝕や月蝕のようなものだ。ミスをおかせば、だれもがみな注目する。ミスをあらためると、だれもがみな感心する。

子貢曰く、君子の過ちや、日月の蝕するが如し。過つや、人皆之を見る。更むるや、人皆之を仰ぐ。

成功するにせよ失敗するにせよ、陰でコソコソやるのではなく、万人のまえで公然とやる。自信をもってやったことであれば、成功しようが失敗しようが、その結果をみずから引き受けることができる。

例によって話を教育になぞらえて読みかえてみる。すると別の風景があらわれてくる。

教育はたんなる情報伝達ではない。教師に課せられているのは、未熟な人格にそなわる可能性をひきだして、自立した主体へとみちびくことである。学生はいまだ学びのなんたるかを知らない。学生がそれを知るのは、すでに学びおえたのちである。教師は、いまだ学びのなんたるかを知らないものを相手に、言葉にならないオーラによって、かれらの学びへの欲望をかきたてねばならない。

衛星放送の画像を介してとびきり優秀な教師がすばらしい授業をしたとしても、それを教育とよぶことはためらわれる。なにか大切なものが欠如しているように感ぜられる。その大切なものとは、教師の人格的なはたらきかけである。通信教育は人格と人格とのまじわりを欠くがゆえに、言葉では説明しにくい暗黙のリアリティにとぼしい。

教師も人間だから、ときにまちがう。だがそれを隠さない。教師のごまかさない姿勢を見て、学生はなにかを学ぶ。ぼくの講義によって「なるほどこれが孔子の思想か」と理解させるよりも、ぼくがみずから楽しんでみせることによって「よくわかんないけど『論語』っておもしろそう」と興味をもたせるほうが、教育にとっては大事である。哲学的な実力をそなえた賢者よりも、実力はいささか怪しいけど漢文の魅力を語れる凡人のほうが、教師としてすぐれているのである（エヘン）。

22

衛の公孫朝に「仲尼はだれに学んだのか」とたずねられて、子貢がいう「周の文王・武王の道はすっかり絶えてしまったわけではなく、ひとびとのあいだに脈々と伝わっております。すぐれた人間はその重要なことをわきまえており、ふつうの人間はその些細なことにこだわっているというちがいはありますが、いずれにせよ文王・武王の道はあらゆるところに残存しております。先生はあらゆることから学ばれるので、これといって決まった師はな

衛の公孫朝、子貢に問いて曰く、仲尼焉くにか学べる。子貢曰く、文武の道、未だ地に墜ちずして人に在り。賢者は其の大なる者を識り、不賢者は其の小なる者を識る。文武の道有らざること莫し。夫子焉くにか学ばざらん。而して亦た何の常の師か

いのです」。

之(これ)有らん。

愚者は経験から学び、賢者は歴史から学ぶ。経験から学ぶとは、失敗してはじめて身にしみるということである。「故(ふる)きを温めて新しきを知る」（為政11）というふうに歴史に学ぶという姿勢をもつべし。

歴史から学ぼうにも「なにぶん書いてあるものや覚えているひとが足りない」（八佾9）。じゃあ学ぼうにも学べないのかっていうと、そんなことはない。歴史から学ぶのだという意欲をもっていさえすれば、就いて学ぶべきものは無尽蔵にある。要は学ぼうとする「こころがけ」の有無である。これからしか学べないという「決まった師」をもとめるといった料簡ではなにも学べない。

学ぶものの「こころがけ」ひとつで、どんなことからでも学ぶことができる。その意味では、ありとあらゆるものが師でありうる。よろしく自信をもって学ぶべし。

23

魯(ろ)の叔孫武叔(しゅくそんぶしゅく)が朝廷にあって同僚たちにいう「子貢(しこう)は仲尼(ちゅうじ)よりもすぐれておる」。

子服景伯(しふくけいはく)にこのことを伝えられて、子貢がいう「屋敷の塀にたと

叔孫武叔(しゅくそんぶしゅく)、大夫に朝(ちょう)に語りて曰く、子貢(しこう)は仲尼(ちゅうじ)より賢(まさ)れり。子服景伯(しふくけいはく)、以(もっ)て子貢に告ぐ。子

えるなら、それがしの塀はやっと肩までくらい。その塀越しに屋敷内をのぞきこめる。先生の塀はすばらしく高い。門をくぐってみないかぎり、宗廟のうるわしさや百官のにぎわしさを目にすることはできない。もっとも、その門をくぐれるものはめったにおらんわけで、叔孫武叔どのがそんなふうに勘ちがいするのも無理からぬところでしょうな」。

貢曰く、之を宮牆に譬うれば、賜の牆や肩に及ぶのみ。室家の好きを闚い見ん。夫子の牆や数仞なり。其の門を得て入らざれば、宗廟の美・百官の富を見ず。其の門を得る者、或いは寡なし。夫子の云うこと、亦た宜ならずや。

叔孫武叔におだてられ、子貢はとんでもないと卑下してみせるが、わるい気持であるはずはない。「瑚璉なり」（公冶長4）と評されるような才人はお世辞によわいものと相場が決まっている。それかあらぬか、その「そんなふうに勘ちがいするのも無理からぬところでしょうな」というセリフには、そこはかとなく自負の念がうかがわれる。

叔孫武叔のようなつまらん人間にホメられるということは、自分はつまらんものにわかる程度のつまらん人間だってことである。孔子のすばらしさは、つまらん人間にはわからない。つまらん人間にケナされたところで痛くも痒くもない。自信をもってやっていればよい。

24

魯の叔孫武叔に仲尼の悪口をいわれて、子貢がいう「およしなさい。先生の悪口などもってのほか。世にいう賢者とはせいぜい丘のようなもの。いくらでも越えることができます。先生は太陽や月のようなもので、とても越えることなどできません。（悪口をいうなどして）こっちから縁を切ろうとしても太陽や月はビクともしません。（太陽や月にチョッカイをだしても）身のほど知らずをさらけだすことになるのが関の山です」。

叔孫武叔、仲尼を毀る。子貢曰く、以て為すこと無かれ。仲尼は毀る可からざるなり。他人の賢者は丘陵なり。猶お踰ゆ可きなり。仲尼は日月なり。得て踰ゆること無し。人自ら絶たんと欲すと雖も、其れ何ぞ日月を傷らんや。多に其の量を知らざるを見るなり。

先生よりも上なんじゃないのというお世辞をかわすのにくらべれば、先生の悪口をしりぞけるのは容易である。子貢は「先生は太陽や月のようなもの」という。さっきも「一流の人物のミスは日蝕や月蝕のようなものだ」（21）といっていたが、とりあえず宇宙的な規模で孔子をもちあげてみせる。

ひとの悪口をいうと、いっている本人のほうが痛々しく見える。まして太陽や月のように偉大なひとの悪口をいったりすると、いっている本人がどうしようもなくアホに見える。アホにはいわせておいて、

25 自信をもってやっていればよい。

子禽に「先生は謙遜にすぎます。大先生が先生よりすぐれているもんですか」といわれ、子貢がいう「社会人ともなれば、たった一言によって知者とみなされもするし、たった一言によって愚者とみなされもする。発言にはよほど慎重でなければならん（いまの言葉はおまえの愚かさをあらわしておる）。わたくしが先生にかなわないことは、ちょうど天にハシゴをかけてのぼれないようなものだ。もし先生が国家をおさめようものなら、ひとびとをしっかりと自立させ、おのれの生きかたをわきまえて、ゆくべきところに安んじてゆかせることができる。生きているときは栄誉にかがやき、亡くなってのちは愛惜につつまれる。わたくしごときのおよぶところではない」。

陳子禽、子貢に謂いて曰く、子は恭を為すなり。仲尼、豈に子より賢らんや。子貢曰く、君子は一言以て知と為し、一言以て不知と為す。言は慎まざる可からざるなり。夫子の及ぶ可からざるや、猶お天の階して升る可からざるがごときなり。夫子の邦家を得れば、所謂る之を立つれば斯に立ち、之を道びけば斯に行き、之を綏んずれば斯に来たり、之を動かせば斯に和らぐ。其の生くるや栄え、其の死するや哀しまる。之を如何ぞ其れ及ぶ可けんや。

子貢がまたお世辞をいわれている。じっさい子貢がすぐれているにせよ、子貢をホメることによって間接的に孔子をケナしているようにしか聞こえない。自分がダシに使われることにウンザリしたか、子貢は「わたくしが先生にかなわないことは、ちょうど天にハシゴをかけてのぼれないようなものだ」と歯牙(しが)にもかけない。

よりによって『論語』の実質的なラストである子張篇第十九の締めくくりに、どうして「孔子よりも子貢のほうが上なんじゃないの」という不穏な話題をたてつづけに載せるのだろう？　孔子を唯一無二の聖人としてまつりあげ、第二、第三の孔子の出現をあらかじめ封じておこうという意図でもあるのだろうか。しかし学統の伝承ということをおもえば、むしろ第二、第三の孔子が出現してくる系譜のほうが重要なんじゃないかなあ。

いずれにせよ孔子は、ひたすら自信をもって生きてゆくのみで、ひとから肯定され、承認されることをもとめたりしない。だからつまらんものにはその真価がわからない。見るべきものが見れば、その生きかたは世にあるひとびとにとって「木鐸(ぼくたく)」（八佾24）たりうるものである。

堯曰第二十

あらまほしき文明の継承とは

1

（いにしえの聖王）堯がいう「ああ、なんじ舜よ、天命による帝位の序列はそなたの身にめぐりきた（いまこそ帝位につくがよい）。よろしく（帝王の心得である）中庸の道をまもるべし。（もし失政のせいで）天下のひとびとが困窮するようなことがあれば、天のあたえたもうた恩寵はとこしえにつきはてるであろう」。舜もまたおなじ言葉を（帝位をゆずるさいに）禹に申しわたす。

（夏の桀王を討つにあたって殷の）湯王がいう「ふつつかな身なれども、おそれながら黒い牡牛をそなえ、意を決して大いなる上帝に申したてまつる。（夏の桀王のごとき）罪ぶかきものをゆるしは

堯曰く、咨、爾舜よ、天の暦数、爾が躬に在り。允に其の中を執れ。四海困窮し、天禄永く終らん。舜も亦た以て禹に命ず。曰く、予れ小子履、敢えて玄牡を用いて、敢えて昭かに皇皇たる后帝に告ぐ。罪有るは敢えて赦さず。帝臣蔽わず、簡ぶこと帝の心に在り。朕が躬に罪有らば、万方を以てすること無し。万方に罪有らば、罪は

しません。（かの暴虐な桀はもとより）天帝のしもべではありますが、その罪ぶかきことは隠しようもなく、（桀を討つべきか否かは）天帝のみこころにおまかせいたします。よしんばわが身に罪があろうとも民草に咎(とが)はございません。万民が罪をおかすときは、非はひとりわが身にございます」。

（殷の紂王(ちゅうおう)を討つにさいして周(しゅう)の武王(ぶおう)がちかっていう）「周には天の大いなる恵みがございます。すなわち善きひとびとがつどっておることであります。たとい周の親族があろうとも情けぶかいものにはおよびませぬ。もし人民にあやまちがあるときは責めはそれがしひとりの身にございます」。

（かくして周は）度量衡(どりょうこう)をととのえ、法制度をあきらかにし、すたれた官職をもどしたので、ひろく善政がゆきわたる。滅んだ国をたてなおし、絶えた家をひきつがせ、野(や)の遺賢をとりたてたので、天下の民がこころを寄せる。為政にあたっては、人民・食糧・葬儀・祭祀を重んずる。（お上のやりかたが）おおらかであったのでひとびとはあつまり、まごころがあったのでひとびとは頼ってきた。勤勉であったので行政がはかどり、公平であったので

朕(わ)が躬(み)に在り。周に大賚(たいらい)有り。善人是(こ)れ富む。周に親(しん)有りと雖(いえど)も、仁人(じんじん)に如(し)かず。百姓(せい)に過(あやま)ち有らば、予(わ)れ一人に在らん。権量(けんりょう)を謹しみ、法度を審(つまび)らかにし、廃官を修(おさ)むれば、四方の政行わる。滅国を興(お)こし、絶世を継ぎ、逸民を挙ぐれば、天下の民、心を帰(き)せん。重んずる所は、民・食・喪(そう)・祭。寛なれば則(すなわ)ち衆を得、信なれば則ち民任ず。敏(びん)なれば則ち功有り、公なれば則ち説(よろこ)ぶ。

人民はよろこんだ。

第一段落。王朝交替の期間はあらかじめ天によって決定されているという「天命による帝位の序列（暦運）」にもとづき、堯は舜へと、舜は禹へと、天子の位を禅譲する。

第二段落。「曰く」の主語が略されているが、文脈から推すに、夏の桀王を討って殷王朝をひらいた湯が即位のさいに上天につげた言葉であろう。

第三段落。主語も「曰く」も略されているが、「周には天の大いなる恵みがございます」「たとい周の親族があろうとも」とあることから推すに、殷の紂王を討って周王朝をひらいた武王が即位のさいにちかった言葉であろう。

堯・舜・禹の「三聖」の言葉、殷の湯王・周の武王の「二王」の誓文――三聖が禅譲、二王が放伐（ほうばつ）というちがいはあるが――いわゆる先聖から後聖へとつづく古代の先王の系譜がつづられる。

第四段落。主語も「曰く」も王朝名も略されているが、おそらくは孔子の言葉だろう。「すたれた官職をもどした」とあるように、周はいったん廃止されたポストをもとにもどすことによってかろうじて伝統をまもったみたいである。

あらまほしき王道政治のイメージがのべられる。いにしえの王者の心得るべきことは、孔子の教えるところに収斂されるべきである。

2

子張が孔子にたずねる「どうすれば政治にたずさわれるでしょうか」。

「五つの美をたっとび、四つの悪をしりぞければ、政治にたずさわることができる」。

「五つの美とはなんでしょうか」。

「政治をやるものは、恩恵をほどこしても無用の負担はかけず、労役をさせても不満をいだかせず、当然のことを要求はするが無理強いはせず、余裕をもちながらも傲慢でなく、威厳はあっても乱暴でない」。

「恩恵をほどこしても無用の負担をかけないとはどういうことでしょうか」。

「ひとびとが利益とおもっていることを察して、それを政治において実現してやる。これが恩恵をほどこしても無用な負担はかけないということだ。（治水などの公益に利する）イヤがられずにすむような労役に従事させる。だれが恨んだりするだろうか。愛の

子張、孔子に問うて曰く、何如なれば斯れ以て政に従う可き。子曰く、五美を尊び、四悪を屏くれば、斯れ以て政に従う可し。子張曰く、何をか五美と謂う。子曰く、君子、恵して費えず、労して怨みず、欲して貪らず、泰にして驕らず、威にして猛からず。子張曰く、何をか恵して費えずと謂う。子曰く、民の利とする所に因りて之を利す。斯れ亦た恵にして費えざるにあらずや。労す可きを択んで之を労す。又た誰をか怨みん。仁を欲して仁を得たり。又た焉をか貪らん。君子は衆寡と無く、小大と無く、敢えて慢ること無し。斯れ亦た泰にして驕らざるにあらずや。君子は其の

ある生きかたをもとめて愛のある生きかたを得るのである。どうして無理強いということがあろうか。政治をやるものは、やるべきことが多いか少ないか、小さいか大きいかなどは問題にせず、けっして手を抜くことはない。これこそ余裕をもちながらも傲慢でないことだ。政治にたずさわるものは、いでたちを堂々とし、ふるまいを重々しくする。ひとはその品格あるすがたをみて畏敬の念をいだく。これこそ威厳はあっても乱暴でないということだ」。

「四つの悪とはなんでしょうか」。

「ちゃんと教えもしないで、いきなり処刑する。これは残忍。あらかじめ告げておかないで、だしぬけに成果をもとめる。これは無茶。うやむやに命令しておいて、にわかに期限をかぎる。これはイジワル。どうせあたえることになるのに、もったいぶってケチる。これを役人根性という」。


衣冠を正しくし、其の瞻視を尊くす。儼然として人望みて之を畏る。斯れ亦た威にして猛からざるにあらずや。子張曰く、何をか四悪と謂う。子曰く、教えずして殺す、之を虐と謂う。戒めずして成るを視る、之を暴と謂う。令を慢りにして期を致す、之を賊と謂う。之を猶しく人に与うるに出納の吝かなる、之を有司と謂う。

政

治の秘訣は、「五美」をたっとび「四悪」をしりぞけることにある。

五美の一。ひとびとの好む職業、長じている技術において、おのおの利益を得させれば、国庫の財をついやすことなく人民に恩恵をほどこすことができる。下々のものに恵みをあたえるのが上にたつものの仕事であるが、それは金をバラまいて「ほどこし」をすることではない。それぞれの仕事を支援し、サポートすべし。

五美の二。人民を労役にかりだすときは、その労役の内容が理不尽なものでないかどうかを考えたうえで使役すべし。そうすれば人民は恨まない。

五美の三。要求されても当然であると納得できることを要求すれば、ひとびとは貪欲であるとはとらえない。要求すべきことは要求せねばならないが、貪りとおもわれてはならない。

この三つは為政者の人民にたいする心構えである。上にたつものの仕事は、労役をもとめ、租税をあつめることであるが、あくまでも公益のためにやり、ムダづかいをしない（ましてや私腹を肥やすなど論外）。公益に資するかたちで労役をもとめ、租税をあつめるかぎり、ひとびとは不服をいだかない。

「下々には信じさせるべきだが、そのわけを知らせることはない」（泰伯10）が、では信じさせるにはどうすればよいのかというと、「政治にたずさわるのに徳によってする」（為政1）のである。徳さえあればよいのかっていうと、よいのである。徳といわれるとビビるが、「お上がみずから身を正しく律すれば、いちいち命令せずとも下々はちゃんとする」（子路6）というように、上にたつものが身を正しくしていれば、ジッとしていても下々はしたがう。

理屈はそうである。ただし舜みたいな聖人なら徳のオーラで人民をしたがわせることもできようが、並みの為政者には無理である。ふつうの為政者にとっての徳とはなにかっていうと、公益がそれだっていうことになるんじゃないだろうか。公益がもたらされるであろう労役や租税をこうむるのであれば、ひとびとはイヤな顔をしない。

五美の四と五とは、為政者の自身におけるこころがけである。四は「覚悟のある人間は、地に足が着いていて、つねに腰をひくくしている。自信のない人間は、ヘンに背のびしていて、そのくせ落ち着きがない」（子路26）をふまえている。人数の多寡や事案の大小にかかわりなく、けっして侮（あなど）りのこころをもたないのである。五は「威厳があるのに乱暴でない。礼儀正しくても堅苦しくない」（述而37）をふまえている。たがいにリスペクトするこころを忘れず、きちんと正視しあうのである。そのようであれば、上にたつもののすがたは「遠くから見るとおごそか」（子張9）であろう。

四悪の一。教えみちびくこともせず、悪事をはたらいたからといって殺す。これは残忍である。親の仇だとかなんとか、殺す理由をいわないで藪（やぶ）から棒に殺すようなしわざである。

四悪の二。必要な注意をあたえもせず、仕事の完成をもとめて責める。あらかじめ指導しておかないで、結果にダメ出しするのは不親切である。そういう仕事のさせかたは乱暴である。

四悪の三。命令をゆるくしておいて、期限だけをきびしくする。まことに理不尽である。

四悪の四。なにかをあたえるとき、どうせあたえるのに、もったいぶって出し惜しみする。えらく杓子定規である。

あらまほしき行政のありかたがのべられる。なべて為政者の心得るべきことは、孔子の教えるところにつくされている。役人のモラルとして役場の壁に貼りだしおいてもよいような教えばかりである。

3

孔子曰く、命を知らざれば、以て君子為ること無きなり。礼を知らざれば、以て立つこと無きなり。言を知らざれば、以て人を知ること無きなり。

天命によって生かされているという自覚がなければ、ひとりの人間として生きてゆけない。教養としての礼儀をわきまえていなければ、地に足の着いた生きかたはできない。他人の言葉をきく耳をもち、自分の言葉をいう口をもたなければ、ひとと理解しあうことはできない。

「命・礼・言」を知るとは、すなわち謙虚であるということだろう。生きている以上、ひとりっきりであることはできない。だれかの建てた家に住み、だれかの書いた文章を読み、だれかの育てた野菜を食べる。現にこのように生きていることは自分ひとりだけで実現しているわけではない。人間として生きるというのは「生かされている」という気持をもって生きることである。

だから「命・礼・言」を知るべきなんだけど、現に生かされている身をもって、これを十全に知ることはむつかしい。知っているといえば知っているし、知らないといえば知らないという、そういった知と無知との底から知ろうとしてごらん、と孔子はいう。知と無知とをまるごと呑みこんで、ひたすら知ろうとしつづけていれば、やがて知と無知との底がその底なしの底へと突きぬけるだろう、と。

孔子は底なしの底から知のはたらきを見ている。知と無知ということを、知からでもなく無知からでもなく、知の底からとらえている。ひとりの人間として生きてゆくこと、地に足の着いた生きかたをすること、ひとと理解しあうこと、これをこころざすからには「命・礼・言」を知るということを切実な問題としてぶらさげつづけていなけりゃダメだよ、と孔子はいう。頭でわかろうとしちゃいけないよ、と。

全身全霊で問いをぶらさげていればよい。性急に答えをもとめちゃいけない。答えをだすことが大事なんじゃなくて、問いつづけることが大切なんだから。で、そうやって知ろうとしつづけていれば、いつしか「知っている」という不遜なおもいは消えうせて、「なんにも知らないなあ」ということを知るにいたり、いきおい「よく生きる」ということの意味を考えざるをえなくなる。

あらまほしき人間の生きかたがのべられる。ひとりの人間として生きてゆくうえで心得るべきことは、畢竟(ひっきょう)、孔子の教えるところそのものである。

ゆくりなくも『論語』冒頭の文章が浮かんできた――「命」を知ろうとするとき、ひとは「なにかを学び、おりにふれておさらいして身につけるというのは、よろこばしいことだねえ」と学ぶよろこびを感じる。「礼」を知ろうとするとき、ひとは「なつかしい友だちが遠くからたずねてきてくれるというのは、うれしいことだねえ」と交友のよろこびに気づく。「言」を知ろうとするとき、ひとは「ひとが自分のことをわかってくれなくても腹をたてないというのは、おくゆかしいねえ」と言葉のむつかしさを悟る――ようやく最後までたどりついてホッとしていたら、「さあ、ふたたび最初にもどって、ゆっくりと味わいなおしてごらん」と孔子に肩をたたかれたような気がする。

おわりに

「ボクはなんのために生きているのでしょうか？」とたずねてきた学生に、あるとき「いったい『論語』を読んでなんの役にたつんですか？」とたずねられたことがある。「役にたつっていうのがどういうことか、そいつを考えるために読むんだよ」といって煙に巻くことをゆるさないような顔つきだった。

しばし思案ののち、ぼくはいった。「プラクシス（実践）ポイエーシス（制作）といった役にたつ知よりも、テオーリア（観想）という役にたたない知のほうが、むしろ人間にとっては価値があるんじゃないかなあ」。

「孔子はどんな役にたつことを教えてくれてるのか」とたずねてきたりするのは、『論語』には正しい読みかたというものがあって、それが示されさえすればだれにでも『論語』が「わかる」だろうとおもっているのである。じつにバカげている。

正解のある問題に答えることが、ぼくは苦手である（その証拠に数学には早々に落ちこぼれた）。とはいえ、ぼくも研究者のはしくれだから、いちおう研究をしている。が、自分のやっている研究の正解を（そもそも正解があるのかさえ）わかっていない。ぼくだって正解を見つけたような気になったことはある。ただほかの研究者たちはぼくの答えを「うん、正解だね」とみとめてくれない。研究者とは、だれにもみとめてもらえない答えを、そもそも有るのか無いのかすらわからない答えを、もとめつづける人種であるといってよい（いわなくてもよい）。

ぼくは漢文の教師として『論語』について講じながら、「わかったような顔をして語っているけど、なんにもわかっていないんだよなあ」と感じつづけていた。わかっていないのに教師づらをして「そもそも人間とは」などと講じてきた。しかし教師が「そもそも論」めいた理想を手ばなしたら、世のなかには経済的な価値ばかりが大手をふるようになってしまう。

「わかった」とおもうことが、わかることではない。「わかった」とおもうことは、わかることにとって不可欠ではない。それどころかむしろわかることを遠ざけてしまう。「わからんなあ」とおもいながら、それでも「わかろう」としながら対象とつきあいつづけることが、とりもなおさずわかるということだろう。

むつかしい本を読みとおす能力のかなりの部分は、わからないことを「わからないこと」として、そのままかかえこみながら読みすすめてゆく能力である。それは「わからない出来事をわからないまま引き受けながら生きてゆくのが人生である」という事実とどこかしら似ている。

わからないことに拘泥しすぎるとスムーズに歩いてゆけない。かといって無頓着でありすぎてもスッテンコロリンと転んでしまう。そのあたりのサジ加減を机上で実感できるというのが、わかりにくい本を読むことの効用のひとつかもしれない。

世のなかには「この本を読むとどういう教訓が得られるのか」という功利的な読みかたをされがちな

本がある。『論語』はその典型である。しかしこうして『論語』をひととおり読んでみると、そういうセコい読みかたはおよそ『論語』には似合わないっていうことがよくわかる。「で、なにがいいたいの？」と孔子にたずねたら、きっと絶句するだろう。孔子にはあらかじめ「いいたいこと」があって、それを言葉で「あらわした」わけじゃない。そのつど弟子のすがたを見ながら、「ふと気づいたらしゃべっていた」というだけにちがいない。それをひろってあつめたものが『論語』である。

モーツァルトに「この曲って、なにをあらわしたいの？」とたずね、たとえ「それはね」と言葉でいいかけてくれても、セレナードの数小節が流れはじめたら、たちまち言葉は雲散霧消するだろう。

ぼくは孔子の言葉を、モーツァルトの音楽を聴くように、ひたすら楽しく味わっただけである。「わかった」というつもりは毛頭ない。およそトンチンカンな読みまちがいばかりしているにちがいない。でも、凡人のそういう読みかたを、孔子はたぶん鷹揚にゆるしてくれるとおもう。

ひとたび江湖（こうこ）に問うべく梓（し）にのぼした書きものが、いったんその使命のおわりを告げられたにもかかわらず、ちがう書肆から版を新たにして刊行されるということは、ぼくにとっては初体験であった。いったい初体験というのは「ときめく」ものである。ぼくは胸をときめかせながら『論語』を読みなおし、そして書きなおした。ぼくの「ひとりよがり」な『論語』論をおもしろがってくれ、ふたたび日の目を見させてくれたトランスビューの高田秀樹さんに、こころから御礼をもうしあげる。

津軽にて　　山田史生しるす

物語として読む
全訳論語決定版

二〇一九年四月一〇日　初版第一刷発行
二〇二三年一一月三〇日　初版第三刷発行

著者　山田史生
発行者　工藤秀之
発行所　株式会社トランスビュー
東京都中央区日本橋人形町二―三〇―六
郵便番号　一〇三―〇〇一三
電話　〇三（三六六四）七三三四
URL http://www.transview.co.jp

印刷・製本　中央精版印刷

ISBN978-4-7987-0169-1 C0010

名言への手引き

文句はすこぶる恣意的にえらばれており、およそ網羅的でない。したがって索引としての用は成さない。名言の森を散策するための「よすが」となれば仕合わせである。各言末尾の数字は篇・章を示す(例 十二 6 →顔淵第十二の 6)。

あ

敢えて佞を為すに非ざるなり。固を疾めばなり 【十四 33】

欺くこと勿かれ。而して之を犯めよ 【十四 23】

朝に道を聞かば、夕べに死すとも可なり 【四 8】

篤く信じて学を好み、死を守って道を善くす 【八 14】

迹を践まざれば、亦た室に入らず 【十一 20】

過ちて改めず、是を過ちと謂う 【十五 30】

過ちては則ち改むるを憚ること勿かれ 【一 8, 九 25】

過つを観れば斯ち仁を知る 【四 7】

い

言うこと忠信、行なうこと篤敬なれば、蛮貊の邦と雖も行なわれん。言うこと忠信ならず、行なうこと篤敬ならざれば、州里と雖も行なわれんや 【十五 6】

生けるときは之に事うるに礼を以てし、死せるときは之を葬るに礼を以てし、之を祭るに礼を以てせよ 【二 5】

異端を攻むるは、斯れ害のみ 【二 16】

一隅を挙げて之に示し、三隅を以て反らざれば、則ち復たせざるなり 【七 8】

一簣を覆すと雖も、進むは吾が往くなり 【九 19】

一朝の忿りに其の身を忘れて以て其の親に及ぼすは、惑いに非ずや 【十二 21】

詐りを逆えず、信ぜられざるを億らざるも、抑も亦た先ず覚る者は是れ賢か 【十四 32】

古者言の出でざるは、躬の逮ばざるを恥ずればなり 【四 22】

古の学ぶ者は己の為にし、今の学ぶ者は人の為にす 【十四 25】

寝ぬるに尸せず。居るに容づくらず 【十 20】

未だ生を知らず、焉くんぞ死を知らん 【十一 12】

未だ成らざること一簣なるも、止むは吾が止むなり 【九 19】

未だ人に事うる能わずんば、焉くんぞ能く鬼に事えんや 【十一 12】

う

え

お

か

け

こ

さ

し

す

せ

そ

た

ち

つ

て

と

な

の

は

ひ

よ

り

れ

ろ

わ

我れに数年を加え、五十にして以て易を学べば、以て大過無かる可し 【七 16】

吾れの人に於けるや、誰をか毀り、誰をか誉めん。如し誉むる所の者有らば、其れ試みる所有るなり 【十五 25】

予れは一以て之を貫く 【十五 3】

我れは生まれながらにして之を知る者に非ず。古を好み、敏にして以て之を求むる者なり【七 19】

吾れは隠すこと無し。吾れ行なうとして二三子と与にせざる者無し 【七 23】

我れは其の礼を愛しむ 【三 17】

吾れ試(もち)いられず、故に藝あり 【九 7】

我れを知る者は其れ天か 【十四 36】